K线
实战技术分析

文◎著

中国宇航出版社
·北京·

图书在版编目（C I P）数据

K线实战技术分析 /张文著. -- 北京 : 中国宇航出版社, 2019.9
ISBN 978-7-5159-1655-2

Ⅰ. ①K… Ⅱ. ①张… Ⅲ. ①股票交易—基本知识 Ⅳ. ①F830.91

中国版本图书馆CIP数据核字(2019)第127354号

策划编辑 田芳卿
责任编辑 吴媛媛　　装帧设计 宇星文化

出版发行 中国宇航出版社
社址 北京市阜成路8号　　邮编 100830
(010)60286808　　(010)68768548
网址 www.caphbook.com
经销 新华书店
发行部 (010)60286888　　(010)68371900
(010)60286887　　(010)60286804(传真)
零售店 读者服务部
(010)68371105
承印 三河市君旺印务有限公司
版次 2019年9月第1版　　2019年9月第1次印刷
规格 787×960　　开本 1/16
印张 15.25　　字数 166千字
书号 ISBN 978-7-5159-1655-2
定价 48.00元

前言

PREFACE

自《龙头股实战技巧》《实战擒庄》两本书上市后，受到了广大读者的一致好评，销量不错，我也备受鼓舞。

股市里多空对战非常激烈，资金都是嗜血的。K线图是投资者最先接触到的分析技术，它包含了市场上买卖双方力量的对比，用来描绘多空双方力量的此消彼长，客观反映了市场的价格动向。可以说，投资者如果能熟练掌握K线实战分析技术，就会觉得在不同阶段依据K线判断多空是一门非常优美的艺术，一旦掌握了这门艺术，可以获得很大的投资收益。

我个人对K线分析技术非常推崇，在10多年的股票投资生涯里，K线在特定位置的组合分析给予我极大的帮助，它们是牛市里逃顶和熊转牛抄底非常重要的判断依据，通过熟练掌握K线投资方法，我在这10多年中斩获颇丰，且从未套牢。

在本书的编写过程中，我不仅精心总结自身的K线实战投资理论，还仔细研读了多种K线书籍，最后再回归实战，将实战中最经典、帮助最大的K线规律一一写在此书中。这些K线实战规律值得读者细细研究，反复咀嚼。

本书首先介绍了K线的基本概念和分类，然后详细介绍了实战中非常有用的单K线、双K线组合，这是投资者务必要掌握的内容。接着详细介绍了实战中具有代表性的K线组合，以及持续形态、底部形态和顶部形态的K线组合，熟练掌握这些组合能让投资者对个股在运行过程中的多空结构转换更加了解。最后两章详细介绍了K线和量能以及均线的实战分析技巧，对投资者的实战交易具有较大帮助。

股海无涯，任何一种理论都有一定的局限性，但万变不离其宗，只要读者用心阅读，多读多想，领悟书中蕴含的思想，我相信，每一位下了功夫的读者都会有所收获。

由于本人水平有限，如有不足之处还望包涵，希望广大读者有鉴别地吸收，带着批判的眼光学习，也希望本书能让广大读者在股市中获得最大收益。

中国宇航出版社的田芳卿编辑及同仁对书稿中每一章节的内容都进行了逐字逐句的核校工作，在此深表感谢。

张文

2019年3月5日凌晨

目 录

CONTENTS

第一章　K 线基本知识／ 1

第一节　K 线的起源／ 3

第二节　K 线的概念／ 4

第三节　K 线的内涵／ 6

1. K 线实体类型／ 6

2. K 线实体大小／ 7

3. K 线影线长短／ 7

4. K 线所处位置／ 8

第四节　K 线的实战本质／ 8

第二章　K 线的分类／ 11

第一节　K 线基本形态分类／ 13

第二节　K 线基本形态实战分析／ 14

1. 光头光脚 K 线／ 14

2. 带上影线的 K 线／ 17

3. 带下影线的 K 线 / 19
4. 带上下影线的 K 线 / 22
5. 其他类型的 K 线 / 24

第三章　经典单双 K 线形态实战分析 / 29

第一节　经典单 K 线形态实战分析 / 31
1. 锤子线和上吊线 / 31
2. 倒锤子线和流星线 / 37
3. 墓碑线和 T 字线 / 41

第二节　经典双 K 线形态实战分析 / 47
1. 空方抵抗型 / 47
2. 多方抵抗型 / 49
3. 阴吃阳型 / 52
4. 阳吃阴型 / 56

第四章　K 线十大组合形态详解 / 59

第一节　早晨十字星组合 / 61
第二节　红三兵组合 / 64
第三节　多方炮组合 / 68
第四节　黄昏十字星组合 / 70
第五节　三飞乌鸦组合 / 74
第六节　黑三兵组合 / 76
第七节　两黑夹一红组合 / 79

第八节　双阴吃一阳组合／ 82
第九节　下跌覆盖线组合／ 84
第十节　下跌三颗星组合／ 88

第五章　K 线十大持续形态详解／ 91

第一节　降势三鹤型／ 93
第二节　上挡盘旋型／ 96
第三节　徐缓下降型／ 98
第四节　下降抵抗型／ 101
第五节　空方尖兵型／ 104
第六节　多方尖兵型／ 107
第七节　弧线形／ 110
第八节　长阳重炮型／ 112
第九节　仙人指路型／ 115
第十节　三外有三型／ 117

第六章　K 线八大底部形态详解／ 121

第一节　底部宝塔型／ 123
第二节　破位阳包阴型／ 126
第三节　低位涨停多次回踩启动型／ 129
第四节　涨停见底型／ 132
第五节　暗度陈仓型／ 135
第六节　急跌单针型／ 138

第七节　遥相呼应型／ 141
第八节　涨停半年线型／ 145

第七章　K 线八大顶部形态详解／ 149

第一节　涨停巨阴型／ 151
第二节　五影线见顶型／ 155
第三节　大阳孕阴型／ 158
第四节　顶部三鸦型／ 162
第五节　低开杀跌型／ 166
第六节　涨停诱多型／ 170
第七节　阴针见顶型／ 174
第八节　跌停出货型／ 176

第八章　K 线形态和量能实战分析／ 183

第一节　成交量／ 185
1. 成交量（VOL）／ 186
2. 成交额 (AMOUNT) ／ 187
3. 换手线（HSL）／ 188
第二节　量价实战分析／ 189
1. 价平量增，转强信号／ 189
2. 价涨量增，买入信号／ 191
3. 价涨量平，可持续买入／ 193

4. 价涨量减，继续持有 / 194
5. 价平量减，警戒信号 / 197
6. 价跌量减，卖出信号 / 199
7. 价跌量平，继续卖出 / 201
8. 价跌量增，弃卖观望 / 203
第三节　K线形态和量能关键位置实战分析 / 208
1. 中阴中阳带长上下影线K线 + 巨量 / 208
2. 底部连续涨停 + 巨量 / 211

第九章　K线形态和均线实战分析 / 215

第一节　均线 / 217
1. 均线的概念 / 217
2. 均线的分类 / 217
第二节　均线实战分析 / 221
1. 均线向上产生的交叉是金叉，反之是死叉 / 221
2. 多头排列和空头排列 / 223
3. 5日均线 / 226
4. 10日均线 / 227
第三节　K线形态和均线关键位置实战分析 / 229
1. 股价开始启动 / 229
2. 股价开始暴跌 / 231

第一章

K 线基本知识

第一节 K线的起源

假定蜡烛图技术是一柄削铁如泥的宝剑，使用它的人往往能够最早地捕捉到市场趋势变化的信号，获取最大利润。那么反过来佩带这把宝剑的人也一定得是精通武艺的名将，不然宝剑恐怕会先伤了主人。

K线（Candlestick或Candle）又称日本线、阴阳线、卦线、蜡烛线、热狗线、酒井线等，起源于日本德川幕府时代，大阪米市一位叫酒井的商人用它来记录一天或一周当中市场行情的价格波动。当时日本没有股票市场，K线只用于米市交易。K线有直观、立体感强、携带信息量大的特点，蕴涵着丰富的东方哲学思想，能充分显示股价趋势的强弱、买卖双方力量平衡的变化。经过上百年的运用和发展，目前已经形成一套成熟的K线分析理论。K线理论在我国证券市场研究中也得到了广泛应用。

K线分析意义：K线可以反映投资者对市场价格变化的影响，在投资者分析和把握市场方向上起到了重要作用，同时反映市场上买卖双方力量的强弱，用来描绘多空双方力量的此消彼长，客观反映出市场的价格动向。投资者可以从K线图中掌握价格运行规律，为后市制订相应的交易策略。

K线的核心作用：通过K线对比买方和卖方的力量，通过K线组合揭穿主力战略意图，从而预测后市走向，制订交易策略。

K 线的思想内涵：阴阳图蕴涵着丰富的东方哲学思想，以阴阳变化表现出多空“势”的相互转换。“阴阳”存在于万物之中，阴一直不停地向阳转换，阳也一直不断地向阴转换，盛极而衰，衰极而盛。无论在涨势还是跌势中，股价分析都必须与周期循环相结合，否则很难判断股价处于波段的高点还是低点。

第二节　K 线的概念

K 线是一个由实体和影线组成的柱状图。K 线实体按照开盘价和收盘价的上下位置关系可以分为三类，如图 1-1 所示。

（1）开盘价在收盘价下方，这样的 K 线在黑白 K 线图中以白色表示，称为阳烛或阳线。

（2）开盘价在收盘价上方，这样的 K 线在黑白 K 线图中以黑色表示，称为阴烛或阴线。

（3）开盘价与收盘价相等，称为星形线或十字星线。

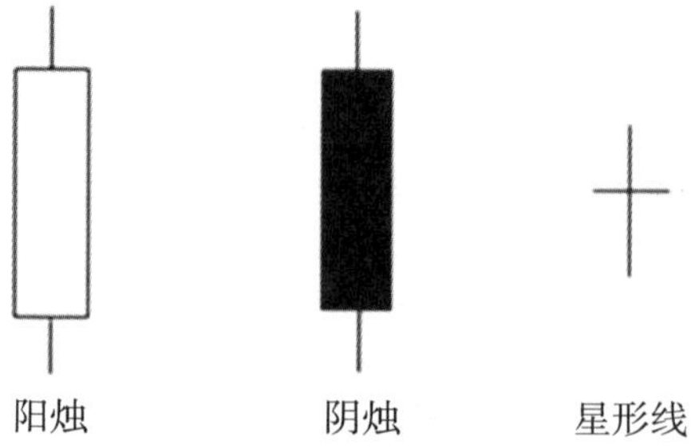

图 1-1　阳烛、阴烛和星形线

影线在实体上方称为上影线，影线在实体下方称为下影线。对于阳线来说，最高价与收盘价的差值表现为上影线，开盘价与最低价的差值表现为下影线。对阴线来说，最高价与开盘价的差值表现为上影线，收盘价与最低价的差值表现为下影线。对于星形线来说，最高价与开盘价或收盘价的差值表现为上影线，最低价与开盘价或收盘价的差值表现为下影线，这类 K 线收盘价基本等于开盘价。

当日开盘价是指当日的第一笔成交价格，A 股采用集合竞价的方式产生开盘价（下午开盘没有集合竞价）。

当日最高价和当日最低价是指当日股票的最高成交价格和最低成交价格。

当日收盘价是指当日最后一笔成交价格，这是多空双方经过一天的争斗最终达成的共识，也是供需双方当日最后争夺的暂时平衡点，具有指明目前价格的重要功能。

4 个价格中，收盘价最重要。

阳线和阴线的 4 个价格如图 1–2 所示。

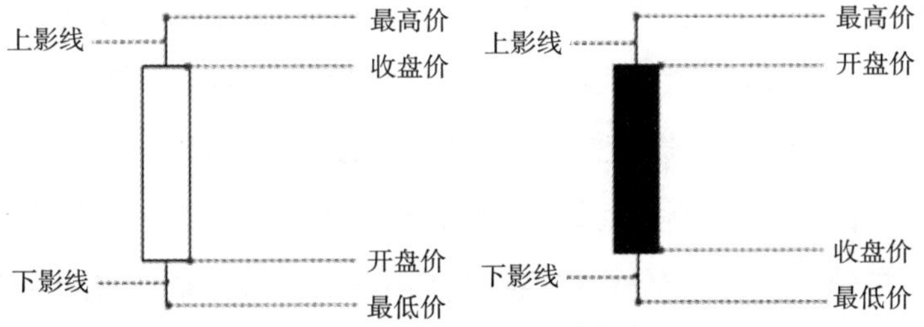

图 1–2 阳线和阴线的 4 个价格

将每周一的开盘价(若周一休市,则选周二的开盘价)作为周开盘价,每周五的收盘价(若周五休市,则选周四的收盘价)作为周收盘价,一周内出现的最高价为周最高价,一周内出现的最低价为周最低价,即构成周K线。以每月第一个交易日开盘价为当月的开盘价,每月最后一个交易日收盘价为月收盘价,当月出现的最高价与实体连成上影线,最低价与实体连成下影线,即构成月K线。运用K线组合预测后市行情时,日线如能配合周K线和月K线使用,效果更佳。

第三节 K线的内涵

K线分析的重点是实体类型、实体大小、影线长短以及所处位置。下面就这4个方面对K线多空的影响做一个简单描述。

1. K线实体类型

阴阳代表趋势方向,阳线表示上涨,阴线表示下跌。

以阳线为例,经过一段时间的多空搏斗,收盘价高于开盘价,表明多头占据上风。根据牛顿力学定理,在没有外力作用下,价格仍将按原有的方向与速度运行,因此阳线预示下一阶段仍将继续上涨,最起码能保证下一阶段初期有惯性上冲。大多数实战情况下,阳线往往预示着继续上涨,阴线往往预示着继续下跌。这一点也符合技术分析的三大假设之一:价格以趋势方式演变。

2. K 线实体大小

实体大小代表了上涨或下跌的内在动力。实体越大，动力越强，延续原有趋势的可能性越大，趋势的力度也越大，反之趋势则不明显。

以阳线为例，实体就是收盘价高于开盘价的部分，阳线实体越大，说明上涨动力越足。就如质量越大、速度越快的物体，其惯性冲力也越大。因此，实体大的阳线上涨动力大于实体小的阳线，反之，阴线实体越大，下跌动力也越足。

另外，实体大小也可以判断交易资金的多寡。当实体很小或越来越小的时候，表明趋势逆转或进入盘整的可能性非常大。投资者要特别留意的是，当股价在特定的价格箱体内运行时，如果运行到箱体顶部，此时可能会出现这样一种走势：前一个交易日出现大阳线，第二个交易日股价随即见顶，表明价格冲击箱体顶部失败。运行到箱体底部时，可能会出现前一个交易日收大阴线，第二个交易日股价就见底，股价成功回踩箱体底部的现象。

3. K 线影线长短

影线代表转折信号，指向一个方向的影线越长，越不利于价格向这个方向变动。即上影线越长，越不利于价格上涨；下影线越长，越不利于价格下跌。

以上影线为例，经过一段时间的多空斗争之后，多头败下阵来。不论 K 线收阴还是收阳，上影线部分已构成下一阶段的上涨阻力，股价随后向下调整的概率较大。反之，下影线预示着股价向上攻击的概率较大。

上影线与阴线实体表示下压力量，下影线和阳线实体表示上升力量。阳线的上影线表示空方力道，阴线的下影线表示多方力道。除了主力借用上下影线洗盘这一特殊情况，总体来说，影线越长，多方或空方的力道越大。

4. K线所处位置

相似度很高的单K线，即使是同色、同样大小的实体，由于所处位置、所在阶段和出现的时间不同，其揭示的多空方向也不同。这一点需要根据具体情况具体分析，切忌以偏概全。

第四节　K线的实战本质

K线的实战本质和K线的内涵密不可分，息息相关。K线的实战本质是多空力量在某个价格区域反复绞杀的过程。在一个价格区域内，多空双方会把作战意图、作战思路通过K线反映出来。

不同的K线组合，反映了不同的多空交战结果；不同的K线组合和不同的量能表现，进一步反映出股价所处的阶段；不同的K线组合和不同的量能表现，再加上当时市场的筹码成本，决定了股价走势的演化情况。深谙此道的投资者，借助K线分析可以大大增加投资交易的成功率。

K 线的实战本质和量能、均线、出现的相对位置密不可分，抛开量能、均线、位置，单独谈论 K 线是一种错误。要想真正明白 K 线的实战本质，投资者必须将三者紧密结合起来，进行综合分析和科学研判。

进一步分析可知，量能表现反映的是宏观政策的变化和公司基本面的变化，影响市场上交易的大部分群体或大部分资金。量能出现异动，从而形成“势”，“势”推动股价运行，由 K 线表现出来。K 线就是为“势”服务的，是“势”的表象和反映，这就是 K 线的实战本质。

第二章

K 线的分类

第一节　K 线基本形态分类

K 线可分为三大类：阳线、阴线、星形线，如图 2-1 所示。

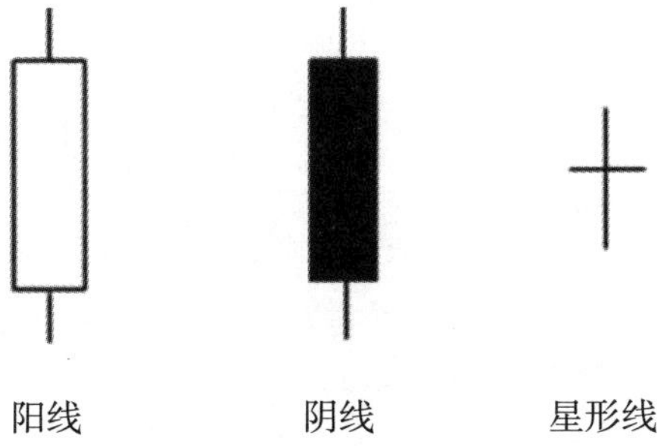

图 2-1　三大类 K 线

由三大类 K 线演化出来的 K 线基本形态共有 12 种，其中阳线、阴线、星形线各有 4 种，如图 2-2 ～图 2-4 所示。

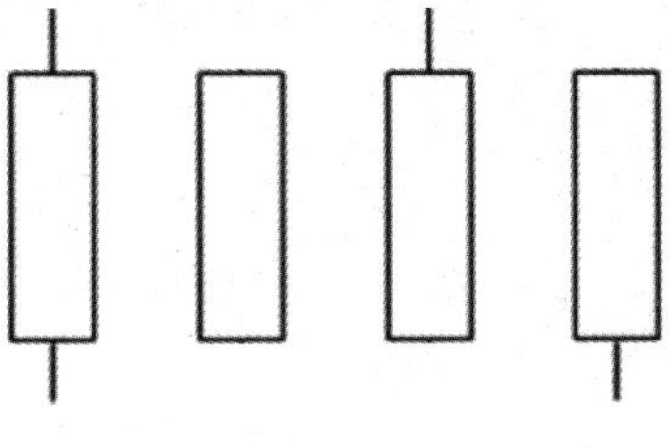

图 2-2　4 种阳线基本形态

图 2-3　4 种阴线基本图形

图 2-4　4 种星形线基本图形

一般来说，实体涨跌幅度在 7% 以上的为大 K 线，实体涨跌幅度在 4% ~ 7% 之间的为中 K 线，实体涨跌幅度在 4% 以下的为小 K 线，实体涨跌幅度非常小的 K 线为星 K 线。

第二节　K 线基本形态实战分析

1. 光头光脚 K 线

（1）光头光脚大、中、小阳线如图 2-5 所示。

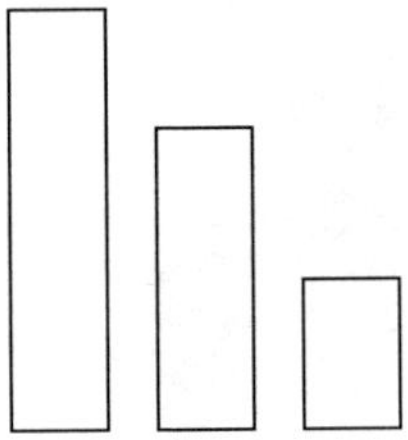

图 2-5 光头光脚大、中、小阳线

光头光脚大、中、小阳线的开盘价等于最低价，收盘价等于最高价，体现出当日多空双方交战结果为多头完胜。

实例 1：深赛格（000058）经过长期下跌，2017 年 9 月 29 日开盘价和最低价同为 7.76 元，收盘价和最高价同为 8.54 元，当天收盘涨幅为 10.05%，收出的 K 线是一根光头光脚大阳线。形成此类光头光脚涨停大阳线，明显属于主力拉涨停板行为，如图 2-6 所示。

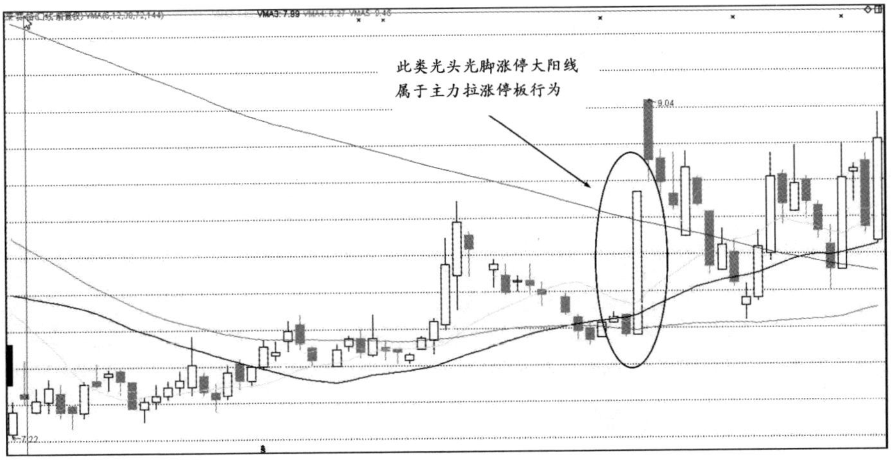
此类光头光脚涨停大阳线
属于主力拉涨停板行为
9.04
7.22

图 2-6 光头光脚涨停大阳线

（2）光头光脚大、中、小阴线如图 2–7 所示。

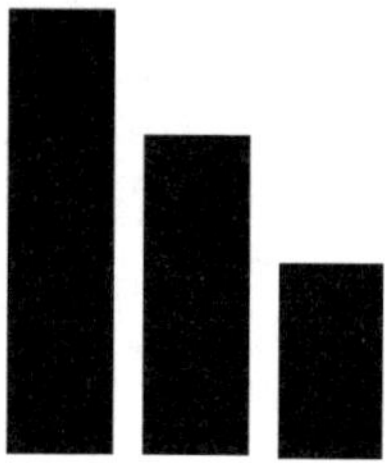

图 2–7 光头光脚大、中、小阴线

光头光脚大、中、小阴线的开盘价等于最高价，收盘价等于最低价，体现出当日多空双方交战结果为空头完胜。

实例 2： 中航机电（002013）的股价经过一段时间的箱体盘整后，2017 年 9 月 29 日开盘价和最高价同为 13.10 元，最低价和收盘价同为 12.66 元。当天收盘跌幅为 3.36%，K 线形成一根光头光脚中阴线，代表空头占优，如图 2–8 所示。

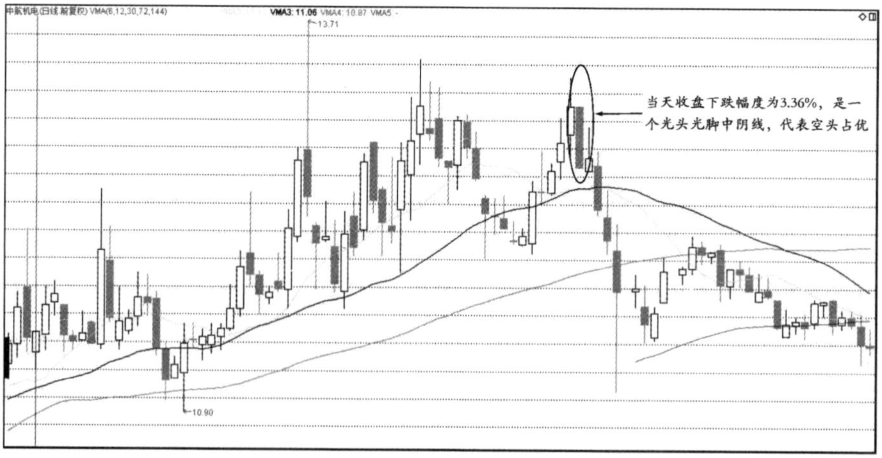
中航机电(日线 前复权) VMA(6,12,30,72,144)
VMA3: 11.06 VMA4: 10.87 VMA5: -
13.71
当天收盘下跌幅度为3.36%，是一个光头光脚中阴线，代表空头占优
10.90

图 2–8 光头光脚中阴线

2. 带上影线的 K 线

（1）带上影线的大、中、小阳线如图 2-9 所示。

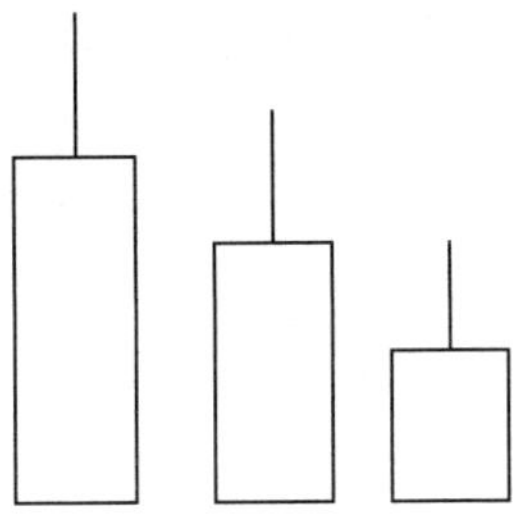

图 2-9 带上影线的大、中、小阳线

带上影线的大、中、小阳线的开盘价等于最低价，但股价上涨至最高价后遇到较大抛盘，无法继续攀升，只好盘中回落，体现了短期内市场存在一定的压力。投资者要根据实际情况判断此压力位置处于什么运行趋势中，趋势属于什么级别。

实例 3：深赛格（000058）2017 年 4 月 12 日开盘价和最低价同为 10.30 元，收盘价为 10.46 元，盘中最高价为 10.64 元，形成了一根带长上影线的中阳线，此线幅度为 1.76%，当天收盘涨幅为 2.15%。从趋势上来看，该 K 线处于下降趋势的反弹行情中，反弹遇中长期均线后受阻，随后价格继续下挫，如图 2–10 所示。

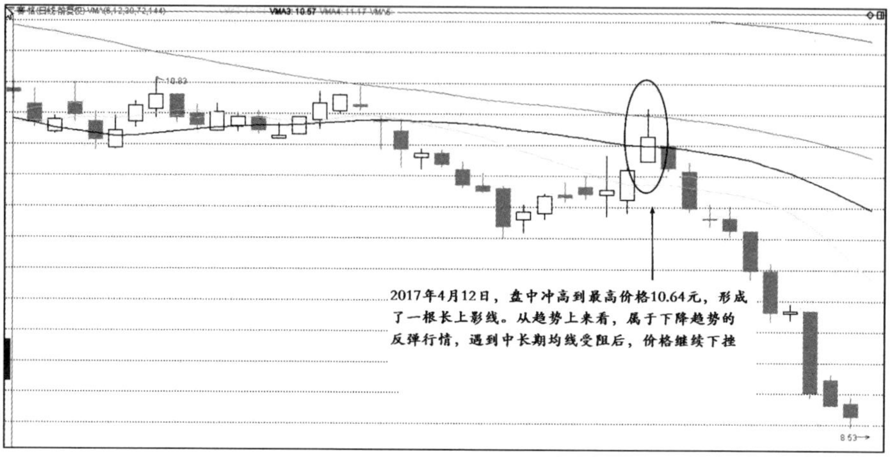
2017年4月12日，盘中冲高到最高价格10.64元，形成了一根长上影线。从趋势上来看，属于下降趋势的反弹行情，遇到中长期均线受阻后，价格继续下挫

图 2-10 带上影线的中阳线

（2）带上影线的大、中、小阴线如图 2-11 所示。

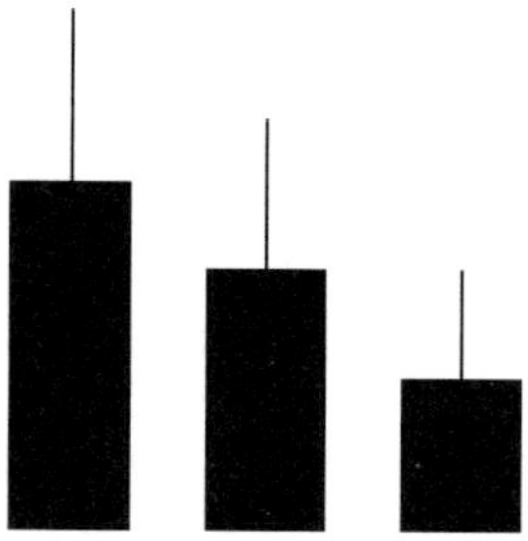

图 2-11 带上影线的大、中、小阴线

带上影线的大、中、小阴线的收盘价等于最低价，股价开盘后冲高，但空头强大，抛盘较多，多头溃不成军，股价一直下跌，直至收盘。

实例 4：东旭光电（000413）2017 年 9 月 21 日开盘价为 11.15 元，收盘价和最低价同为 10.83 元，盘中股价最高上冲到 11.24 元，形成了一根带长上影线的中阴线，此线幅度为 0.81%，当天收盘跌幅为 1.99%。从趋势上来看，此时属于箱体震荡，价格回踩了 60 日中长期均线，如图 2-12 所示。

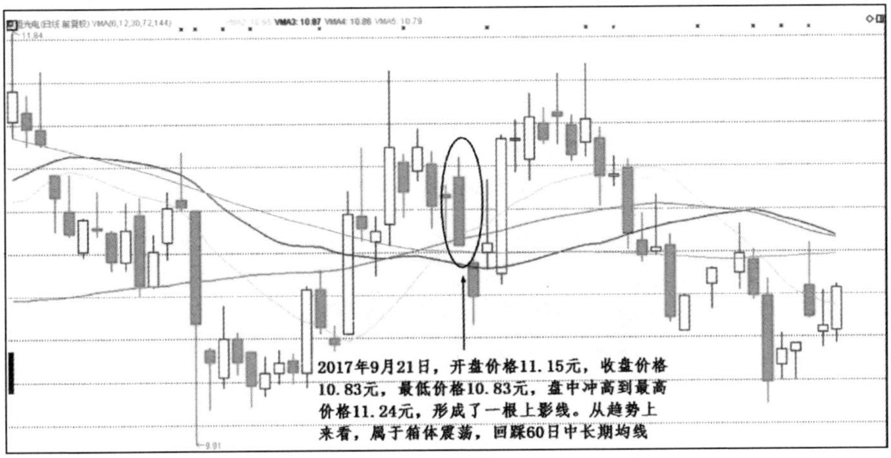
VMA3: 10.87
VMA4: 10.86
VMA5: 10.79
11.84
9.91
2017年9月21日，开盘价格11.15元，收盘价格10.83元，最低价格10.83元，盘中冲高到最高价格11.24元，形成了一根上影线。从趋势上来看，属于箱体震荡，回踩60日中长期均线

图 2-12　带上影线的中阴线

3. 带下影线的 K 线

（1）带下影线的大、中、小阳线如图 2-13 所示。

带下影线的大、中、小阳线的收盘价等于最高价，开盘后股价出现下跌，多头试探支撑位后受到支撑，随后组织进攻并且升势如虹。

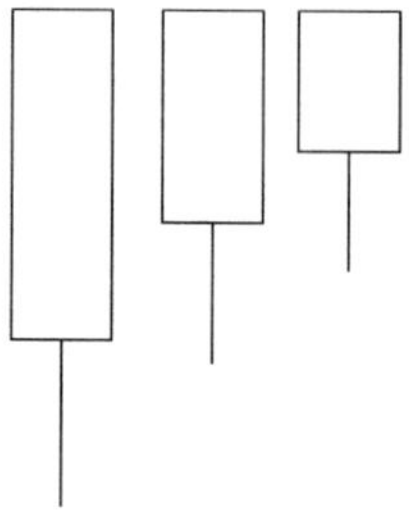

图 2-13 带下影线的大、中、小阳线

实例 5： 南华生物（000504）2017 年 4 月 20 日开盘价为 15.71 元，最低价为 15 元，盘中冲高到最高价 16.49 元，收盘价同为 16.49 元，形成了一根带长下影线的中阳线，此线幅度为 4.52%，当天收盘涨幅为 5.03%。从趋势上来看，属于见底回升走势，如图 2-14 所示。

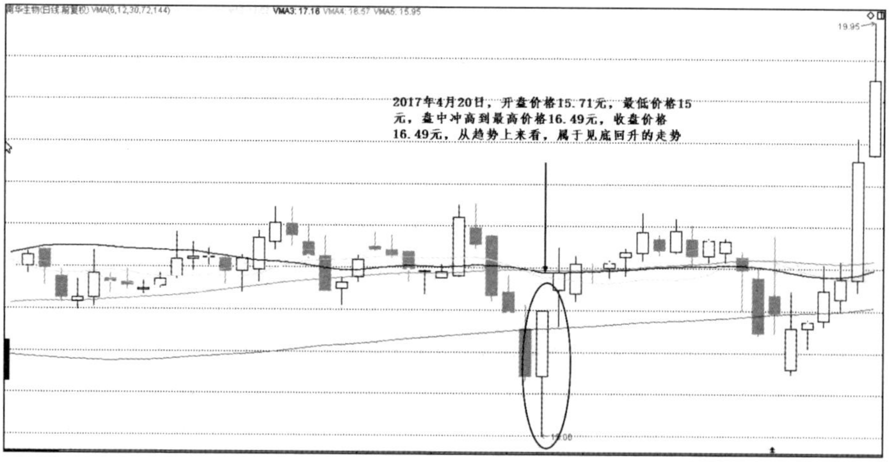
南华生物(日线 前复权) VMA(6,12,30,72,144)
VMA3: 17.16 VMA4: 16.57 VMA5: 15.95
19.95
2017年4月20日，开盘价格15.71元，最低价格15
元，盘中冲高到最高价格16.49元，收盘价格
16.49元，从趋势上来看，属于见底回升的走势

图 2-14 带下影线的中阳线

（2）带下影线的大、中、小阴线如图 2–15 所示。

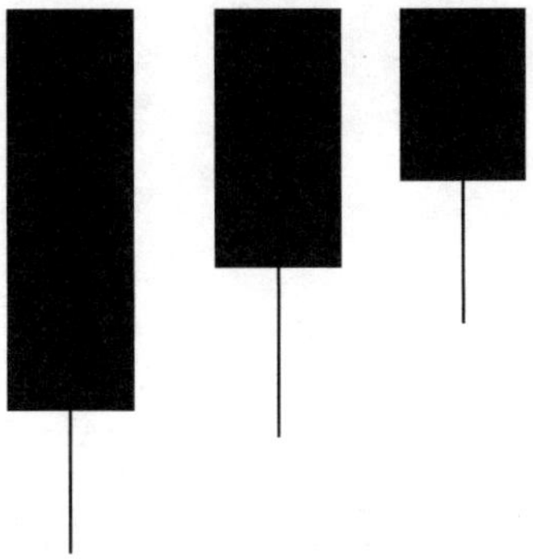

图 2–15 带下影线的大、中、小阴线

带下影线的大、中、小阴线的开盘价等于最高价，开盘后股价一路下挫。盘中股价跌至低位后，多头趁空头力量衰竭组织反扑，但直至收盘也无法超越开盘价。

实例 6：泸州老窖（000568）2017 年 8 月 22 日开盘价和最高价为 55.68 元，收盘价为 54.91 元，最低价为 52.21 元，形成了一根带长下影线的中阴线，此线幅度为 4.85%，当天收盘跌幅为 1.61%。如第二个交易日能收一根阳线包阴线实体并站稳 20 日均线，则反弹有望，如图 2–16 所示。

VMA3: 48.73 VMA4: 45.34 VMA5: 39.87
60.54
46.50
52.55~52.70
2017年8月22日，开盘价格55.68元，最低价格52.21元，最高价格55.68元，收盘价格54.91元，形成了一根长下影线

图 2–16 带下影线的中阴线

4. 带上下影线的 K 线

（1）带上下影线的大、中、小阳线如图 2–17 所示。

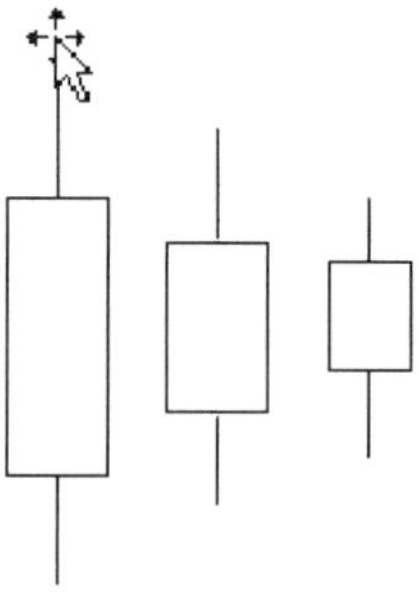

图 2–17 带上下影线的大、中、小阳线

带上下影线的大、中、小阳线一般出现在股价大箱体整理过程中，体现了多空来回交战的盘面过程，最终多方胜出，K 线单日收阳。

实例 7： 泸州老窖（000568）2017 年 6 月 8 日开盘价为 48.54 元，最低价为 48.05 元，最高价为 50.02 元，收盘价为 49.04 元，收盘涨幅为 0.91%，形成带有上下影线的小阳线，表明短期上有压力下有支撑，如图 2–18 所示。

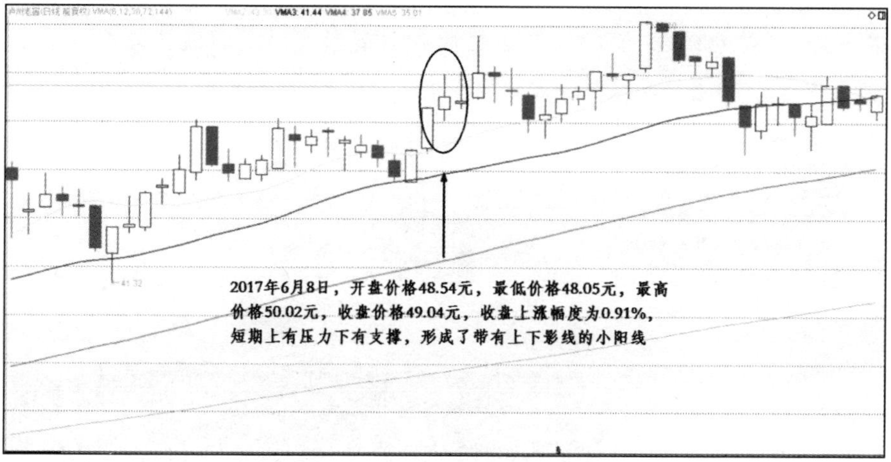
2017年6月8日，开盘价格48.54元，最低价格48.05元，最高价格50.02元，收盘价格49.04元，收盘上涨幅度为0.91%，短期上有压力下有支撑，形成了带有上下影线的小阳线

图 2–18　带上下影线的小阳线

（2）带上下影线的大、中、小阴线如图 2–19 所示。

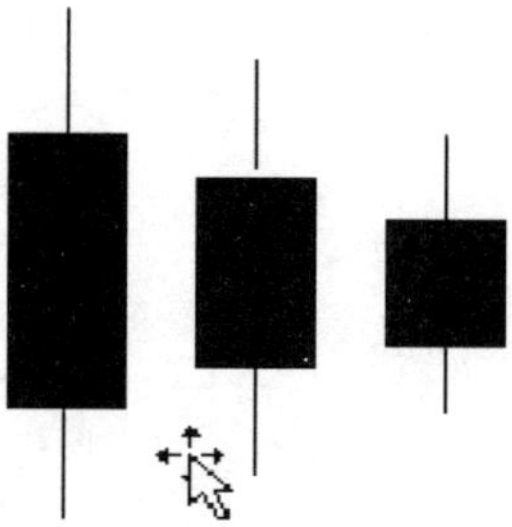

图 2–19　带上下影线的大、中、小阴线

带上下影线的大、中、小阴线一般出现在股价大箱体整理过程中，体现了多空来回交战的盘面过程，最终空方胜出，K 线单日收阴。

实例 8： 炼石有色（000697，现为“炼石航空”）2017 年 9 月 15 日开盘价为 28.05 元，最低价为 26.95 元，最高价为 28.84 元，收盘价为 27.58 元，收盘跌幅为 1.5%，形成带有上下影线的小阴线，表明短期上有压力下有支撑，如图 2–20 所示。

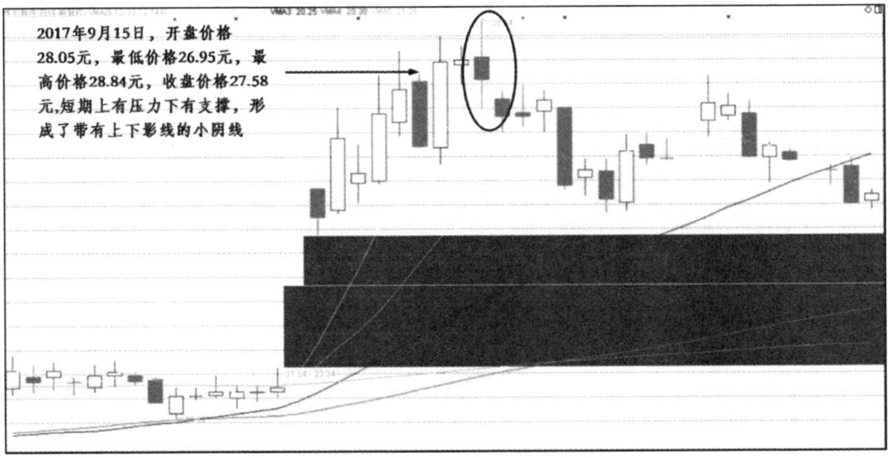
2017年9月15日，开盘价格28.05元，最低价格26.95元，最高价格28.84元，收盘价格27.58元,短期上有压力下有支撑，形成了带有上下影线的小阴线

图 2–20 带上下影线的小阴线

5. 其他类型的 K 线

（1）十字星线：当天收盘价等于开盘价，同时有上下影线。

实例 9： 中联重科（000157）2016 年 11 月 25 日开盘价为 4.65 元，最低价为 4.61 元，最高价为 4.70 元，收盘价为 4.65 元。因收盘价相对前一日收盘价高出 1 分钱，故收盘上涨幅度为 0.22%，如图 2–21 所示。

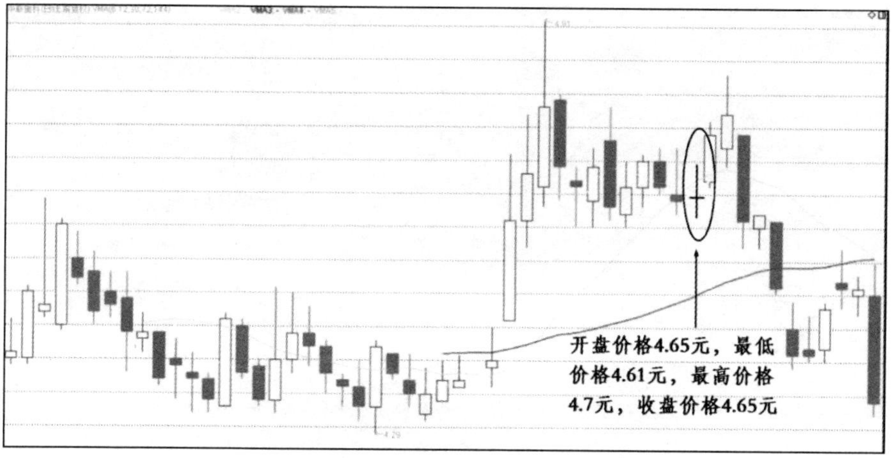
开盘价格4.65元，最低
价格4.61元，最高价格
4.7元，收盘价格4.65元

图 2-21 带上下影线的十字星线

（2）T字线：当天开盘价、收盘价和最高价相等。

实例10：中储股份（600787）2017年4月5日以涨停价9.56元开盘，上午9点44分，抛盘大单砸开涨停板，最低价格为9.25元，10点54分多方重新将股价拉回涨停板并直到收盘，收盘价为9.56元，涨幅为10.01%，形成T字线，如图2-22所示。

（3）倒T字线：当天开盘价、收盘价和最低价相等。

实例11：青岛海尔（600690）的股价自2015年下半年到2016年上半年从15.78元的高位一路下跌，2016年2月1日以跌停价开盘，形成一个向下跳空缺口。开盘后股价打开跌停板，出现一波拉升，但仅5分钟后就再次封死跌停板，形成倒T字星。收出倒T字线，是空头力量宣泄的极致表现，如图2-23所示。

2017年4月5日，以涨停价格9.56元开盘，随
后上午9点44分，大单砸开涨停板，最低价
格为9.25元，后重新封死涨停板，形成T字线

图 2-22 T 字线

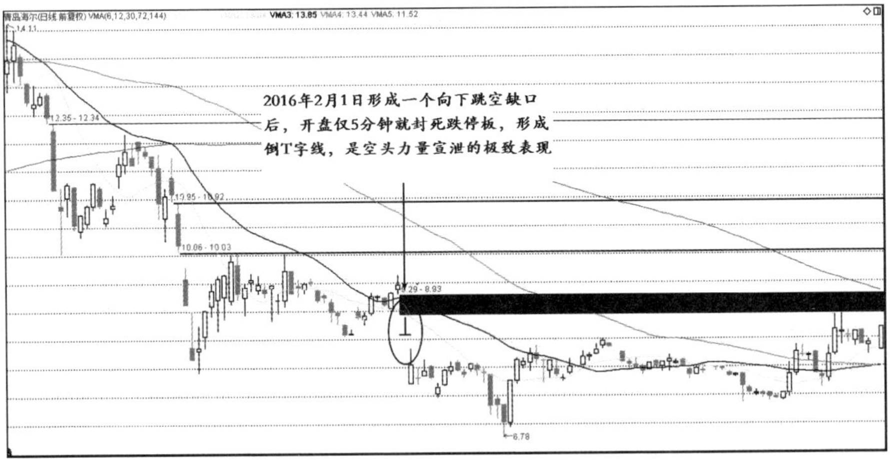
2016年2月1日形成一个向下跳空缺口
后，开盘仅5分钟就封死跌停板，形成
倒T字线，是空头力量宣泄的极致表现

图 2-23 倒 T 字线

（4）一字线：当天 4 个价格相等，这种 K 线当天走势不是涨停就是跌停。

实例 12：奇虎 360 与江南嘉捷（601313）重组，于 2017 年 11 月 7 日复牌（更改代码为 601360）。复盘后该股受到大资金的青睐，开盘即一字板封死涨停，当天 4 个价格完全相等。之后连续出现一字涨停，如图 2–24 所示。

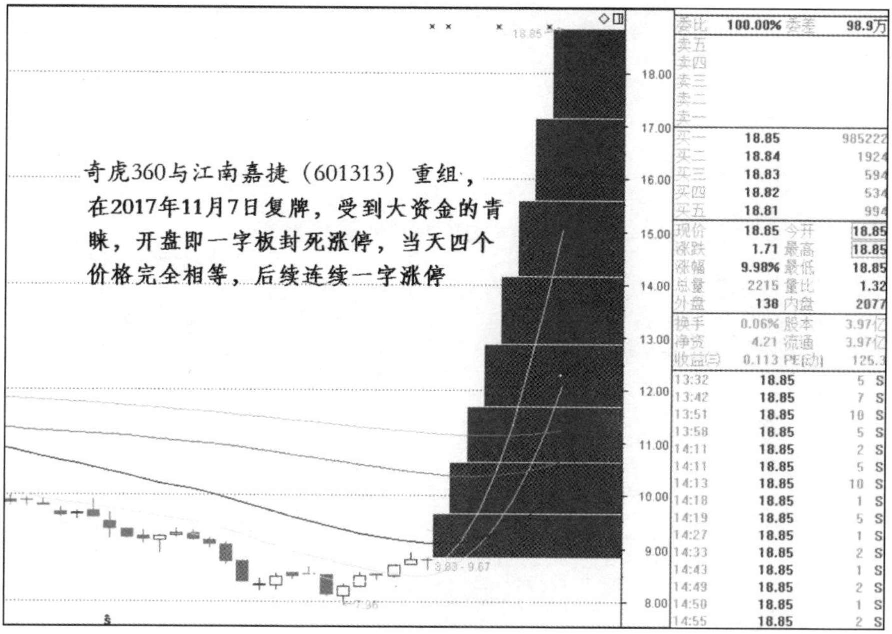

图 2–24　一字线

第三章
经典单双 K 线形态实战分析

第一节　经典单 K 线形态实战分析

1. 锤子线和上吊线

锤子线和上吊线（见图 3–1）形态描述如下：

（1）K 线的小实体在交易区域的上部。

（2）下影线长度比实体长度长得多，通常为 2 倍以上。

（3）没有上影线，或上影线相较于实体来说很短。

图 3–1　锤子线和上吊线

从图 3–1 可知，锤子线和上吊线在 K 线表现形式上是一样的，都是带有长下影线的阴线或者阳线。不同的是，出现在底部称为锤子线，出现在顶部称为上吊线。

当锤子线出现在市场指数底部或股票价格底部时，表示股价很有可能回升。锤子线止跌回升的效果与下影线长度、下跌时间和幅度有关。下影线越长，后市反弹力度越大；股价下跌时间越长，幅度越大，止跌作用也越明显。

锤子线有阳锤子线与阴锤子线之分，作用和意义相同，但一般来说，阳锤子线的力度大于阴锤子线。大的底部区域如出现锤子线，往往以锤子线收盘为阳锤子线来综合判断底部的到来。阶段性底部如出现锤子线，收盘可为阴锤子线，但稳定性明显不如阳锤子线。

不管如何，在单K线形态里，锤子线和上吊线代表的反转强度是值得信赖的。

实例1：上证指数自2009年8月4日见顶后转为下跌趋势，其后股指有所反弹，但每次反弹结束后，依然回到下降通道。2010年4月19日，股指从3121.37点跳空低开，一路放量快速下跌。下跌途中，多方多次组织反攻，仍然无法抵挡空方的攻势。从2010年5月21日开始，多头组织力量连拉两根阳线，但仅短期止住了跌势，23个交易日后股指继续创出新低。

2010年7月2日，上证指数当天开盘为2371.32点，距离2009年的高点3470点，跌幅已达31.68%。下午开盘后股指狂跌38点，多空双方交战激烈。空方疯狂砸盘后，多方逐步进场，股指从下午1点39分开始拉升，连拉三波，最终形成一根珍贵的锤子线，如图3-2所示。

当天最高点是2386.40点，最低点是2319.74点，收盘为2382.90点，实体阳柱为11.58点，下影线长度为51.58点，下影线长度为实体阳柱的4.45倍。

VMA(6,12,30,72,144)
VMA3: 2912.01
3186.72
2010年6月29日，股指
继续放量破位大跌，
随后第二个交易日低
开出现了跳空缺口
2747.80 - 2755.03
当天开盘2371.32点，最高点位是
2386.4点，最低点位是2319.74点，收盘为
2382.9点，实体阳柱为11.58点，下影线长
度为51.58点，为实体阳柱的4.45倍
2319.74

图 3-2　上证指数出现锤子线，预示阶段底部到来

这次下跌之前，不管多方如何组织力量反扑，都没有形成有效的阶段底部，没有形成有效的短期热点板块。这次空方突然大力宣泄，之后 K 线收出了锤子线，其意义在于：锤子线的下影线第一次真正有效探明了空方的极限。

另外要注意的是，2010 年 6 月 29 日，股指继续放量破位大跌，随后第二个交易日低开，出现了跳空缺口。在前期 K 线组合走势基础上，第二个交易日出现了锤子线。即使当日收盘后这根锤子线没有引起投资者的注意，但是第四个交易日后，上证股指顽强地把 6 月 29 日和 6 月 30 日的向下跳空缺口回补这个客观走势，应该引起投资者足够的重视。

出现锤子线后，上证指数一路走强，于 2010 年 11 月 11 日反弹至 3186.72 点，反弹时间大约为 4 个月，反弹幅度为 37.39%。

实例2：上证指数自2010年11月中旬反弹结束后，股指一直下跌。虽然2012年年底市场发动了以银行股为代表的有限的权重股行情，但仅仅持续了两个月。这波行情走完后，银行股又跌了回去，同时带动其他未涨的大部分股票下挫，市场下跌十分惨烈。

长期的股指下跌使得场内投资者信心严重不足，再加上这波下跌速度很快，自2013年5月29日起，一个月之内股指从2300点跌到了2000点以下。2013年6月25日，盘中跌破了当时市场的极限点位1940点。

2013年6月25日上午，盘面一度平稳，10点30分之后，股指上拉但无力突破盘面平均股指黄线，10点55分股指跌破1940点，此时市场形成了极大的恐慌，各种抛单蜂拥而出，股指开始跳水式下跌。

下午开盘后，1点06分股指跌至1849.65点，然后多头进场，同样出现了三波放量拉升，最后以1959.51点收盘。当天盘中最高点为1963.57点，股指波动113.92点，振幅为5.85%。如此巨大的振幅，有效探明了空方的极限。

当天开盘1948.31点，最高1963.57点，最低1849.65点，收盘1959.51点，实体阳柱为11.2点，下影线长度为109.86点，是实体阳柱的9.8倍，如图3–3所示。

股指下跌至此真正见底，后续一年内反复夯实该底部，之后展开了一段轰轰烈烈的大牛市行情。

当这种K线形态出现在股价运行的箱体顶部或高位区，并伴随较大的成交量，但股价停滞不前，表示股价很有可能回落，后市下跌的可能性很大，此时应谨慎操作。在这样的位置出现这种形态的K线，称为上吊线。另外，上升过程中出现上吊线阳线，很可能是一个比较强的延续上升趋势的信号。

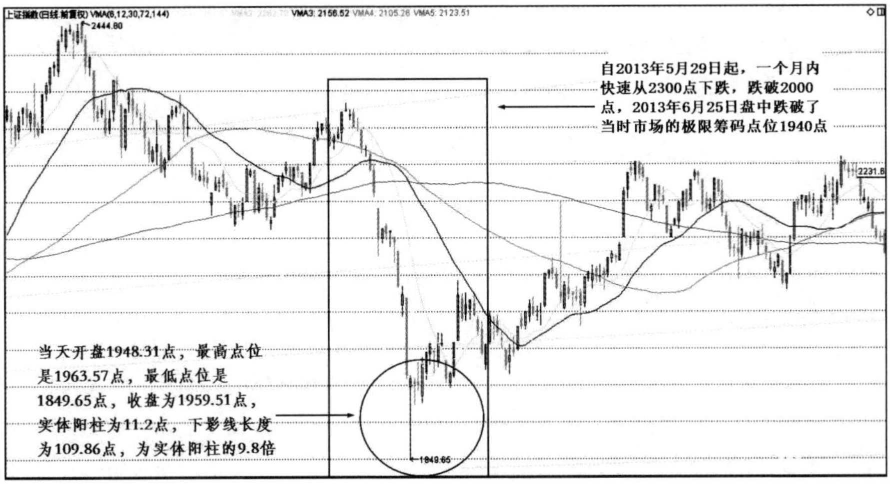
上证指数(日线 前复权) VMA(6,12,30,72,144)
VMA3: 2156.52 VMA4: 2105.26 VMA5: 2123.51
2444.80
自2013年5月29日起，一个月内快速从2300点下跌，跌破2000点，2013年6月25日盘中跌破了当时市场的极限筹码点位1940点
2231.8
当天开盘1948.31点，最高点位是1963.57点，最低点位是1849.65点，收盘为1959.51点，实体阳柱为11.2点，下影线长度为109.86点，为实体阳柱的9.8倍
1849.65

图 3–3 上证指数出现锤子线，确认熊市底部

实例 3：同济科技（600846）2017 年 7 月 18 日下跌至 7.35 元见底，之后股价开始上涨，到 2017 年 9 月 18 日，股价已经翻倍。

2017 年 9 月 18 日开盘价为 15.24 元，最低价为 14.77 元，收盘价为 15.45 元，收上吊线，下影线长度为阳线实体长度的 3.2 倍，并且和前面一根 K 线形成了孕育线。在股价已经翻倍的情况下，出现这种形态的 K 线，投资者应该高度警惕。第二个交易日股价见顶，之后 4 个月时间，股价从最高 15.90 元跌去约 40%，跌势非常迅猛，如图 3–4 所示。

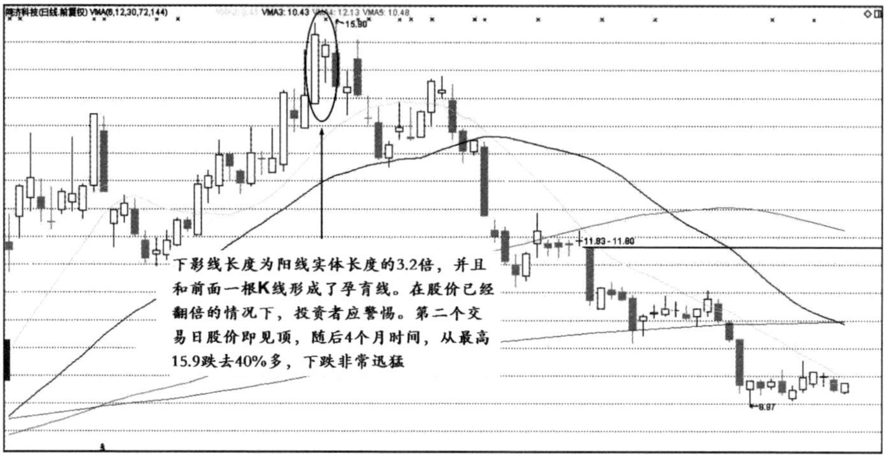
15.90
11.83 - 11.80
下影线长度为阳线实体长度的3.2倍，并且
和前面一根K线形成了孕育线。在股价已经
翻倍的情况下，投资者应警惕。第二个交
易日股价即见顶，随后4个月时间，从最高
15.9跌去40%多，下跌非常迅猛

图 3-4 同济科技顶部区域出现上吊线

实例 4：亚太股份（002284）2015 年 2 月初跳空高开，股价从 7 元开始上涨。在股价上涨过程中，过多的获利筹码加大了股价拉升的难度。

2015 年 5 月 12 日，主力借涨停板打开之时巨量震仓洗盘。当天开盘 17.47 元，股价随后直线下落，早盘最低跌至 15.69 元，并一直在此区域压盘震仓，下跌幅度达 10%。

下午 1 点 14 分股价开始拉升，1 点 22 分股价呈直线加速拉升，并快速封死 18.40 元的涨停板。全天换手率达到 15.58%，振幅为 16.22%，影线长度为阳线实体长度的 2 倍，如图 3-5 所示。

亚太股份巨量震仓洗盘结束后，股价随后一路上扬，创出 30.30 元的历史最高价。

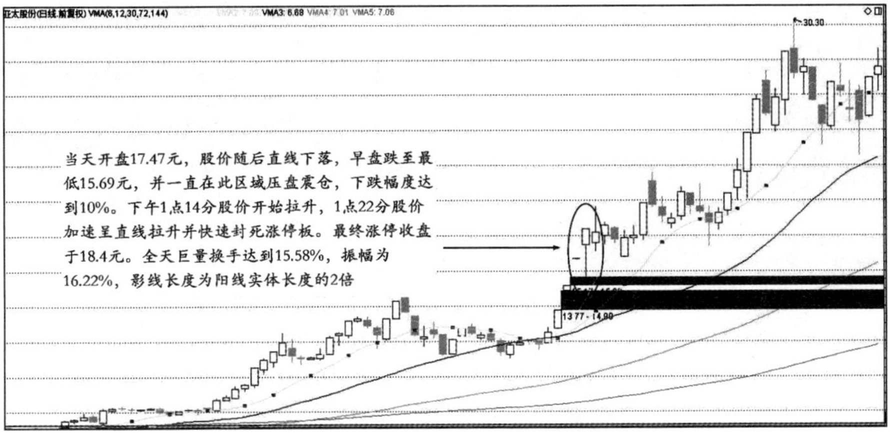
亚太股份(日线,前复权) VMA(6,12,30,72,144)
VMA3: 6.68 VMA4: 7.01 VMA5: 7.06
30.30
当天开盘17.47元，股价随后直线下落，早盘跌至最低15.69元，并一直在此区域压盘震仓，下跌幅度达到10%。下午1点14分股价开始拉升，1点22分股价加速呈直线拉升并快速封死涨停板。最终涨停收盘于18.4元。全天巨量换手达到15.58%，振幅为16.22%，影线长度为阳线实体长度的2倍
13.77 - 14.80

图 3–5　亚太股份中途出现上吊线

2.　倒锤子线和流星线

倒锤子线和流星线（见图 3–6）形态描述如下：

（1）K 线实体部分在交易区域的底部。

（2）上影线长度比实体长度长得多，通常为 2 倍以上。

（3）没有下影线，或下影线相较于实体来说很短。

图 3–6　倒锤子线和流星线

从图 3–6 可知，倒锤子线和流星线在 K 线形态上也是一样的，都

是带有长上影线的阴线或阳线。当倒锤子线出现在近期股价底部时，表示股价有可能回升。另外，下跌途中长期均线没有完全走平的情况下出现阴线倒锤子线需要注意，这很可能是一个比较强的延续下跌趋势的信号。

实例5：万向德农（600371）受2015年6月中旬大盘下跌影响，股价从35.31元跌至13元。2015年8月8日后，该股又在前期暴跌反弹的基础上出现了新一轮跌停式下跌，从前期反弹最高价20.87元下跌至2015年9月2日的最低价10.03元。不到一个月时间，股价再度腰斩，跌势十分惨烈。但是股价跌至10.03元后，经过三个多月时间，不声不响地翻倍了，2015年12月23日的创出的23.96元高点，一举超过了2015年7月的反弹高点。

投资者应该注意到，2015年8月26日和9月2日都出现了倒锤子线。2015年8月26日，股价虽然以跌停收盘，但是盘中出现了自前期多个跌停板以来的第一次强烈反扑，开盘价为12.63元。下午1点16分，股价拉至最高价14.13元。尾盘2点37分，股价遇到均价线后快速杀跌，跌至跌停板12.08元。全天振幅高达15.26%，倒锤子线的上影线长度是实体长度的2.72倍。

第二个交易日，股价虽然继续下探，但下午收盘前有资金进入，当天收了一根锤子线。投资者应该注意，此时股价可能已经进入底部区域，随时会空翻多。

2015年8月26日开盘价10.03元，盘中最高上涨到11.58元。下午2点34分股价继续下杀，收盘价为10.36元，收倒锤子线。见底单

K 线信号陆续出现，市场惜筹越来越明显，经验丰富的投资者可随时准备进场。

2015 年 9 月 14 日和 15 日股价向下跳空，回踩前期的 10.03 元，随后出现涨停板。当天股价没有出现新低，并且回补了向下的跳空缺口，表明开启空翻多走势，如图 3–7 所示。

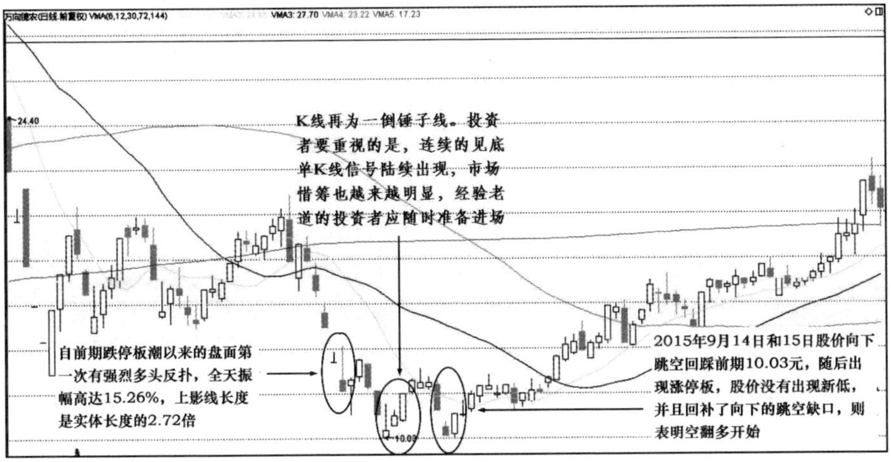
万向德农(日线 前复权) VMA(6,12,30,72,144)
VMA3: 27.70 VMA4: 23.22 VMA5: 17.23
24.40
K线再为一倒锤子线。投资者要重视的是，连续的见底单K线信号陆续出现，市场惜筹也越来越明显，经验老道的投资者应随时准备进场
自前期跌停板潮以来的盘面第一次有强烈多头反扑，全天振幅高达15.26%，上影线长度是实体长度的2.72倍
10.03
2015年9月14日和15日股价向下跳空回踩前期10.03元，随后出现涨停板，股价没有出现新低，并且回补了向下的跳空缺口，则表明空翻多开始

图 3–7　万向德农底部出现倒锤子线

实例 6：九鼎新材（002201）2015 年 6 月中旬，主力没有防备突然到来的大盘暴跌，依然拉升股价。从盘面上看，主力并没有明显出逃。2015 年 6 月 24 日，股价冲到最高点 23.49 元，无力继续支撑，后市连续出现多个跌停板。

2015 年 6 月 26 日，出现了一根阴倒锤子线，这是一个比较强的延续下跌趋势的信号。当日开盘价为 19.24 元，开盘后多头反扑，最高价冲到 20.24 元。早盘 10 点 58 分，空头大单将股价一举砸至跌停板 18.68 元，上影线长度是实体长度的 1.96 倍，如图 3–8 所示。随后股价在短短 2 个月时间跌至 6.91 元，下跌幅度高达 63%。

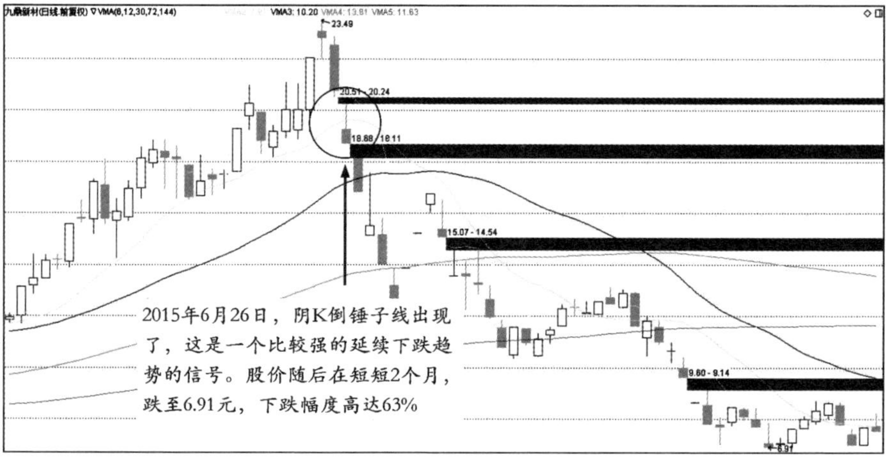
九鼎新材(日线.前复权) ▽VMA(6,12,30,72,144)
VMA3: 10.20 VMA4: 13.81 VMA5: 11.63
23.49
20.51 - 20.24
18.68 / 18.11
15.07 - 14.54
9.60 - 9.14
6.91
2015年6月26日，阴K倒锤子线出现了，这是一个比较强的延续下跌趋势的信号。股价随后在短短2个月，跌至6.91元，下跌幅度高达63%

图 3–8 九鼎新材下跌途中出现倒锤子线

流星线又叫射击之星，出现在近期股价顶部，表示股价有可能回落，上影线越长形态越有效。严格意义说，这两种 K 线形态代表的反转强度不如锤子线和上吊线，因此需要结合下一根 K 线或其他分析指标进行确认。

实例 7：博实股份（002698）2017 年 3 月 24 日开盘价为 16.39 元，最高价为 16.70 元，最低价为 16.21 元，收盘价为 16.22 元，为一根阴线射击之星，上影线长度是实体长度的 2.82 倍。

下一个交易日即 3 月 27 日，开盘价为 16.10 元，最高价为 16.43 元，最低价为 16.10 元，收盘价为 16.18 元，为一根阳线射击之星，上影线长度是实体长度的 3.12 倍，如图 3–9 所示。

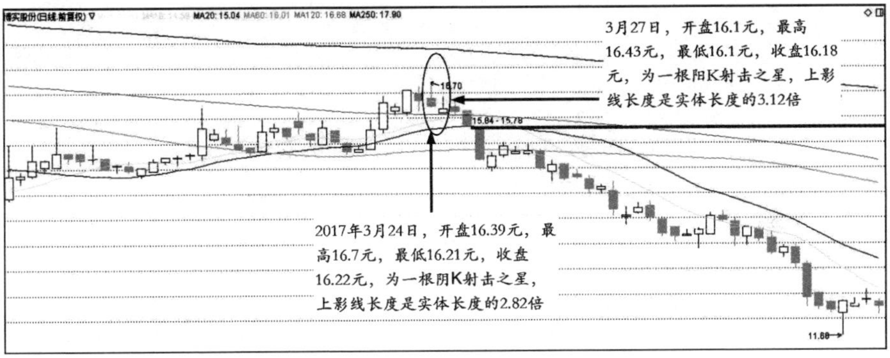
博实股份(日线 前复权) ▽
MA20: 15.04 MA60: 16.01 MA120: 16.68 MA250: 17.90
3月27日，开盘16.1元，最高16.43元，最低16.1元，收盘16.18元，为一根阳K射击之星，上影线长度是实体长度的3.12倍
16.70
15.84 - 15.78
2017年3月24日，开盘16.39元，最高16.7元，最低16.21元，收盘16.22元，为一根阴K射击之星，上影线长度是实体长度的2.82倍
11.88

图 3–9 博实股份阶段价格顶部出现射击之星

随后几个交易日，股价跌破 20 日均线，并再度接近 60 日均线。结合前期连续收出两根射击之星，投资者应该大幅度减仓或者清仓。该股后市一直连续阴跌，至 2018 年 2 月 7 日，股价最低跌至 9.03 元，几乎腰斩。

3. 墓碑线和 T 字线

墓碑线（见图 3–10）形态描述如下：

（1）开盘价和收盘价几乎相等，容易出现于交易区域顶部，但在长期熊市的底部区域也会出现。

（2）墓碑线上影线长度至少为实体长度的 5 倍及以上。

（3）墓碑线没有下影线，或下影线比实体还小。

墓碑线出现在阶段顶部或长期熊市的底部区域，比锤子线和上吊线、倒锤子和流星线这两类 K 线形态的反转意味更强烈，但也更少出现。

图 3-10 墓碑线

实例 8：天华超净（300390）的 K 线图中出现过墓碑线，具有很好的复盘意义。2018 年 2 月 7 日，股价随着大盘下跌砸出 5.41 元的最低价。随后该股出现不温不火的反弹，反弹过程中股价以小阳线沿着 5 日均线上行。后借助当时市场上的“独角兽”热点概念，股价加速上涨。至 3 月 19 日，股价上涨至最高点 11.47 元，在弱势市场里相比前期最低价翻了 1 倍多。

3 月 21 日，个股冲高回落，在前期股价翻倍的背景下收出墓碑线，墓碑线上影线长度是阴线实体长度的 6.75 倍，宣告股价短期见顶。

3 月 26 日，股价调整完毕，再度借助市场热点上涨。4 月 3 日，开盘价为 12.45 元，最高价为 13.15 元，收盘价为 12.32 元，上影线长度是阴线实体长度的 5.4 倍，预示股价再度见顶。

第二个交易日，股价直接低开，再度收了一根长上影线。注意，这根 K 线不是墓碑线，因为上影线长度与实体长度之比不满足墓碑线形态定义，如图 3-11 所示。

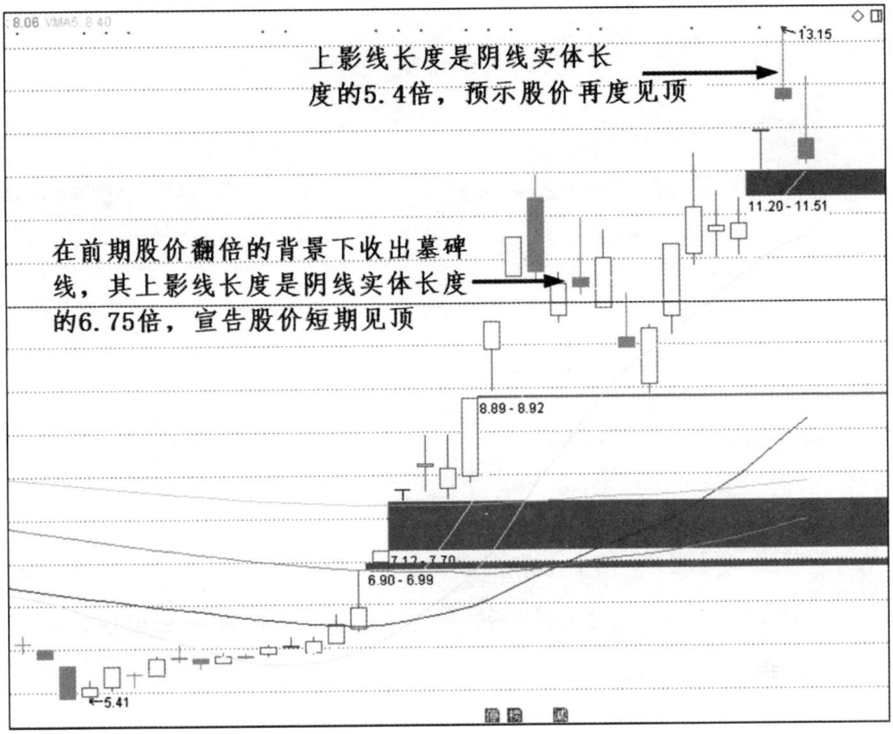
8.06 VMA5 8.40
13.15
上影线长度是阴线实体长度的5.4倍，预示股价再度见顶
11.20 - 11.51
在前期股价翻倍的背景下收出墓碑线，其上影线长度是阴线实体长度的6.75倍，宣告股价短期见顶
8.89 - 8.92
7.12 - 7.70
6.90 - 6.99
5.41

图 3-11　天华超净价格顶部出现墓碑线

实例 9：博实股份（002698）在 2014 年 4 月到 2015 年 2 月反复做宽幅箱体震荡。2015 年 1 月 12 日收墓碑线，其上影线长度是阴线实体长度的 28 倍，第二个交易日股价立刻见底。到 2015 年 6 月，股价暴涨 4 倍，如图 3-12 所示。

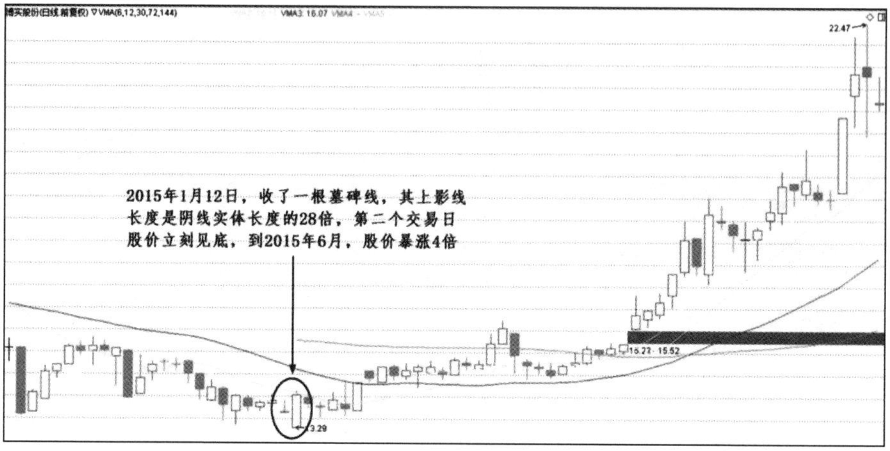
博实股份(日线 前复权) ▽VMA(6,12,30,72,144)
VMA3: 16.07
22.47
2015年1月12日，收了一根墓碑线，其上影线长度是阴线实体长度的28倍，第二个交易日股价立刻见底，到2015年6月，股价暴涨4倍
13.29
15.22 · 15.52

图 3–12 博实股份底部出现墓碑线

T 字线（见图 3–13）形态描述如下：

（1）开盘价和收盘价几乎相等，一般在交易区域底部出现，但在长期牛市的顶部也会出现。

（2）T 字线下影线长度至少为实体长度的 5 倍及以上。

（3）T 字线没有上影线，或上影线比实体还小。

T 字线出现在近期股价底部或长期牛市的顶部区域，比锤子线和上吊线、倒锤子和流星线这两类 K 线形态的反转意味更强烈，但也更少出现。

图 3–13 T 字线

实例 10：西山煤电（000983）2017 年 4 月初从最高价 10.39 元开始下跌，下跌过程中不断跌破重要均线。2017 年 6 月 2 日收出 T 字线，开盘价为 7.21 元，最低价为 6.94 元，收盘价为 7.22 元，下影线长度是阴线实体长度的 28 倍。收出 T 字线后，股价宣告短期见底，如图 3-14 所示。

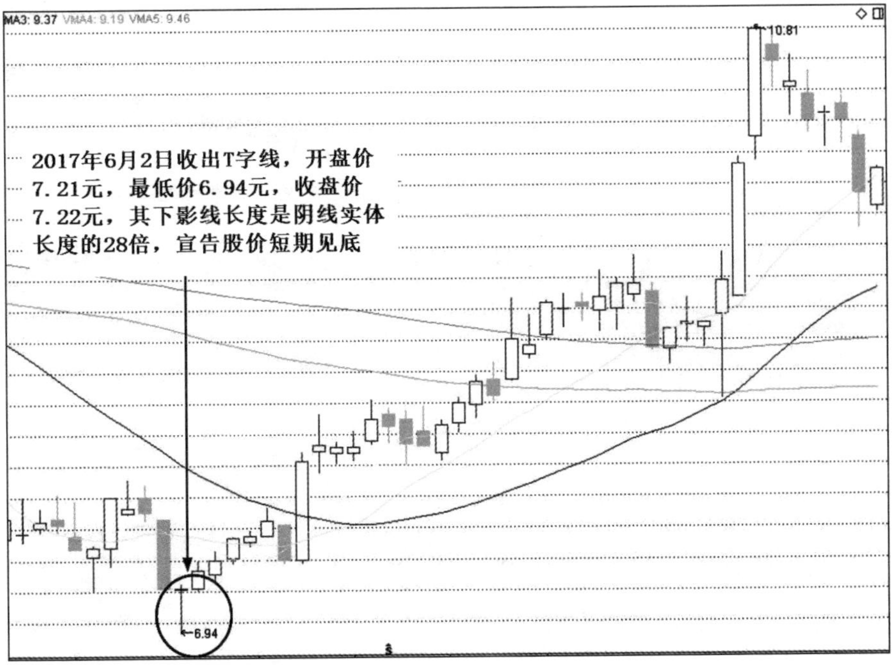
MA3: 9.37 VMA4: 9.19 VMA5: 9.46
10.81
2017年6月2日收出T字线，开盘价7.21元，最低价6.94元，收盘价7.22元，其下影线长度是阴线实体长度的28倍，宣告股价短期见底
6.94

图 3-14 西山煤电底部出现 T 字线

实例 11：上证指数 2014 年年初止跌做底部，年中开始启动大牛市。上涨一直持续到 2015 年年中，从 2000 点上涨到 5000 点，不少中小盘股和创业板股的股价翻了数倍，甚至有少数个股股价翻了数十倍。

2015 年 6 月 4 日，股指高位巨震，收出了一根高位 T 字线。当日股指开盘为 4912.95 点，收盘为 4947.41 点，最高为 4947.96 点，最低为 4647.41 点，其下影线长度是阴线实体长度的 7.7 倍，如图 3–15 所示。

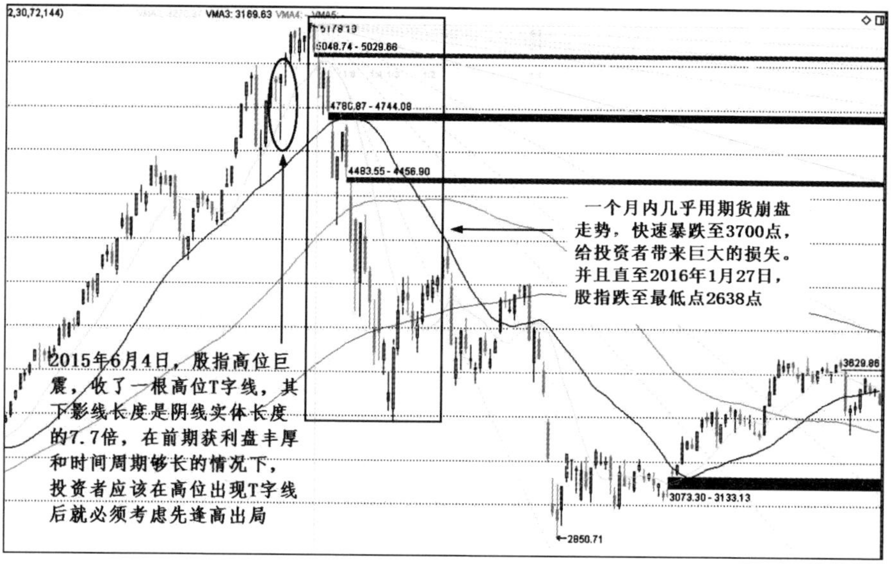
5048.74 - 5029.66
4780.87 - 4744.08
4483.55 - 4456.90
一个月内几乎用期货崩盘走势，快速暴跌至3700点，给投资者带来巨大的损失。并且直至2016年1月27日，股指跌至最低点2638点
2015年6月4日，股指高位巨震，收了一根高位T字线，其下影线长度是阴线实体长度的7.7倍，在前期获利盘丰厚和时间周期够长的情况下，投资者应该在高位出现T字线后就必须考虑先逢高出局
3629.86
3073.30 - 3133.13
2850.71

图 3–15 上证指数牛市顶部出现 T 字线

基于前期获利盘丰厚，而且时间周期也足够长等因素，在高位出现 T 字线后，投资者应逢高出局，规避风险，等待调整之后再考虑是否进场。

2015 年 6 月 12 日，随着政府着力去杠杆、防风险，上证指数应声见顶，最高点为 5178.19 点。之后的 1 个月内指数暴跌至 3700 点，给投资者带来了巨大的损失。直至 2016 年 1 月 27 日，股指跌至最低 2638 点。

第二节　经典双 K 线形态实战分析

1. 空方抵抗型

在空方抵抗型（见图 3-16）中，多方第一天拉出大阳线，表明多方实力强劲。第二天空方不甘心失败，于是发力打压，但由于实力不敌多方，故只能将股价向下打压一点点，总体看来多方占优。

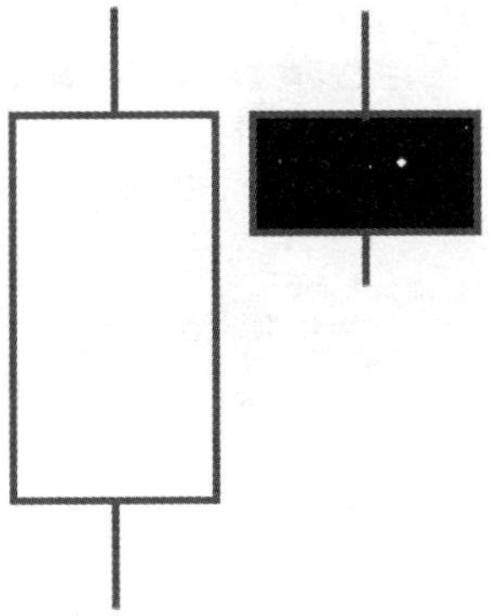

图 3-16 双 K 线组合空方抵抗型

双 K 线组合空方抵抗型大多数是后期看涨的 K 线形态，这一点毫无疑问。但是投资者要注意的是，当股价处于下跌趋势或股价运行到箱体顶部有超强压力时，出现这样的组合反而预示短期上涨即将结束，趋势将转为下跌。

实例 12： 光环新网（300383）2015 年年中至 2017 年 1 月底股价都呈下跌趋势。2016 年 9 月 12 日，股价向下破位跳空低开，多头在后续的几个交易日内努力回补前期的向下跳空缺口。

2016年10月10日，多方拉出大阳线。第二个交易日股价平开后，略一冲高就快速回落，收小阴线，呈现一个明显的空方抵抗型。但由于股价处于下跌趋势，第三、四个交易日继续收阴。随后股价跌破10日均线，重新踏上下跌之路，如图3–17所示。

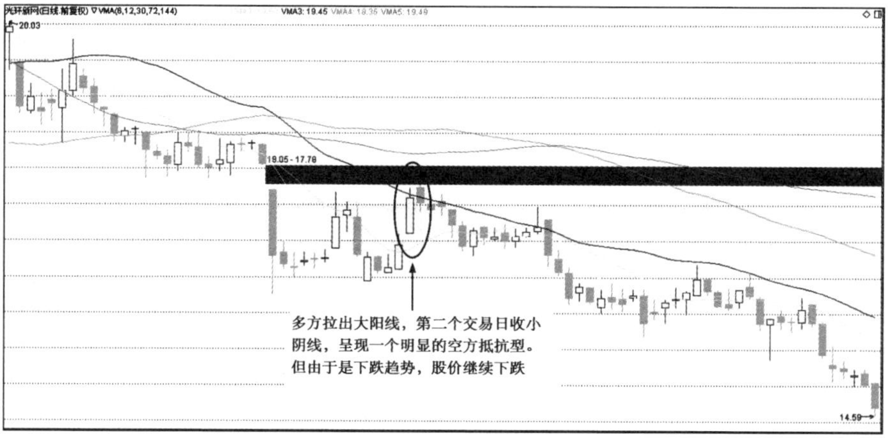
光环新网(日线,前复权) ∇VMA(8,12,30,72,144)
VMA3: 19.45 VMA4: 18.35 VMA5: 19.49
20.03
19.05 - 17.78
多方拉出大阳线，第二个交易日收小阴线，呈现一个明显的空方抵抗型。但由于是下跌趋势，股价继续下跌
14.59

图3–17 光环新网下跌途中呈现空方抵抗型

实例13：盛达矿业（000603）2015年7月到2016年7月一直在一个大箱体中运行，股价多次触及箱体顶部，即20元附近。突破失败返回，每次突破箱体顶部失败就会回撤40%左右，直接回落到箱体底部12元附近。

每次接近顶部都收出空头抵抗型，实际上是用来迷惑投资者，让投资者追高，主力则刚好借机出货，打压股价。

2015 年 7 月 23 日和 7 月 24 日，股价接近箱体顶部，假突破后回撤；2015 年 8 月 13 日和 8 月 14 日，股价接近箱体顶部，假突破后再度回撤，如图 3–18 所示。

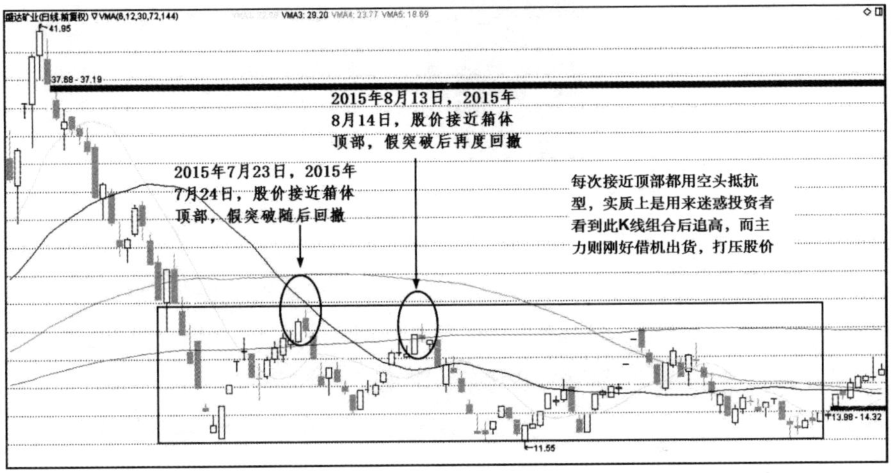
盛达矿业(日线,前复权) ▽VMA(6,12,30,72,144)
VMA3: 29.20 VMA4: 23.77 VMA5: 18.89
41.95
37.88 - 37.19
2015年8月13日，2015年
8月14日，股价接近箱体
顶部，假突破后再度回撤
2015年7月23日，2015年
7月24日，股价接近箱体
顶部，假突破随后回撤
每次接近顶部都用空头抵抗
型，实质上是用来迷惑投资者
看到此K线组合后追高，而主
力则刚好借机出货，打压股价
13.98 - 14.32
11.55

图 3–18 盛达矿业大箱体中呈现空方抵抗型

2. 多方抵抗型

在多方抵抗型中（见图 3–19），空方第一天拉出大阴线，表明空方实力强劲。第二天多方不甘心失败，发力上攻，但由于实力不敌空方，故只能将股价向上攻击一点点，总体看来空方占优。

双 K 线组合多方抵抗型大多数是后期看跌的 K 线形态，这一点毫无疑问。但是投资者要注意，当股价处于上涨趋势或股价运行到箱体底部有强烈支撑时，出现这样的组合反而预示短期下跌即将结束，趋势将转为上涨。

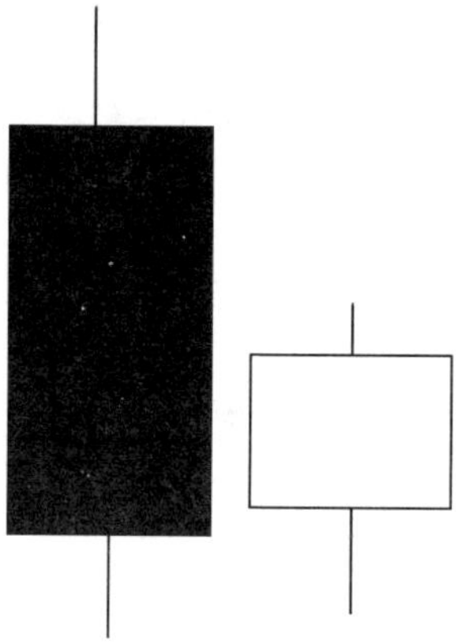

图 3-19 双 K 线组合多方抵抗型

实例 14：博深工具（002282）2014 年 12 月 9 日股价跌停收大阴线。按照常理，第二天股价应该低开，然而跌停板所处位置正好是前期涨停板的启动点，这个位置对股价起到了强支撑作用。

第二天股价高开 2 分钱，随后跌回上一日收盘价，全天盘面走势较平稳，最终收出一根小阳线，两根 K 线组合起来就是一个多方抵抗型，如图 3-20 所示。

第三个交易日股价再度向上跳空，这个缺口改变了短期调整趋势，股价重新进入上涨趋势，半年后股价实现了翻倍。

实例 15：小商品城（600415）的股价从 2013 年 9 月开始由高位下跌，2014 年 6 月 19 日股价继续下跌，并且收出一根中阴线，当天放量跌破了前期整理平台，以最低价 2.22 元收盘。第二个交易日开盘价为 2.22 元，最高价为 2.25 元，收盘价为 2.23 元。

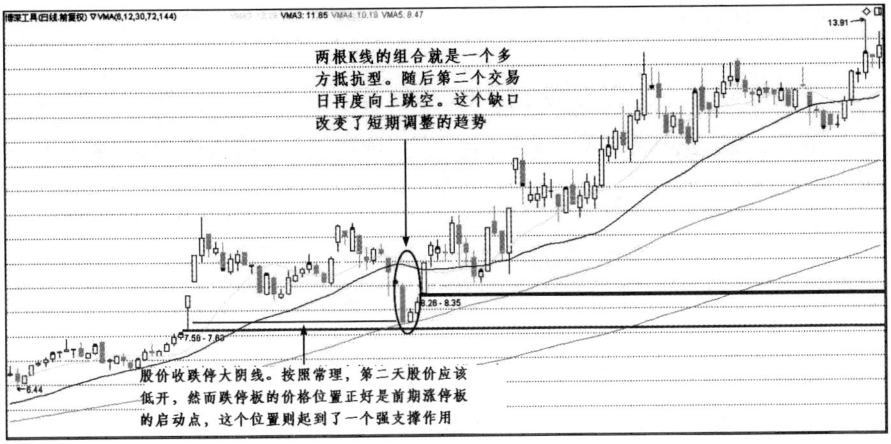
博深工具(日线,前复权) ∇VMA(8,12,30,72,144)
VMA3: 11.85 VMA4: 10.18 VMA5: 8.47
13.91
两根K线的组合就是一个多方抵抗型。随后第二个交易日再度向上跳空。这个缺口改变了短期调整的趋势
8.26 - 8.35
7.58 - 7.63
6.44
股价收跌停大阴线。按照常理，第二天股价应该低开，然而跌停板的价格位置正好是前期涨停板的启动点，这个位置则起到了一个强支撑作用

图 3-20 博深工具底部呈现多方抵抗型

两根 K 线组合起来就是一个多方抵抗型，但此后股价并没有继续破位，而是连续走出小阳线，收复了前期下跌平台，这是一个异常明显的转势信号。后期随着整体股市回暖，该股也开启了一波长牛走势，如图 3-21 所示。

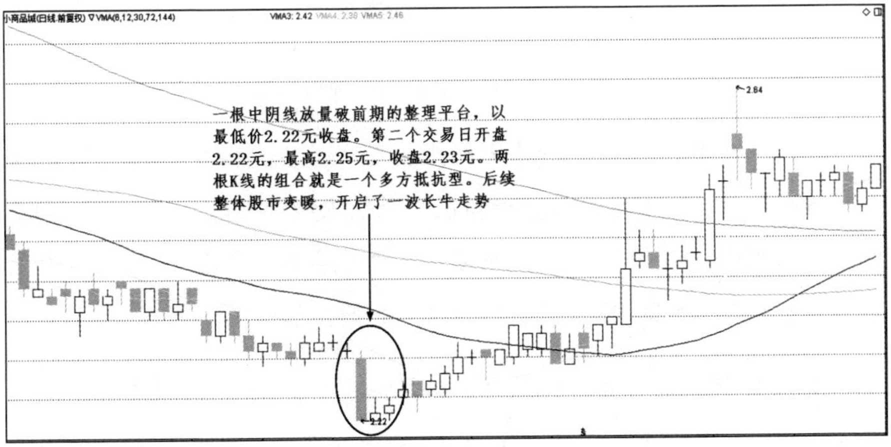
小商品城(日线,前复权) ∇VMA(8,12,30,72,144)
VMA3: 2.42 VMA4: 2.38 VMA5: 2.46
2.84
一根中阴线放量破前期的整理平台，以最低价2.22元收盘。第二个交易日开盘2.22元，最高2.25元，收盘2.23元。两根K线的组合就是一个多方抵抗型。后续整体股市变暖，开启了一波长牛走势
2.22

图 3-21 小商品城底部呈现多方抵抗型

3. 阴吃阳型

在阴吃阳型（见图 3-22）中，多方第一天拉出大阳线，表明多方实力强劲。第二天空方不甘心失败，发力打压，一根大阴线吃掉了第一天的大阳线，总体看来空方占优。

双 K 线组合阴吃阳型大多数是后期看跌的 K 线形态，并且后期的下跌会比较迅猛，尤其在下跌破位时。投资者一旦遇到这样的 K 线组合，强烈建议清仓。

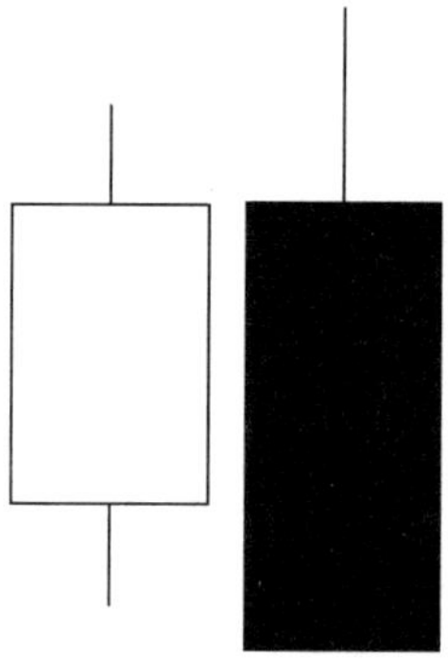

图 3-22 双 K 线组合阴吃阳型

需要注意的是，当股价处于底部整理时，主力会用这种 K 线组合来强势洗盘，但回撤后不会打出新低，而是依然保持前期最低价，调整完毕后市看涨。在单边下跌的末期，主力也会用这样的 K 线组合杀出最后的恐慌盘，这时会杀出新低，使股价最终见底。

实例 16：分众传媒（002027）的股价自 2017 年 4 月以来缓慢震荡上行，途中虽有调整，但几乎都在 60 日均线之上，给投资者中线牛股的感觉，坚定了投资者的持股信心。

2018年3月，股价在15元左右盘整，连续两次收阴吃阳型K线组合。2018年3月1日和3月2日第一次形成阴吃阳型K线组合，2018年3月12日和3月13日第二次形成阴吃阳型K线组合。随后股价从15元沿着5日均线快速跌至11.23元，1个月内跌幅达25%，如图3–23所示。

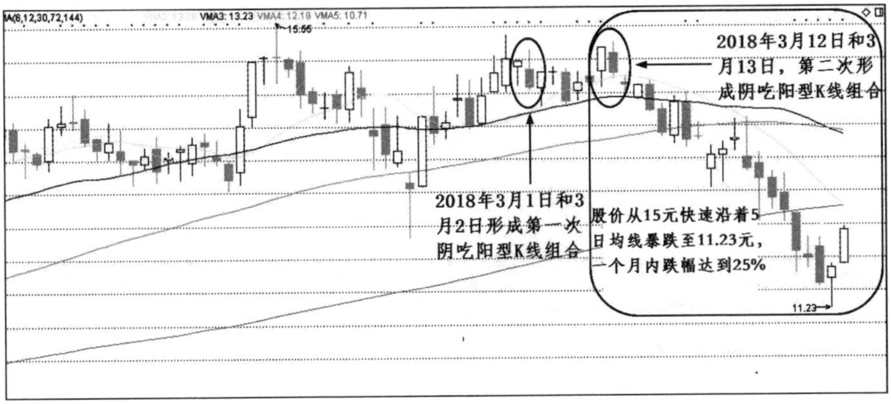
VMA3: 13.23 VMA4: 12.19 VMA5: 10.71
15.55
2018年3月12日和3月13日，第二次形成阴吃阳型K线组合
2018年3月1日和3月2日形成第一次阴吃阳型K线组合
股价从15元快速沿着5日均线暴跌至11.23元，一个月内跌幅达到25%
11.23

图3–23 分众传媒多次阴吃阳形态后暴跌

实例17：乐普医疗（300003）的股价自2017年5月沿着20日均线逐渐走高，其他中长期均线开始形成多头排列。2017年9月11日，股价跳空低开，大阴线同时放量跌至60日均线。2017年9月25日，股价跌至半年线后企稳，最低价为20.50元。

此股主力在20.50元～27.50元这个箱体中反复洗盘，但严格遵守了每次洗盘的底部价格均高于前期洗盘的底部价格的规则。

第二次洗盘从2017年11月15日25.14元开始，跌至2017年11月

29 日的最低价 21.12 元，跌破半年线后企稳转而上涨。第三次洗盘跌至 2018 年 1 月 3 日的最低价 23.14 元，跌破 60 日均线后企稳再次上涨。第四次洗盘跌至 2018 年 2 月 6 日的最低价 24.01 元，跌破 60 日均线后企稳再次上涨。第四次在箱体顶部开始洗盘，2018 年 1 月 26 日及第二个交易日形成阴吃阳型 K 线组合，如图 3–24 所示。

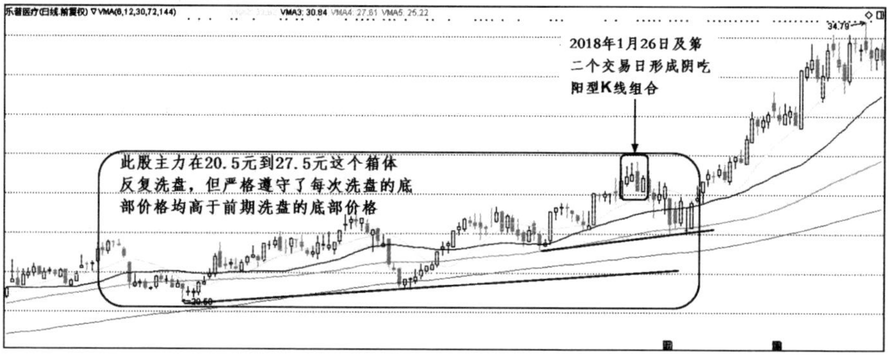
乐普医疗(日线,前复权) ▽VMA(6,12,30,72,144)
VMA3: 30.84 VMA4: 27.81 VMA5: 25.22
34.79
2018年1月26日及第
二个交易日形成阴吃
阳型K线组合
此股主力在20.5元到27.5元这个箱体
反复洗盘，但严格遵守了每次洗盘的底
部价格均高于前期洗盘的底部价格
20.60

图 3–24 乐普医疗洗盘末期呈现阴吃阳型

第四次洗盘的底部高于前面几次的底部，之前跌破半年线，这次只跌破 60 日均线。需要注意的是，在第四次回撤跌破 60 日均线时的那几个交易日，出现了极其罕见的墓碑线，后一个交易日收复此线，也印证了墓碑线在阶段底部出现，股价会转为上涨的规律。在这样的多轮洗盘下，此股突破大箱体后快速上涨。

实例 18：融捷股份（002192）的股价自 2015 年 6 月中旬由高位一路下跌，其间出现了 13 个跌停板，股价在 1 个月内由 32 元跌至 14 元以下。

之后股价开始反弹，直到2015年7月24日见顶。经过5个跌停板，股价再度反弹到前期高点20元左右。因当时市场恐慌情绪依旧，股价再度下跌，又陆续出现5个跌停板。

2015年8月27日开始反弹，收盘收出阳线。8月28日继续反弹。第三个交易日冲高回落以跌停板收盘，使得相邻两根K线出现阴吃阳型组合形态，再度引发市场恐慌。后续两个交易日股价继续跌停，创出13.34元的新低，如图3-25所示。

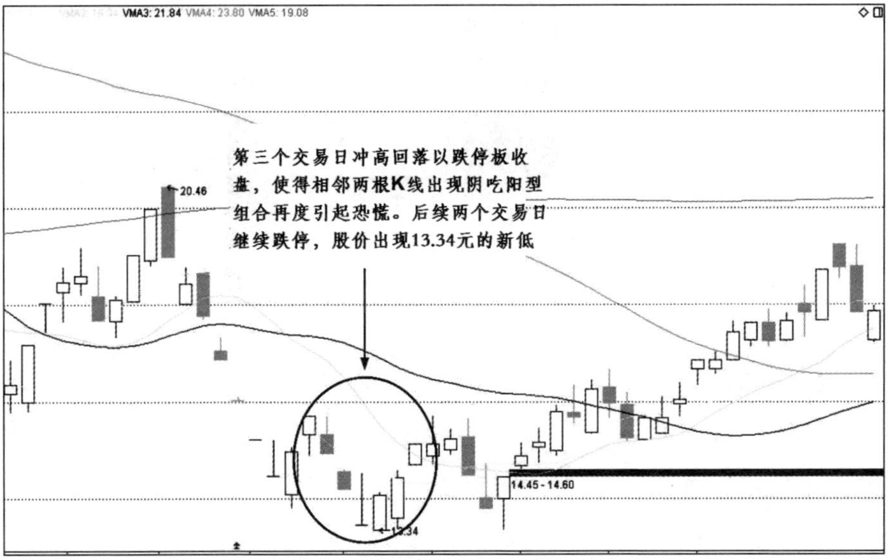
VMA3: 21.84 VMA4: 23.80 VMA5: 19.08
20.46
第三个交易日冲高回落以跌停板收盘，使得相邻两根K线出现阴吃阳型组合再度引起恐慌。后续两个交易日继续跌停，股价出现13.34元的新低
14.45-14.60
13.34

图3-25 融捷股份呈现阴吃阳型砸底

让投资者意想不到的是，后市股价在低位整理两周后，小幅度放量向上跳空，随后开启3个月的上涨征途，期间上涨幅度接近200%。

4. 阳吃阴型

在阳吃阴型（见图 3–26）中，空方第一天拉出大阴线，表明空方实力强劲。第二天多方不甘心失败，发力上攻，一根大阳线吃掉了第一天的大阴线，总体看来多方占优。

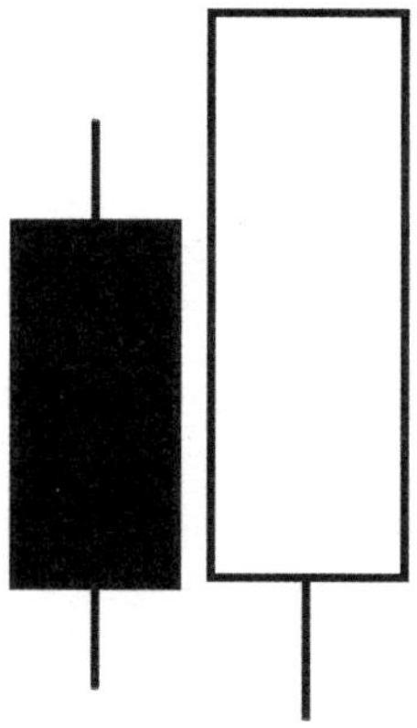

图 3–26 双 K 线组合阳吃阴型

双 K 线组合阳吃阴型大多数是后期看涨的 K 线形态，在洗盘末期出现这样的组合形态，随后的上涨会比较迅猛。需要注意的是，当股价处于高位，有高位平台滞涨的迹象时，出现这样的组合反而是清仓良机。

实例 19：华胜天成（600410）2014 年 9 月 16 日用大阴线回踩前期涨停板的支撑价格，从时间上来看，是一根大阴线吃掉了近期 1 个月的涨幅。第二个交易日开盘后，盘面多空双方对战较为激烈，放量明显，价格一直在 3% 的范围内波动。下午一度下跌至全天新低，接近 2 点，多头一举发力，将股价快速拉升至涨停板收盘，收盘价为 10.25 元。这是典型的双 K 线组合阳吃阴型洗盘，后市该股半年内快速翻倍，如图 3-27 所示。

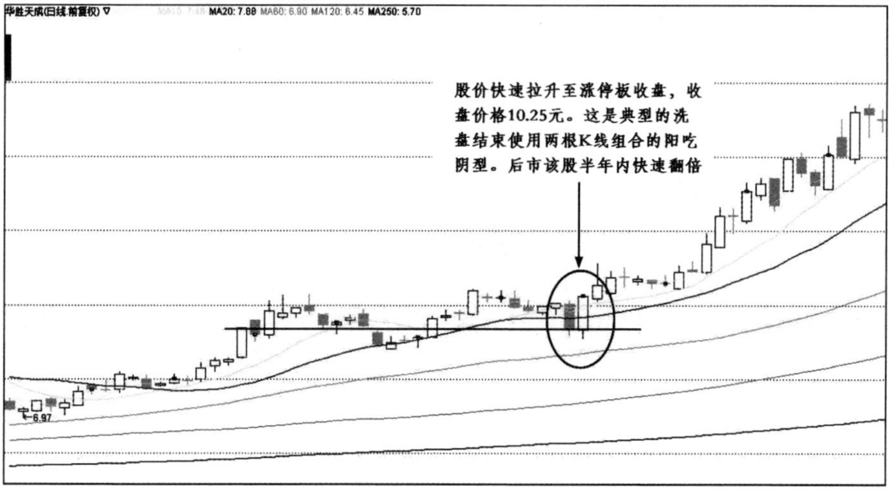
华胜天成(日线 前复权) ▽
MA20: 7.88 MA60: 6.90 MA120: 6.45 MA250: 5.70
股价快速拉升至涨停板收盘，收盘价格10.25元。这是典型的洗盘结束使用两根K线组合的阳吃阴型。后市该股半年内快速翻倍
6.97

图 3-27　华胜天成呈现阳吃阴型洗盘

实例 20： 超图软件（300036）2016 年 7 月 1 日和 7 月 4 日的双 K 线组合呈现阳吃阴型，这个 K 线组合是在股价已经持续上涨至翻倍的背景下出现的，随后股价一直在 22 ~ 26 元之间反复震荡。

2016 年 7 月 27 日股价暴跌 8%，跌破了高位箱体，如图 3-28 所示。

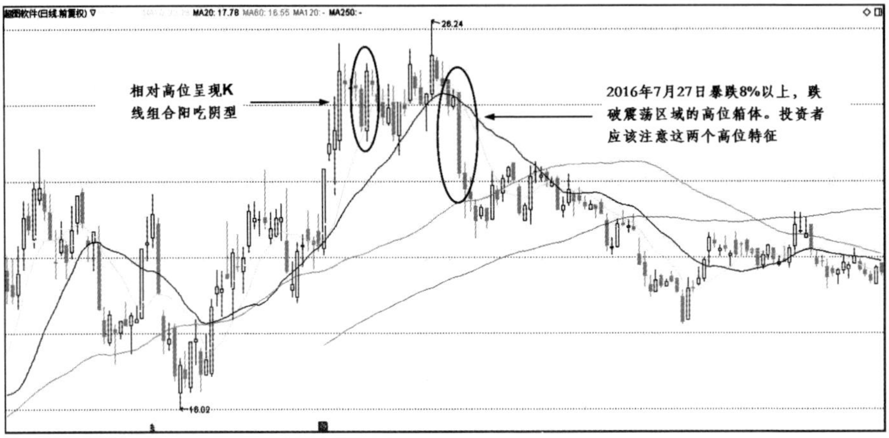
超图软件(日线 前复权)
MA20: 17.78 MA60: 16.55 MA120: - MA250: -
26.24
相对高位呈现K线组合阳吃阴型
2016年7月27日暴跌8%以上，跌破震荡区域的高位箱体。投资者应该注意这两个高位特征
16.02

图 3-28 超图软件顶部区域呈现阳吃阴型

这两个高位特征应该引起投资者的注意，要果断清仓出局。随后股价开始了慢慢阴跌，最低跌至 2018 年 2 月 7 日的 12.85 元。

第四章
K 线十大组合形态详解

第一节　早晨十字星组合

早晨十字星组合（见图 4–1）也称早晨之星组合，形态描述如下：

（1）出现在下跌途中。

（2）由三根 K 线组成，第一根是阴线，第二根是十字星线，第三根是阳线。第三根 K 线实体深入到第一根 K 线实体之内。

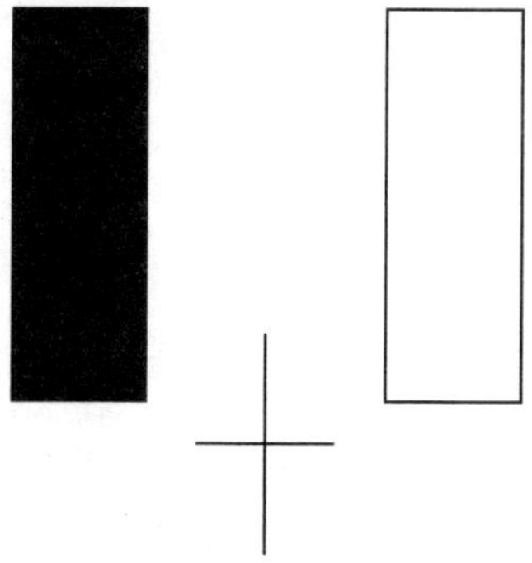

图 4–1　早晨十字星组合

早晨十字星组合的技术含义：这一组合多出现在久跌或久盘之后。当第一根阴线在久跌或久盘中实现最后一击后，第二天收出一根小十字星线，意味着卖方已经失去了将市场进一步压低的能量。随后出现有力上升的阳线，表明长夜已经过去，市势迎来光明。早晨十字星组合，往往成为市势反转上升的转折点。

早晨十字星组合实质上是，对比第一根 K 线最高价和第二根 K 线最低价之差与第二根 K 线最低价和第三根 K 线最高价之差。在这个前提下，只要满足左侧长度和右侧长度大概相等即可，并不一定要求第二根 K 线必须是十字星线，也可以是带下影线的 K 线。

实例 1：中恒电气（002364）2010 年 3 月 5 日上市后，股价一路走低。2011 年 6 月初，股价企稳，在箱体中长期运行。2012 年 11 月 5 日，股价上攻重要均线均表现无力。主力反手做空，一路沿着 5 日均线向下砸盘，下跌持续到 2012 年 12 月 4 日，中途甚至出现了十连阴。

2012 年 12 月 4 日，股价最低 2.53 元，收盘为阳线十字星。第二个交易日收中阳线，这样就形成了早晨十字星组合，如图 4-2 所示。此时股价最终见底，并开启了一波两年翻 10 倍的大行情。

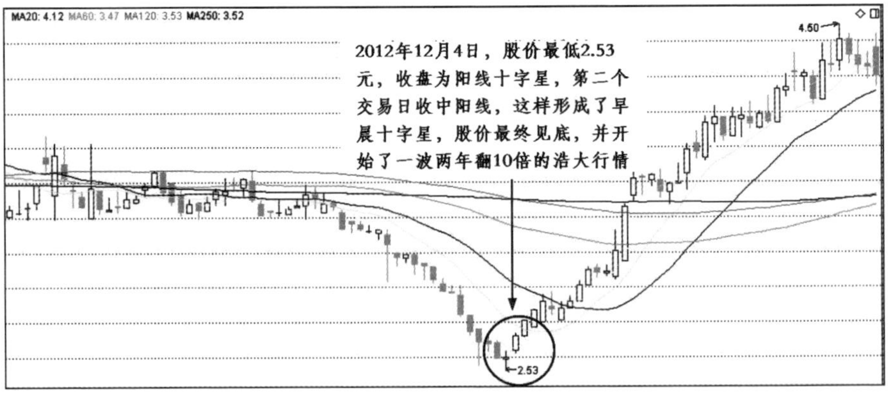
MA20: 4.12 MA60: 3.47 MA120: 3.53 MA250: 3.52
4.50
2012年12月4日，股价最低2.53元，收盘为阳线十字星，第二个交易日收中阳线，这样形成了早晨十字星，股价最终见底，并开始了一波两年翻10倍的浩大行情
2.53

图 4-2 中恒电气底部呈现早晨十字星组合

实例 2：博实股份（002698）2012 年 9 月 11 日上市，上市后第一个交易日最高价格为 11.11 元，随后股价一直下跌。到 2012 年 12 月 4 日，股价跌至 5.32 元，相对上市最高价格下跌幅度高达 52.2%。

要注意的是，前一个交易日是一根大阴线，当天收了一根有下影线的小阳线，只需要下一个交易日出现一根大阳线，使收盘价接近 2012 年 12 月 3 日的最高价 5.90 元，则这三个交易日的 K 线组合就形成了早晨十字星。

2012 年 12 月 5 日以 5.51 元开盘，最高价为 5.88 元，收盘价为 5.77 元，完全符合早晨十字星组合的条件，如图 4–3 所示。

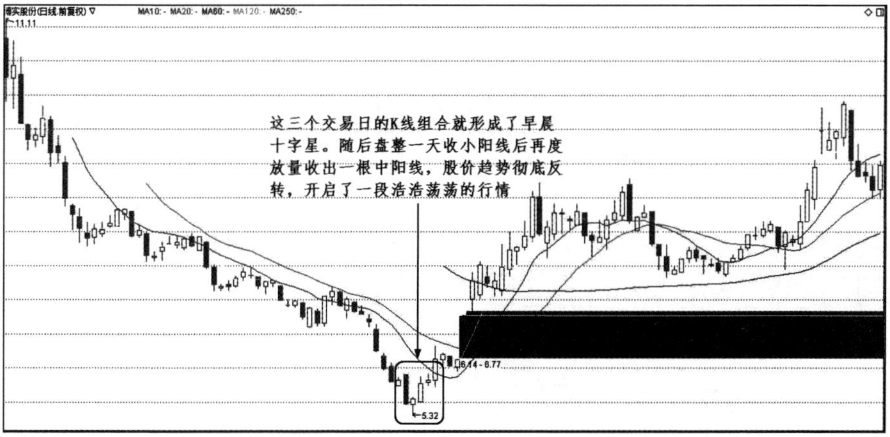
博实股份(日线 前复权) ▽
MA10: - MA20: - MA60: - MA120: - MA250: -
11.11
这三个交易日的K线组合就形成了早晨十字星。随后盘整一天收小阳线后再度放量收出一根中阳线，股价趋势彻底反转，开启了一段浩浩荡荡的行情
5.32

图 4–3　博实股份底部呈现早晨十字星组合

随后盘整一天收小阳线后，再度放量收出一根中阳线，股价趋势彻底反转，开启了一段浩浩荡荡的大幅上涨行情。

第二节　红三兵组合

红三兵组合（见图 4-4）形态描述如下：

（1）出现在上涨行情初期。

（2）在股票运行过程中连续出现三根阳线，每根阳线的收盘价高于前一天收盘价。

（3）每根阳线的开盘价在前一天的阳线实体之内。

（4）每根阳线的收盘价在当天波幅的 2/3 以上。

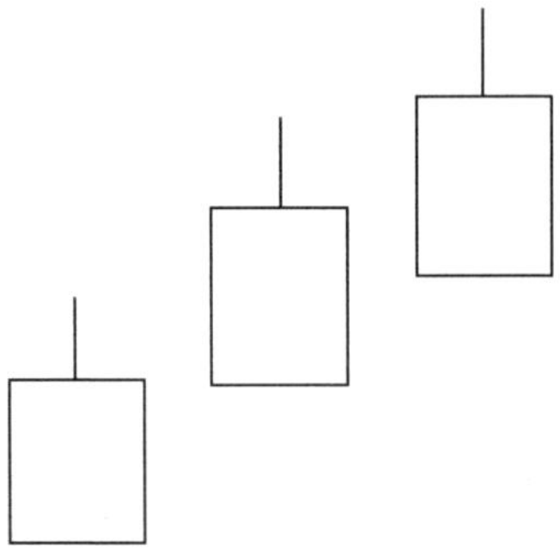

图 4-4　红三兵组合

红三兵组合的技术含义：股价连续数日下跌后，机构或多数投资者认为股票已经跌到自己能够接受的价位了，开始逐步建仓，股价由于主动性买盘的增加开始慢慢上涨。一些持币观望的投资者看到股价已经止跌，也积极跟进，主动帮助拉抬股价。投资者信心逐渐恢复，积极买入。红三兵组合一般说明股价还有进一步上涨空间，如出现在市场底部，说明市场发出强烈的反转信号，股价将逐步拉升，后市看好。如果在较长时间的横盘后出现红三兵组合，并且伴随着成交量逐步放大，则是股票即将启动的前奏。

备注：当三根小阳线收于最高或接近最高点时，称为三个白色武士。三个白色武士拉升股价的作用要强于普通的红三兵，投资者应重视。

红三兵组合出现在不同时期有不同的意义。

（1）如果出现在上升波段初期，成交量配合迅速放大，则表明主力已经发动主升段行情。

（2）如果出现在上升波段中期，成交量配合放大，股价将加速上涨。

（3）如果出现在拉升阶段末期，则是盘中即将见顶的重要特征，表明主力正在放量出货。

实例 3：华东医药（000963）2010 年 11 月底从高位 16.93 元开始下跌，到 2012 年 1 月 19 日，股价跌至 8.78 元，下跌幅度达 48%。

随后股价逐渐企稳，并多次出现连续 K 线三连阳。但要注意的是，2012 年 2 月 13 日到 2 月 16 日、2012 年 2 月 21 日到 2 月 24 日、2012 年 3 月 8 日到 3 月 12 日，这几次出现的底部三连阳均不完全满足红三兵组合的定义，第三根 K 线开盘价均不在前一天的 K 线实体内。

直到 2012 年 5 月 3 日开始连续三个交易日收阳线，才产生真正的红三兵组合。此次红三兵组合中，主力正式突破一直压制股价的年线，股价随后震荡上行，脱离前期底部平台，后市一路走高，如图 4–5 所示。

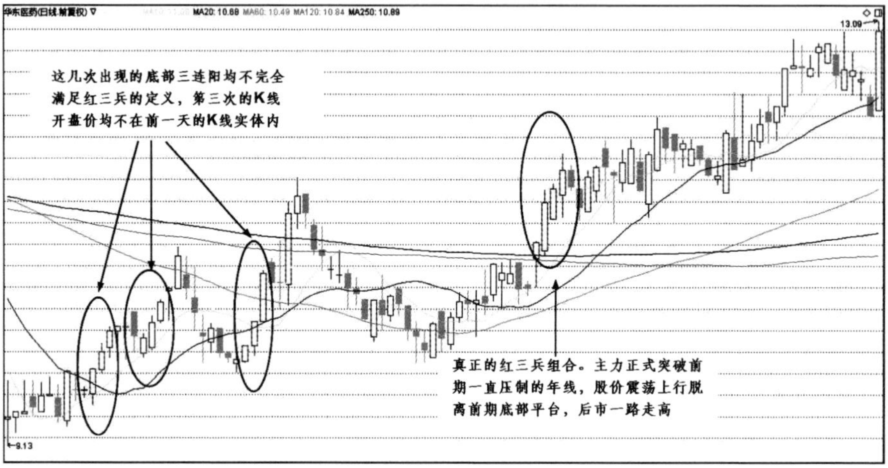
华东医药(日线,前复权)
MA20: 10.68 MA60: 10.49 MA120: 10.84 MA250: 10.89
13.09
这几次出现的底部三连阳均不完全满足红三兵的定义，第三次的K线开盘价均不在前一天的K线实体内
真正的红三兵组合。主力正式突破前期一直压制的年线，股价震荡上行脱离前期底部平台，后市一路走高
9.13

图 4–5 华东医药上升波段初期呈现红三兵组合

实例 4：盐湖股份（000792）2017 年 8 月 31 日出现一个向上跳空缺口，整理 6 个交易日后，再度向上跳空并涨停。随后以高位长上影阴线放量洗盘，将前期盈利盘震荡出局。随后主力在上升波段中期加速上涨，红三兵组合呼之欲出，并且强度非常大，一举突破长上影线的最高点，如图 4–6 所示。

在这个实例中，三根连续小阳线收于最高或接近最高点时，称为三个白色武士，是红三兵组合的加强版。随后股价从 16 元沿着 5 日均线快速拉升到 20 元才最终见顶。

实例 5：光环新网（300383）2015 年 12 月 3 日、12 月 4 日、12 月 7 日三个交易日，该股股价从 32 元再度连续拉升，形成红三兵组合。这个红三兵组合是在一年内股价上涨幅度累计高达 8 倍的背景下再度出现的，这是上涨末期股价赶顶的迹象。

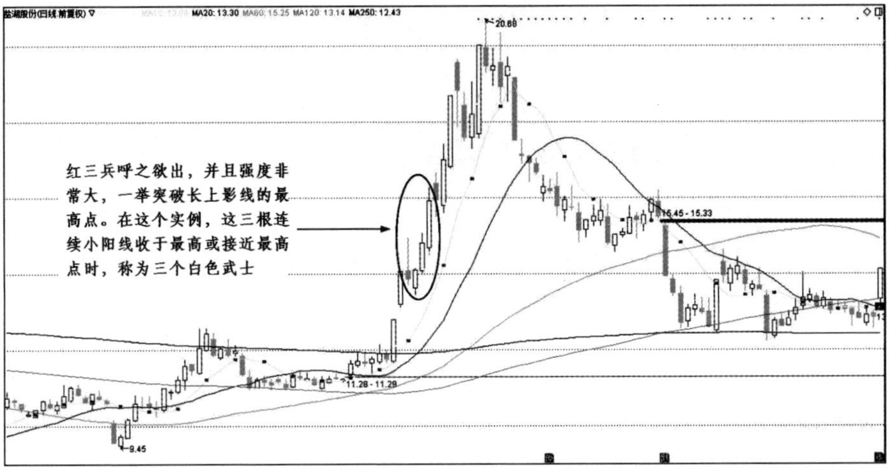
红三兵呼之欲出，并且强度非常大，一举突破长上影线的最高点。在这个实例，这三根连续小阳线收于最高或接近最高点时，称为三个白色武士
20.88
15.45 - 15.33
11.28 - 11.29
9.45

图 4-6 盐湖股份上升波段中期呈现红三兵组合

主力用最能够诱惑投资者入场的走势继续放肆地在高位暴拉股价，就是为了套现出场。股价在 2012 年 12 月 9 日创出最高价 39.19 元后，开启了慢慢熊途，如图 4-7 所示。

这个红三兵组合是在一年内股价上涨幅度累计高达8倍的背景下再度出现，这就是一个上涨末期的股价赶顶的迹象
39.19
17.78 - 17.97

图 4-7 光环新网拉升阶段末期呈现红三兵组合

第三节　多方炮组合

多方炮组合（见图 4–8）形态描述如下：

（1）出现在上涨行情中。

（2）由两根较长的阳线夹住一根较短的阴线，阴线完全被包容在两根阳线之中，是一种看涨的 K 线组合。

（3）阴线实体处于前一日阳线的实体之内，并且不触及前一日阳线实体最低 1/5 处。

（4）最后一根阳线最高价要为 K 线组合的最高价，最低价不能低于前一阳线的最低价。

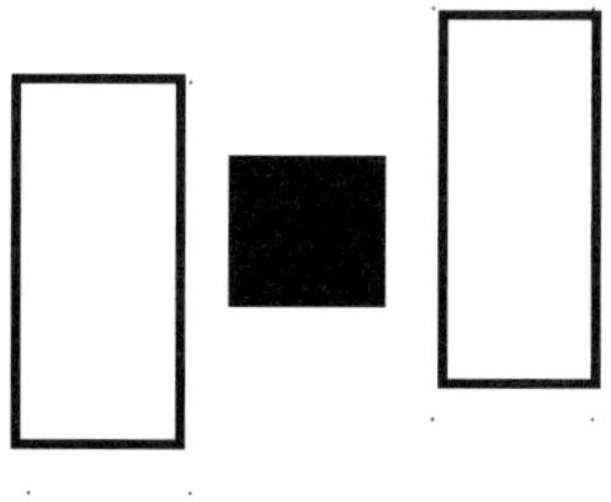

图 4–8　多方炮组合

多方炮组合的技术含义：在多头行情启动初期或相对低位出现，有重大参考价值。另外注意，多方炮组合可以有变种，即中间的阴线可以为多根阴线，只要遵守多根阴线处于第一根阳线的实体之内，并且不触及第一根阳线实体最低 1/5 处即可。

实例 6： 汉得信息（300170）从 2015 年 1 月底到 2 月初，该股用多方炮组合实现了真突破。2015 年 1 月 29 日，股价涨停突破了底部箱体的 10 元上限。

2015 年 1 月 30 日，股价相对缩量调整，收盘价为 10.19 元，最低价为 10.19 元。当这根 K 线形成时，尤其以最低价收盘之前，因为当日是下跌走势，可能不少投资者会在收盘之前短线卖出。但是这里要特别注意的是，收盘之前，应该考虑到前一根涨停 K 线突破了长期整理以来的箱体顶部，所以这个位置是非常敏感和值得期待的，也值得多看一看。

1 月 30 日的阴线实体处于前一日 K 线内，并且远在前一阳 K 线实体 1/5 以上，那么接下来第三根 K 线的收盘形态就非常关键了。

最终第三根 K 线收小阳线，最高价为 11.12 元，最低价为 10.09 元，三根 K 线在关键价格区间形成了多方炮组合，如图 4–9 所示。后市股价借助大势上涨行情，不长的时间里即暴涨三倍。

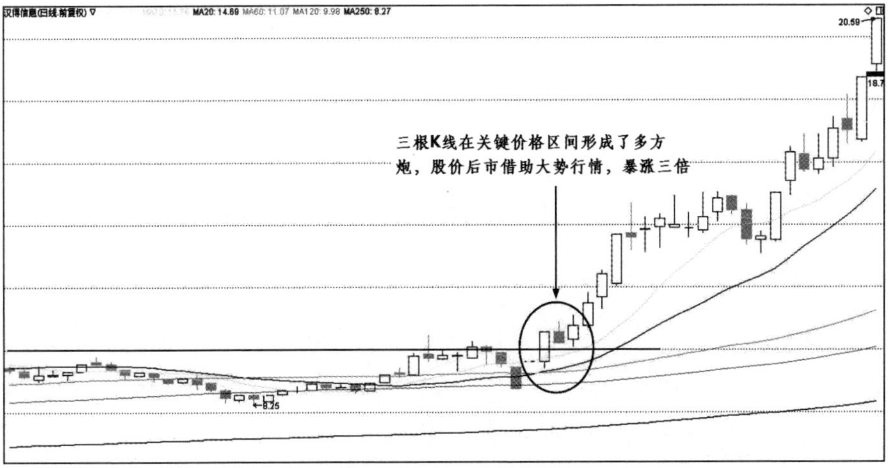
汉得信息(日线,前复权)
MA20: 14.69 MA60: 11.07 MA120: 9.98 MA250: 8.27
20.59
18.7
三根K线在关键价格区间形成了多方炮，股价后市借助大势行情，暴涨三倍
8.25

图 4–9　汉得信息关键价格区间形成多方炮组合

实例 7：华胜天成（600410）从 2014 年 8 月 12 日到 8 月 14 日，该股三个交易日形成了一个标准的多方炮组合，股价突破了前期 8.70 元的顶部，如图 4-10 所示。随后有两次回踩，2014 年 9 月 17 日以涨停宣告回踩结束。多方发力后，股价继续上行，后期出现了翻倍行情。

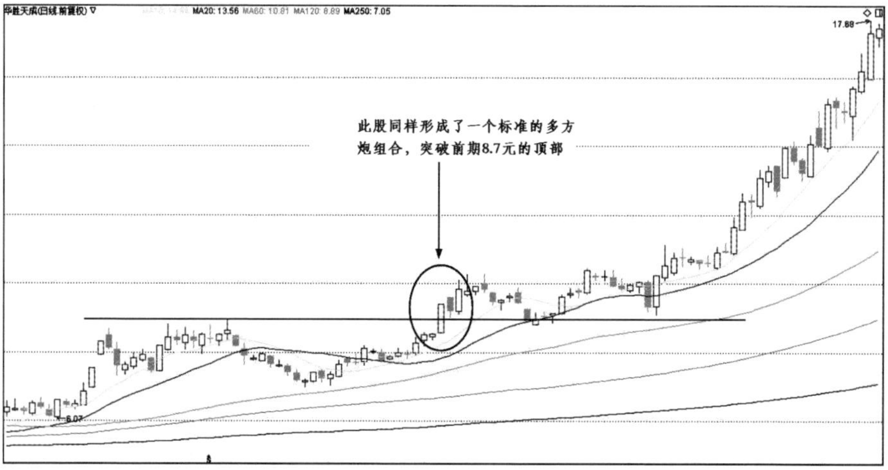
华胜天成(日线 前复权) ▽
MA20: 13.56 MA60: 10.81 MA120: 8.89 MA250: 7.05
17.88
此股同样形成了一个标准的多方
炮组合，突破前期8.7元的顶部

图 4-10 华胜天成关键价格区间形成多方炮组合

第四节 黄昏十字星组合

夕阳无限好，只是近黄昏。黄昏十字星组合，顾名思义，是说光明即将过去，黑暗即将来临。在上升过程中出现黄昏十字星组合（见图 4-11），是较为可靠的转势信号，其形态描述如下：

（1）一般出现在一波行情的高位。

（2）由三根 K 线组成，第一根为阳线，第二根为十字星线，第三根为阴线。第三根 K 线实体深入到第一根 K 线实体之内。

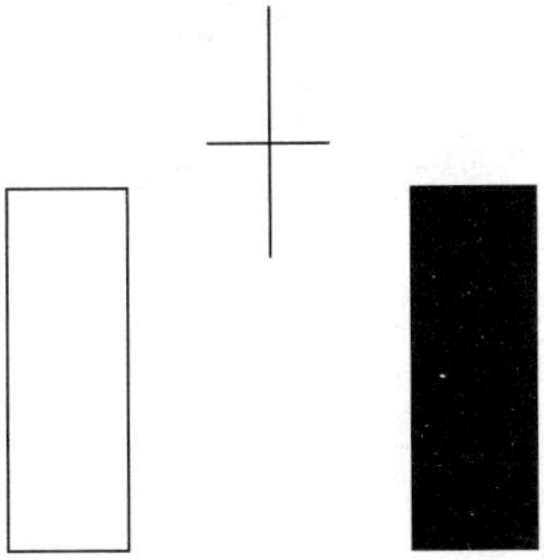

图 4-11　黄昏十字星组合

黄昏十字星组合的技术含义：出现该形态时，投资者应及早离场。黄昏十字星组合实质上是，比较第一根 K 线最低价和第二根 K 线最高价之差与第二根 K 线最高价和第三根 K 线最低价之差。在这个前提下，只要满足右侧长度和左侧长度大约相等即可，并不一定要求第二根 K 线必须是十字星线，也可以是带下影线的 K 线。

实例 8：中兴通讯（000063）2017 年 11 月底，该股股价不断冲击新高，投资者获利丰厚。2017 年 11 月 21 日至 11 月 23 日，K 线在高位形成黄昏十字星组合，中间的 K 线有较长上影线，右侧阴线基本上将第一根阳线的上涨幅度全部跌回，如图 4-12 所示。

2017 年 11 月 27 日，股价进一步放量下跌并跌破 20 日均线，代表顶部区域成立，投资者应该尽早离场。

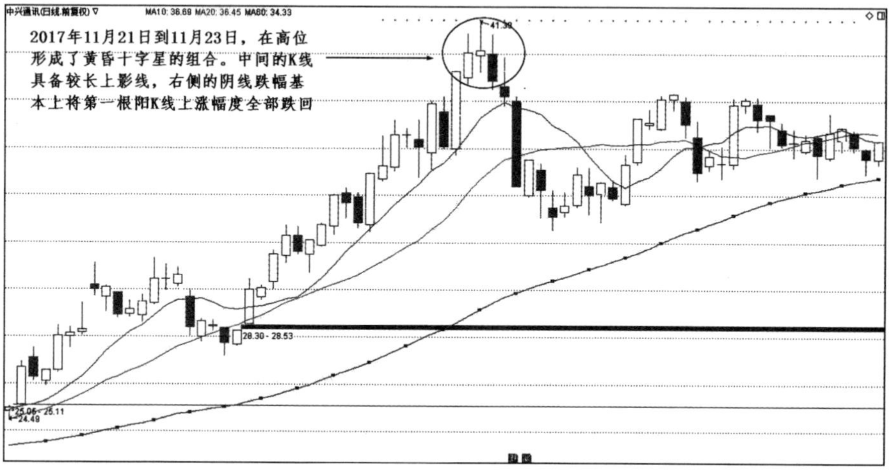
中兴通讯(日线,前复权)
MA10: 36.69 MA20: 36.45 MA60: 34.33
41.39
2017年11月21日到11月23日，在高位形成了黄昏十字星的组合。中间的K线具备较长上影线，右侧的阴线跌幅基本上将第一根阳K线上涨幅度全部跌回
28.30 - 28.53
25.06 - 25.11
24.49

图 4–12 中兴通讯高位形成黄昏十字星组合

实例 9: 广聚能源（000096）在 2015 年 6 月中旬，受到大盘走势影响，于 6 月 12 日收出一根带长上影线的阴线。第二个交易日股价低开并进一步下跌，最终收跌 7.64%，将最近一根阳线全部跌回，在高位形成黄昏十字星组合，如图 4–13 所示。

投资者看到这种看跌的高位 K 线组合，以及当时政策严令去股市杠杆，理应在下一个交易日清仓出逃，对于该看跌信号不能掉以轻心。

实例 10: 丰原药业（000153）从 2014 年 11 月 25 日到 12 月 1 日的几个交易日，在高位形成变种黄昏十字星组合，最左侧和最右侧分别是阳线和阴线，中间三根 K 线都收十字星线，如图 4–14 所示。

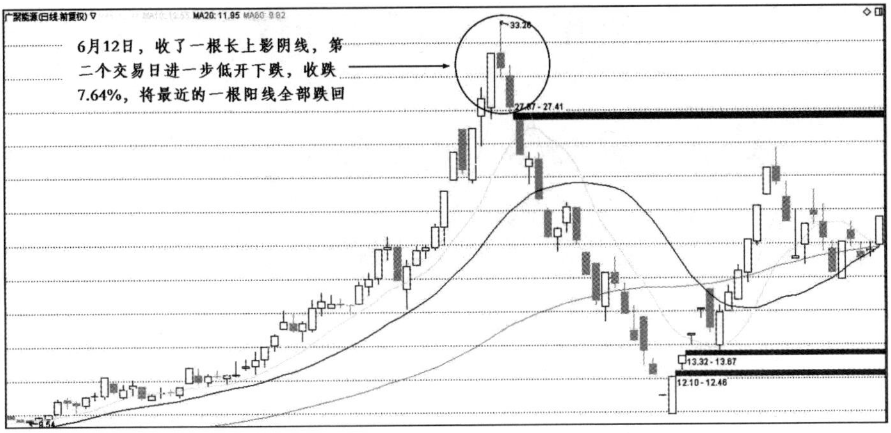
广聚能源(日线 前复权)
MA20: 11.95
33.26
6月12日，收了一根长上影阴线，第二个交易日进一步低开下跌，收跌7.64%，将最近的一根阳线全部跌回
27.87 - 27.41
13.32 - 13.87
12.10 - 12.46

图 4–13 广聚能源高位形成黄昏十字星组合

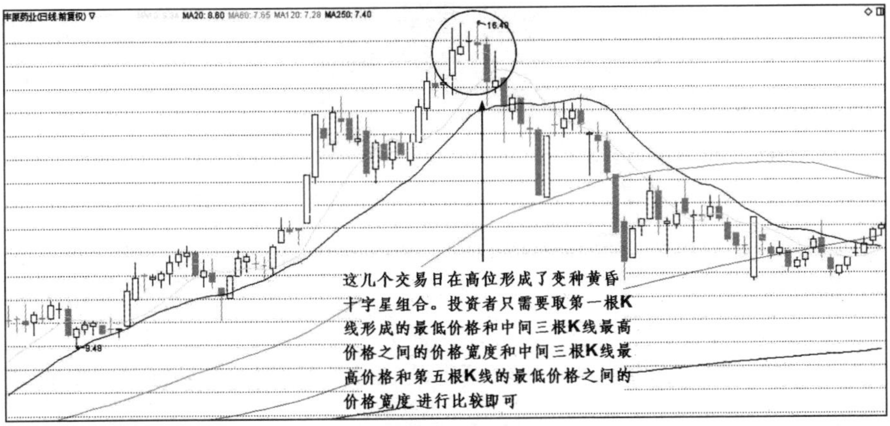
丰原药业(日线 前复权)
MA20: 8.60 MA60: 7.65 MA120: 7.28 MA250: 7.40
16.49
这几个交易日在高位形成了变种黄昏十字星组合。投资者只需要取第一根K线形成的最低价格和中间三根K线最高价格之间的价格宽度和中间三根K线最高价格和第五根K线的最低价格之间的价格宽度进行比较即可
9.48

图 4–14 丰原药业高位形成变种黄昏十字星组合

面对这种 K 线组合，投资者只需取第一根 K 线的最低价和中间三根 K 线最高价之差，与中间三根 K 线最高价和第五根 K 线最低价之差进行比较即可。在这个前提下，只要满足右侧长度和左侧长度大约相等，即可将这个 K 线组合看作变种黄昏十字星组合，因为其实质是一样的。

第五节　三飞乌鸦组合

三飞乌鸦组合（见图 4-15）形态描述如下：

（1）由三根连续的阴 K 线组成。

（2）每根阴线开盘价不能高于上一根阴线的开盘价。

（3）最后一根阴线无下影线或下影线相对于实体很小。

（4）三根阴线跌去前期阳线的全部或绝大部分涨幅。

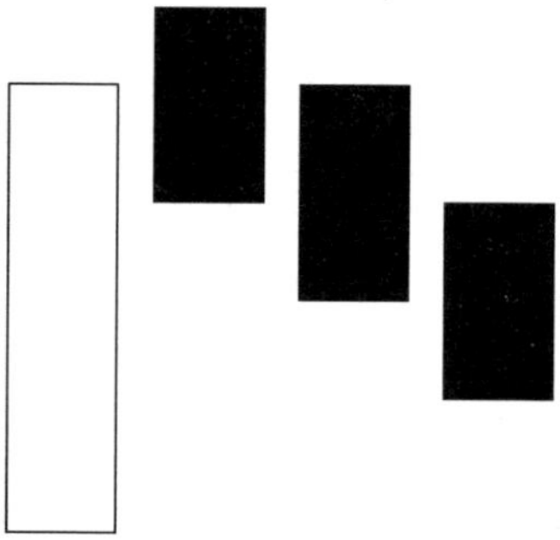

图 4-15　三飞乌鸦组合

三飞乌鸦组合的技术含义：该形态属于股价走势见顶信号，后市强烈看跌。

实例 11：在 2015 年年中大盘全面下跌之前，绝大多数庄家还没有意识到指数顶部已经来临时，汉得信息（300170）的庄家对于大势的判断非常准确。2015 年 6 月 3 日股价回踩 5 日均线，收一根带有下影线的高位阳线，然后连续收出三连阴，最后一根 K 线为大阴线，接近最低价收盘，股价跌破前期涨幅，形成三飞乌鸦组合，如图 4–16 所示。

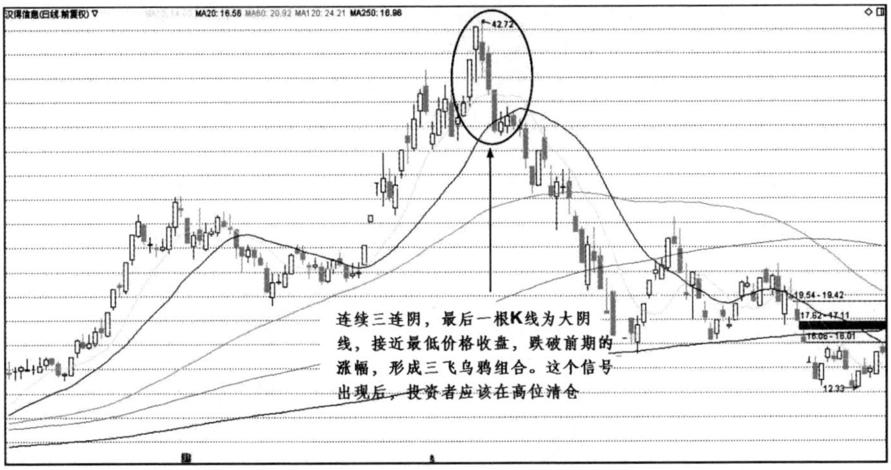
汉得信息(日线 前复权) ▽
MA20: 16.56 MA60: 20.92 MA120: 24.21 MA250: 16.96
42.72
连续三连阴，最后一根K线为大阴
线，接近最低价格收盘，跌破前期的
涨幅，形成三飞乌鸦组合。这个信号
出现后，投资者应该在高位清仓
19.54 - 19.42
17.62 - 17.11
12.33

图 4–16 汉得信息高位形成三飞乌鸦组合

这个见顶信号出现后，投资者应该在高位逐步卖出。主力给了投资者足够的时间撤退，股价高点形成比市场全线暴跌早 7 个交易日。

实例 12： 华峰氨纶（002064）在 2015 年 6 月 11 日收大阳线，第二个交易日低开后收带下影线的小阴线，之后股价继续下跌。第三、四个交易日低开收大阴线，形成了高位三飞乌鸦组合，如图 4–17 所示。随后股价在不到一个月的时间又暴跌了 50%。

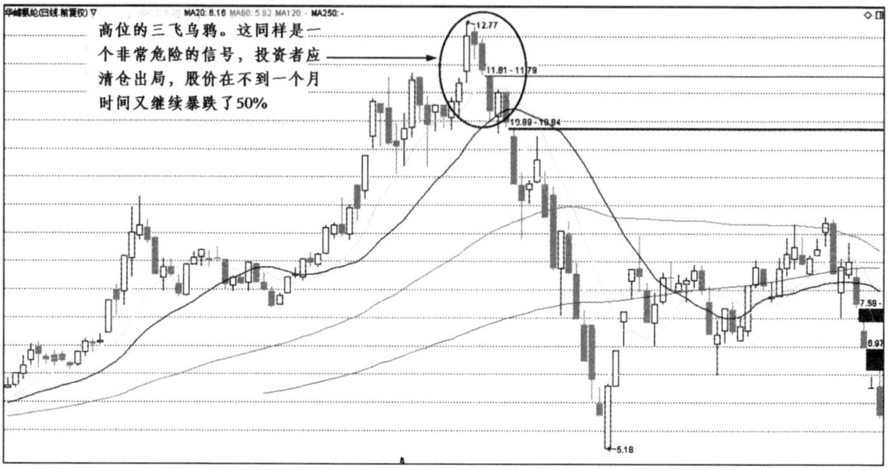
高位的三飞乌鸦。这同样是一个非常危险的信号，投资者应清仓出局，股价在不到一个月时间又继续暴跌了50%
12.77
11.81 - 11.79
10.89 - 10.84
5.18
7.58
6.97

图 4-17 华峰氨纶高位形成三飞乌鸦组合

这同样是一个非常危险的信号，投资者看到该K线组合后应立即清仓出局。

第六节 黑三兵组合

黑三兵组合（见图 4-18）形态描述如下：

（1）既可出现在涨势中，也可出现在跌势中。

（2）由三根小阴线组成，小阴线不要求开盘价必须低于上一日开盘价，但要求最低价一根比一根低，通常都带有下影线。

黑三兵组合的技术含义：该K线组合通常来说是一个见顶信号，属于弱化版的三飞乌鸦，后市看跌。

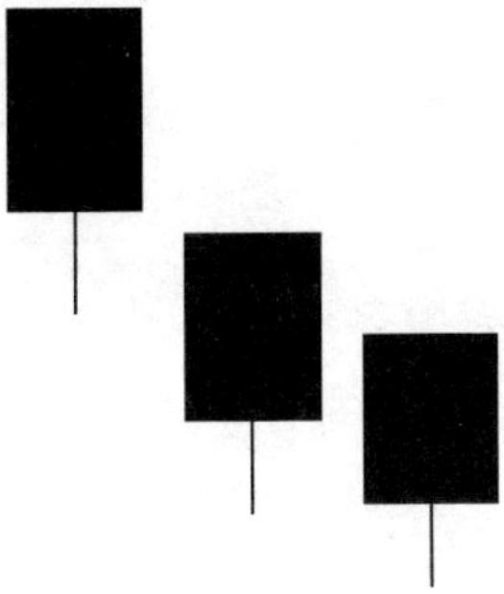

图 4-18 黑三兵组合

实例 13：和晶科技（300279）在 2015 年 11 月 25 日收出一根不常见的流星线。这个信号在高位出现，值得投资者注意，要考虑是否出现顶部。随后三个交易日连续收出三根阴线，三根阴线的最低价一根比一根低，且都带有下影线，如图 4-19 所示。

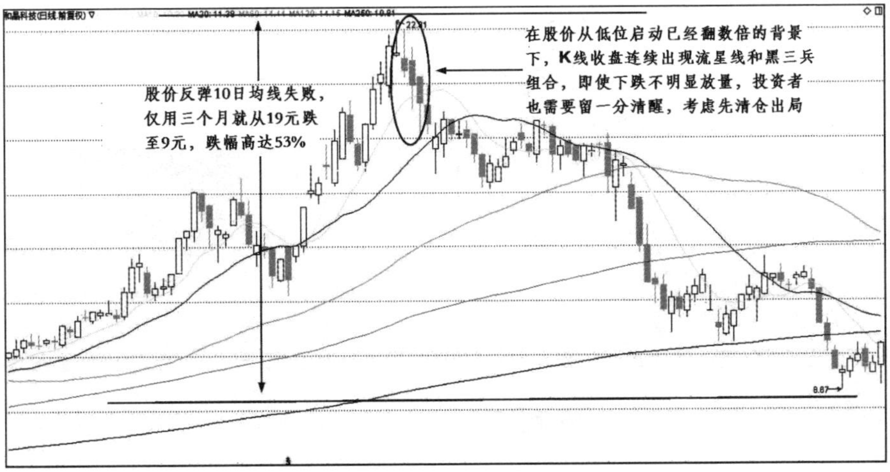

MA20: 11.39
MA250: 10.81
22.81
股价反弹10日均线失败，仅用三个月就从19元跌至9元，跌幅高达53%
在股价从低位启动已经翻数倍的背景下，K线收盘连续出现流星线和黑三兵组合，即使下跌不明显放量，投资者也需要留一分清醒，考虑先清仓出局
8.87

图 4-19 和晶科技高位形成黑三兵组合

在股价由低位启动后已翻数倍的背景下，K 线收盘连续出现流星线和黑三兵组合，即使下跌放量不明显，投资者也需要留一分清醒，考虑先清仓出局观望。

2015 年 12 月 1 日，股价反弹冲击 10 日均线失败，随后转入跌势。从 19 元开始下跌，仅用三个月的时间就跌至 9 元，跌幅高达 53%。

实例 14：2015 年年中大盘暴跌来临之前，绝大多数庄家还没有意识到指数顶部已经来临。汉威科技（300007）在 2015 年 6 月 5 日高开低走，收出一根带有下影线的高位阴线。之后又连续收出两连阴，最后一根 K 线收在 10 日均线之上。三根连续阴线，最低价一根比一根低，且都带有下影线，形成了黑三兵组合，如图 4–20 所示。

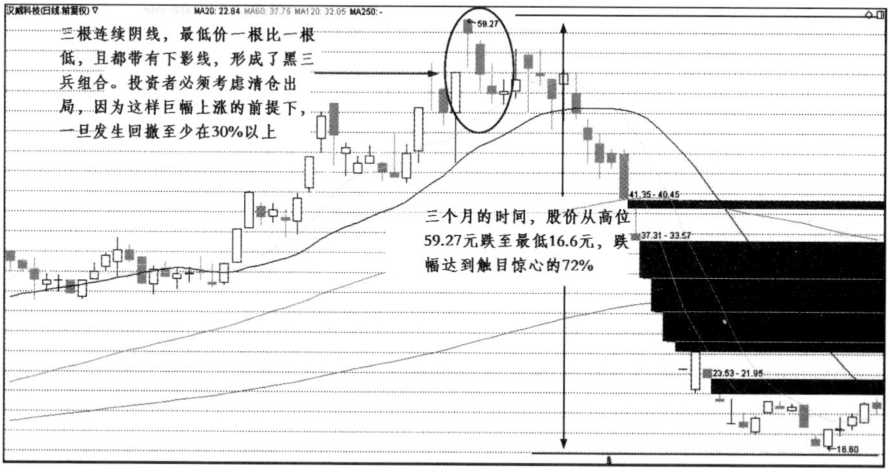
汉威科技(日线,前复权)▽
MA20: 22.84 MA60: 37.75 MA120: 32.05 MA250: -
三根连续阴线，最低价一根比一根低，且都带有下影线，形成了黑三兵组合。投资者必须考虑清仓出局，因为这样巨幅上涨的前提下，一旦发生回撤至少在30%以上
59.27
41.35 - 40.45
37.31 - 33.57
23.53 - 21.95
16.60
三个月的时间，股价从高位59.27元跌至最低16.6元，跌幅达到触目惊心的72%

图 4–20 汉威科技高位形成黑三兵组合

投资者要密切注意的是，虽然高位三连阴没有出现放量下跌，但是股价从启动上涨行情开始，涨幅已经高达三倍，在这样的背景下出现黑三兵这个强烈的见顶信号，投资者必须考虑清仓出局，因为在这样巨幅上涨的背景下，一旦发生回撤，跌幅至少在 30% 以上。

2015 年大盘全线暴跌是从 6 月 12 日开始的，该股主力给了投资者足够的时间思考及高位撤退。之后三个月的时间，该股股价从高位 59.27 元跌至最低 16.6 元，跌幅达到触目惊心的 72%。

第七节　两黑夹一红组合

两黑夹一红组合（见图 4-21）形态描述如下：

（1）在涨势或者跌势中都会出现，在涨势中出现是见顶信号，在跌势中出现继续看跌。

（2）由两根较长的阴线和一根较短的阳线组成，左右两边是阴线，中间是阳线，两根阴线的实体要比阳线实体长。

两黑夹一红组合的技术含义：出现该形态表示空方优势逐渐加大，无论是出现在上涨过程中还是下跌过程中，都是看跌信号，操作上应以出局为宜，静观其变。如果有其他下跌信号出现共振，则下跌概率更大。特别是出现连续性两黑夹一红，杀伤力更大，应该引起高度重视。

图 4–21 两黑夹一红组合

实例 15：众合科技（000925）从 2015 年 6 月 16 日到 6 月 18 日，在高位形成了两黑夹一红组合，这是一个明显的 K 线空头信号。股价在 6 月 18 日收盘时跌破了中期均线——20 日均线，并且当时外界舆论环境开始转向空头。之后股价从最高位 48.37 元跌破 20 日均线即 40 元的价位，高位回撤已经达到 17%。参与其中的投资者在出现这样的资金回撤和明显的空头 K 线组合情况下，必须考虑大幅度减仓或清仓出局观望。随着 2015 年 6 月 29 日到 7 月 1 日的大盘下跌，该股在下跌过程中再次出现两黑夹一红 K 线组合，如图 4–22 所示。

这时股价已跌至 25 元上下，回撤高达 48%。由于该股再次出现看空 K 线组合，投资者此时必须认识到股价并未跌到底部，腰斩还不是最终跌幅。

如果投资者在这个价位和 K 线走势下还没有卖出，那么必须加强执行力。哪怕再看好此股，也可以等继续下跌后再将出局的资金买入，至少那时拥有的股票数量将远多于死守不动的策略。

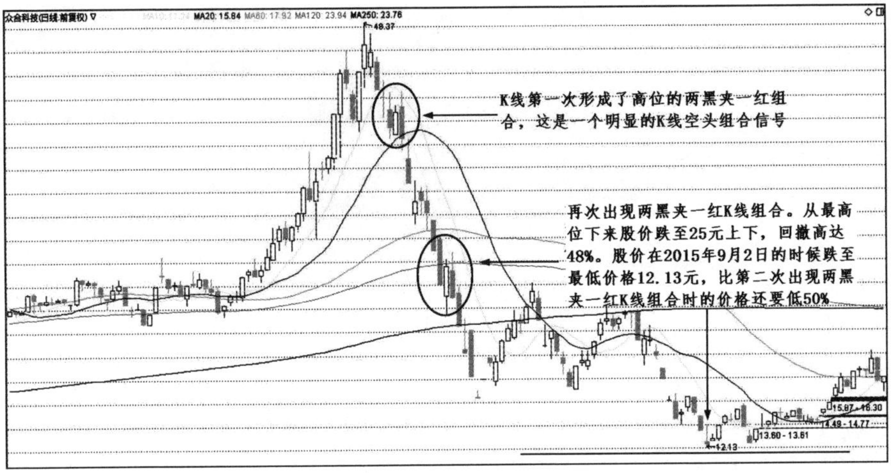
众合科技(日线 前复权)
MA20: 15.84 MA60: 17.92 MA120: 23.94 MA250: 23.76
48.37
K线第一次形成了高位的两黑夹一红组合，这是一个明显的K线空头组合信号
再次出现两黑夹一红K线组合。从最高位下来股价跌至25元上下，回撤高达48%。股价在2015年9月2日的时候跌至最低价格12.13元，比第二次出现两黑夹一红K线组合时的价格还要低50%
15.87 - 16.30
13.49 - 14.77
13.60 - 13.61
12.13

图 4-22　众合科技多次形成两黑夹一红组合

该股在 2015 年 9 月 2 日跌至最低价 12.13 元。按最高价来看，跌幅达 75%，比第二次出现两黑夹一红 K 线组合时的价格还要低 50%，这说明出现卖空信号时执行力的重要性。

实例 16： 华峰氨纶（002064）的日 K 线从 2015 年 6 月 12 日到 6 月 16 日形成了高位三飞乌鸦组合。投资者需要注意的是，紧接着 6 月 16 日到 6 月 18 日，K 线又形成了高位两黑夹一红组合。两次出现同样的明显 K 线空头信号，股价也在 6 月 18 日收盘的时候跌破了中期均线——20 日均线。此时投资者应该果断清仓出局，随后股价在不到一个月的时间里又继续下跌了 50%，如图 4-23 所示。

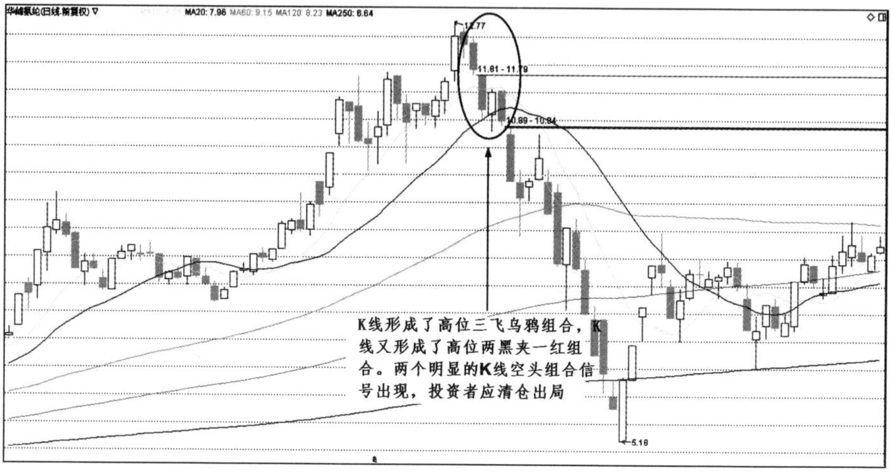
华峰氨纶(日线 前复权) ▽ MA20: 7.96 MA60: 9.15 MA120: 8.23 MA250: 8.64
12.77
11.81 - 11.79
10.89 - 10.84
K线形成了高位三飞乌鸦组合，K线又形成了高位两黑夹一红组合。两个明显的K线空头组合信号出现，投资者应清仓出局
5.18

图 4-23 华峰氨纶高位形成两黑夹一红组合

第八节 双阴吃一阳组合

双阴吃一阳组合（见图 4-24）形态描述如下：

（1）在高位出现。

（2）股价拉出最后一根阳线后迎来两连阴。

（3）第二根阴线的收盘价低于最后一根阳线的最低价。

双阴吃一阳组合的技术含义：第一根阳线往往是最后的诱多，也即多头力量的最后一次攻击。第一根阴线通常高开低走，套牢多头。第二根阴线彻底跌破之前阳线的最低价，造成市场内的恐慌盘抛售。这种 K 线组合的回撤幅度不容小视，一般都会造成顶部或者阶段顶部。

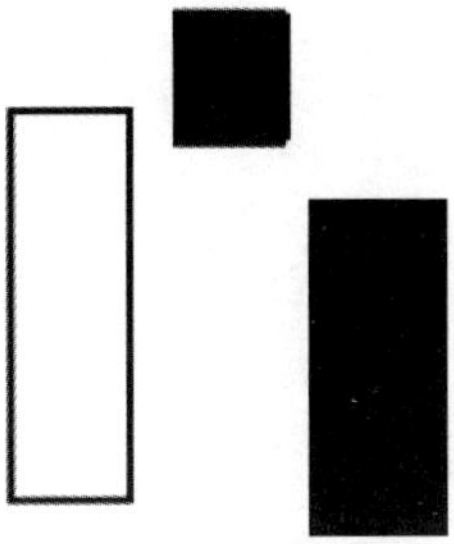

图 4-24 双阴吃一阳组合

实例 17： 九鼎投资（600053）从 2018 年 10 月 19 日开始启动上涨，上涨后期快速拉升。2018 年 11 月 16 日股价出现一字涨停，此时股价已经翻倍。2018 年 11 月 19 日，该股股价高开低走，并放巨量收中阴线。第三个交易日股价进一步下跌，跌破了涨停 K 线的最低价。在高位形成双阴吃一阳组合，是一个 K 线组合卖出信号，如图 4-25 所示。

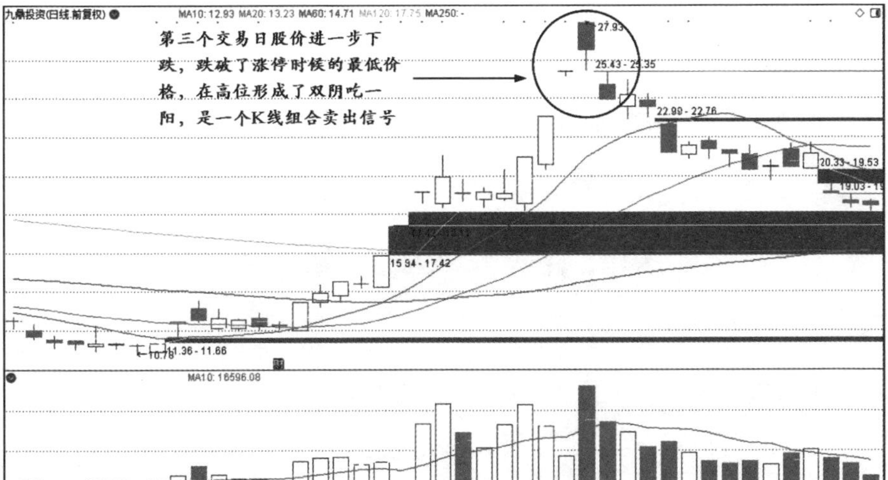
九鼎投资(日线,前复权)
MA10: 12.93 MA20: 13.23 MA60: 14.71 MA120: 17.75 MA250: -
第三个交易日股价进一步下跌，跌破了涨停时候的最低价格，在高位形成了双阴吃一阳，是一个K线组合卖出信号
27.93
25.43 - 25.35
22.99 - 22.76
20.33 - 19.53
15.94 - 17.42
11.36 - 11.66
10.78
MA10: 16596.08

图 4-25 九鼎投资高位形成双阴吃一阳组合

实例 18：四川双马（000935）在 2016 年 11 月 2 日继续涨停，股价此时已翻近 4 倍。2016 年 11 月 3 日，股价盘中巨量收中阴线。第三个交易日股价进一步下跌，跌破了涨停 K 线的最低价，在高位形成双阴吃一阳组合，如图 4–26 所示。在这样大的涨幅下，出现双阴吃一阳组合，绝对是一个卖出信号。

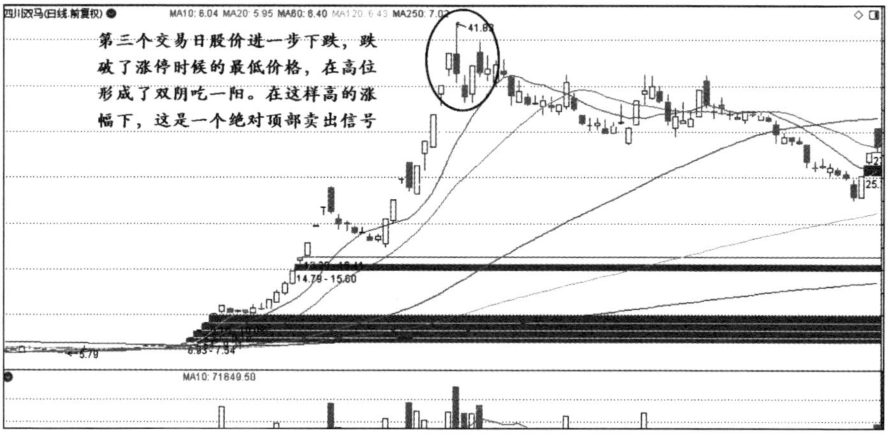
四川双马(日线,前复权)
MA10: 6.04 MA20: 5.95 MA60: 6.40 MA120: 6.43 MA250: 7.03
41.89
第三个交易日股价进一步下跌，跌破了涨停时候的最低价格，在高位形成了双阴吃一阳。在这样高的涨幅下，这是一个绝对顶部卖出信号
14.78 - 15.60
6.93 - 7.54
5.79
MA10: 71649.50

图 4–26 四川双马高位形成双阴吃一阳组合

第九节 下跌覆盖线组合

下跌覆盖线组合（见图 4–27）形态描述如下：

（1）在高位出现，由 4 根 K 线组成。

（2）前两根 K 线为顶部穿头破脚。

（3）第三根 K 线为中阳线或小阳线，阳线低开、平开、高开都可以，阳线实体比第二根阴线实体短。

（4）第四根 K 线为中阴线或小阴线，且阴线已经深入到第三根阳线实体之内。

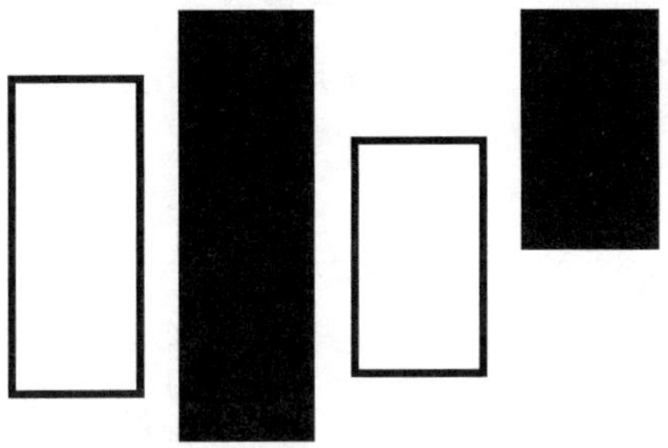

图 4–27　下跌覆盖线组合

下跌覆盖线组合的技术含义：4 根 K 线为两阳两阴相间排列，且阴线总强度大于阳线总强度。下跌覆盖线表明空方力量极强，比顶部穿头破脚组合见顶信号更强烈。如果有其他 K 线与该组合产生共振，转势信号更强，遇到这种情况千万不要留恋，果断卖出为宜。

实例 19：探路者（300005）的股价在 2015 年大盘暴跌后的反弹中受到 60 日均线的压制，于 2015 年 8 月 3 日第二次冲击 60 日均线时，K 线收中阴线并放出巨量。通常情况下，随后股价会立刻下跌，直至跌破下一个重要的中长期均线。但是此股并没有走出这样的走势，而是在第二个交易日又相对放量收中阳线。这样的 K 线组合说明当前市场是一个短期平衡市，多空僵持不下，还在选择后期走势方向。

2015 年 8 月 17 日到 8 月 20 日，4 个交易日的时间形成了典型的下跌覆盖线组合。前两根 K 线为顶部穿头破脚，尤其第二根阴线不仅破脚，还一举跌破重要的20日均线及60日均线。第三个交易日股价低开高走，振幅超过12%，K线收盘又站在20日均线之上。

这样一来，第四个交易日的K线形态就非常重要了，它将决定多空博弈的最终结果。第四个交易日股价直接低开低走，以16.94元的价格收盘，收出光脚大阴线，当日跌幅达8.58%，如图4-28所示。关键战役中多头溃败。

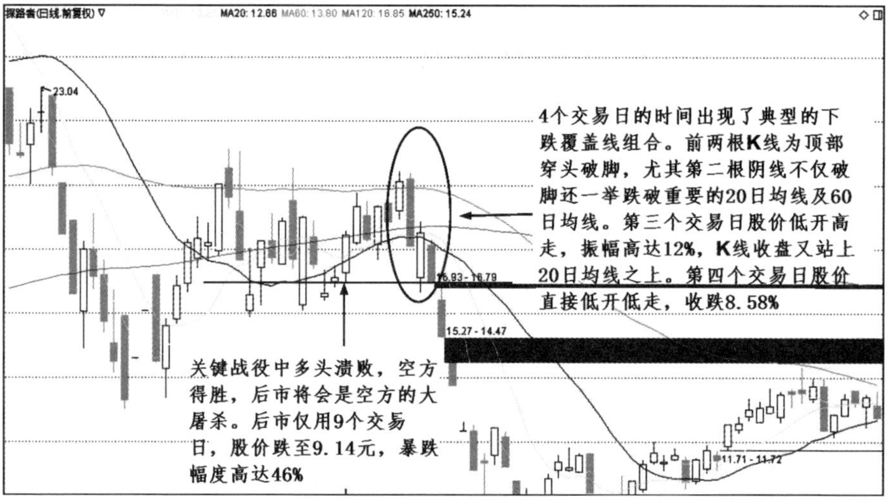
探路者(日线,前复权) ▽
MA20: 12.86 MA60: 13.80 MA120: 16.85 MA250: 15.24
23.04
16.93 - 16.79
15.27 - 14.47
11.71 - 11.72
4个交易日的时间出现了典型的下跌覆盖线组合。前两根K线为顶部穿头破脚，尤其第二根阴线不仅破脚还一举跌破重要的20日均线及60日均线。第三个交易日股价低开高走，振幅高达12%，K线收盘又站上20日均线之上。第四个交易日股价直接低开低走，收跌8.58%
关键战役中多头溃败，空方得胜，后市将会是空方的大屠杀。后市仅用9个交易日，股价跌至9.14元，暴跌幅度高达46%

图4-28 探路者下跌途中形成下跌覆盖线组合

空方得胜，后市将会是空方的大屠杀。在后市走势中，仅用9个交易日，股价就跌至9.14元，跌幅高达46%。

实例20：中元股份（300018）在2015年6月上旬大盘暴跌来临时，介入此股的主力资金还没有做好撤退的准备。6月12日指数见顶时，此股收出一根带上下影线的小阳线。6月15日继续收出一根小阳线，实际上前一天大盘已见顶。

6 月 16 日下午，空头进一步发力，该股以跌停板收盘。投资者要注意的是，此股连续 4 个交易日探 32 元价格以上区间，第四个交易日收盘跌破 30 元。

6 月 17 日多方反扑，股价再度站上 10 日均线，收 29.95 元。此股当时走势相对大盘走势表现较强。6 月 18 日又是一个关键日，股价反抽 10 日均线后的交易日，是决定 K 线是否形成空头组合的日子。当日股价平开，市场整体多头量能不济，下午 2 点跳水，最终以跌停板收盘，如图 4–29 所示。

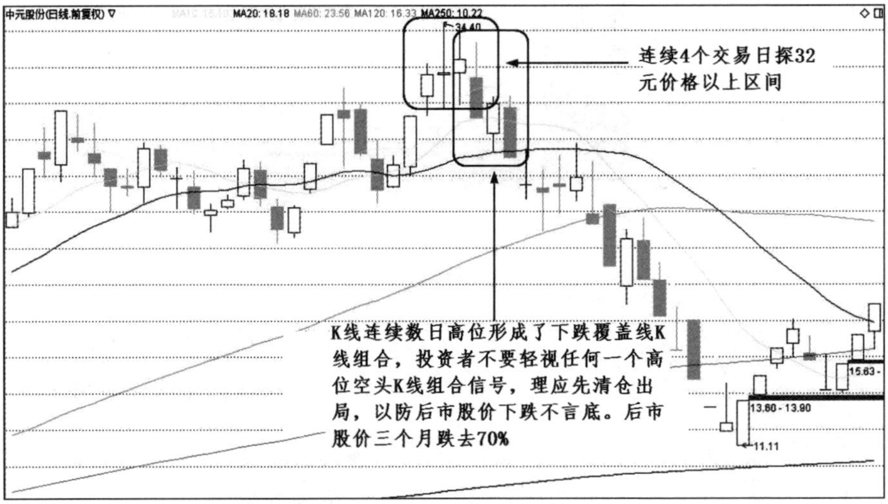
中元股份(日线,前复权) ▽
MA20: 18.18 MA60: 23.56 MA120: 16.33 MA250: 10.22
34.40
连续4个交易日探32
元价格以上区间
K线连续数日高位形成了下跌覆盖线K
线组合，投资者不要轻视任何一个高
位空头K线组合信号，理应先清仓出
局，以防后市股价下跌不言底。后市
股价三个月跌去70%
15.63
13.60 - 13.90
11.11

图 4–29 中元股份高位形成下跌覆盖线组合

K 线连续数日在高位形成下跌覆盖线组合，投资者不要轻视任何一个高位空头 K 线组合信号，遇到这种情况应先清仓出局，以防后市股价下跌。俗话说“跌不言底”。该股后市三个月股价跌去 70%。

第十节　下跌三颗星组合

下跌三颗星组合（见图 4–30）形态描述如下：

（1）在下跌行情初期出现。

（2）由一大三小 4 根 K 线组成。

（3）下跌时，先出现一根中阴线或大阴线，随后在这根阴线下方出现了三根小 K 线，三根小 K 线可阴可阳，也可以是十字星。

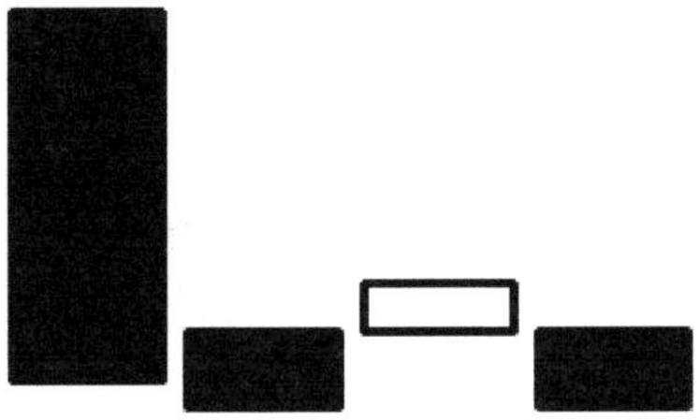

图 4–30　下跌三颗星组合

下跌三颗星组合的技术含义：下跌三颗星在下跌趋势初期出现，如果有其他复合 K 线下跌形态出现，投资者先走为快。在下跌途中出现下跌三颗星，投资者要知道股价还有下跌空间。如果把握住了下跌初期的离场机会，就没有分析下跌途中下跌三颗星的意义了。

实例 21：华侨城 A（000069）。从 2007 年 11 月 13 日到 11 月 15 日，该股在高位出现了一个典型的三飞乌鸦 K 线组合。这三个交易日，每天的开盘价都低于前一日的开盘价，并且三天的回撤完全吃掉了 11 月 12 日大阳线的涨幅。

这个头部形态的构造，投资者要特别注意的是，从 2007 年 8 月到 10 月，整体 K 线走势走得并不像常见的主升浪末期走势，而是价格在 12 ~ 15 元的箱体内运行。

2007 年 11 月 7 日和 8 日因利好消息连续出现涨停，尤其 11 月 8 日出现放量涨停，全天交易换手率是前期三个月平均换手率的 3 倍。当天收盘后，可以理解为放量涨停超过前期箱体顶点。

关键是涨停后的走势。经典技术要求后面的交易日要能持续放量上涨，否则高位巨量危险性将陡增。一直到 11 月 12 日出现中阳线，但并没有持续放量，反而出现了三飞乌鸦组合。这里出现了第一个高位危险信号。

2007 年 11 月 16 日，一根大阴线跌破 60 日均线，多头反扑但后继无力，连续三个交易日收小阴小阳线。和上一根大阴线一起，形成第二个高位危险的空头信号——下跌三颗星，如图 4–31 所示。

从高位下来到出现下跌三颗星的 K 线组合，虽然股价已经跌去 20%，但此时依然是一个绝佳的卖出机会。后市此股开启了慢慢的熊途，最终股价跌至 2.48 元，从高位下来跌去 84%。

实例 22：中信海直（000099）在 2011 年 7 月 29 日，以一根大阴线跌破长期均线——半年线。随后，在年线和 60 日均线重叠区域，多头奋力反扑，但成交量及 K 线幅度均没有明显放大，连续收小阴小阳线，形成了下跌三颗星，如图 4–32 所示。投资者见此高位空头信号应及时撤离。

2011 年 8 月 5 日，股价跳空向下，在 10.67 ~ 10.75 元区间形成缺口，随后开始温水煮青蛙式的持续缓慢下跌。到 2012 年 1 月 6 日，股价跌至最低价 6.47 元，跌幅高达 42%。

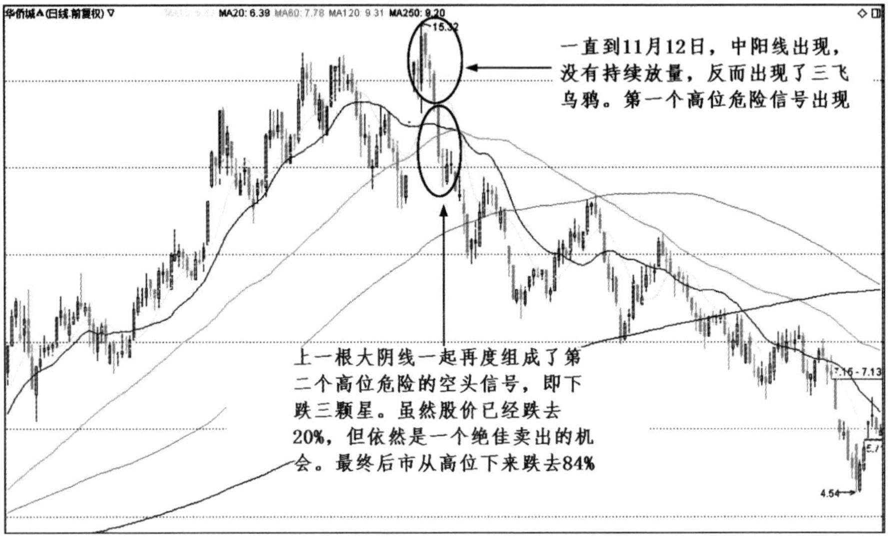
华侨城A(日线.前复权)
MA20: 6.39 MA60: 7.78 MA120: 9.31 MA250: 9.20
15.32
一直到11月12日，中阳线出现，没有持续放量，反而出现了三飞乌鸦。第一个高位危险信号出现
上一根大阴线一起再度组成了第二个高位危险的空头信号，即下跌三颗星。虽然股价已经跌去20%，但依然是一个绝佳卖出的机会。最终后市从高位下来跌去84%
7.16 - 7.13
4.54

图 4-31 华侨城 A 高位形成下跌三颗星

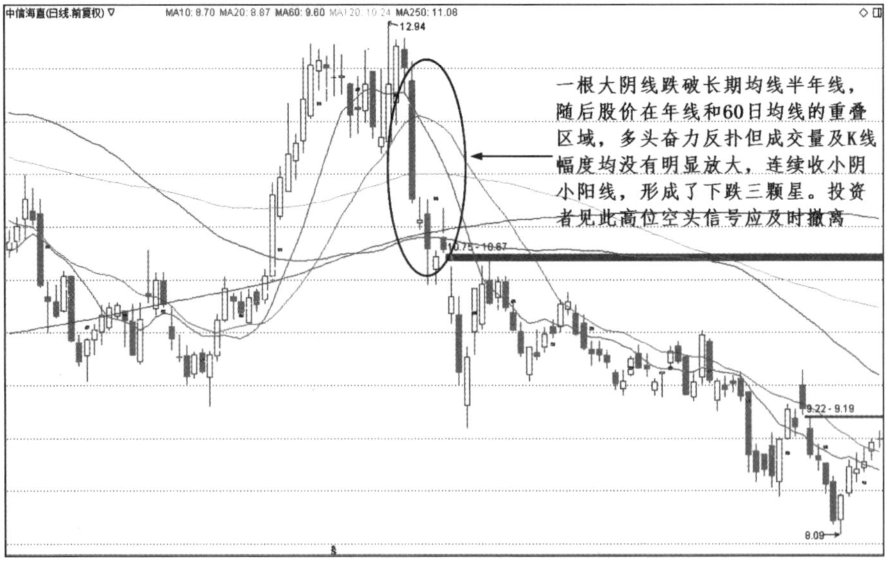
中信海直(日线.前复权)
MA10: 8.70 MA20: 8.87 MA60: 9.60 MA120: 10.24 MA250: 11.08
12.94
一根大阴线跌破长期均线半年线，随后股价在年线和60日均线的重叠区域，多头奋力反扑但成交量及K线幅度均没有明显放大，连续收小阴小阳线，形成了下跌三颗星。投资者见此高位空头信号应及时撤离
10.75 - 10.67
9.22 - 9.19
8.09

图 4-32 中信海直高位形成下跌三颗星

第五章

K 线十大持续形态详解

第一节　降势三鹤型

降势三鹤型（见图 5-1）形态描述如下：

（1）出现在下降过程中。

（2）由 5 根 K 线组成。

（3）第一根为中阴线或者大阴线，接着出现三根向上爬升的小阳线或中阳线，但最后一根阳线的收盘价仍比第一根阴线的开盘价低。

（4）随后出现一根中阴线或大阴线，把前面三根小阳线全部吃掉或大部分吃掉。

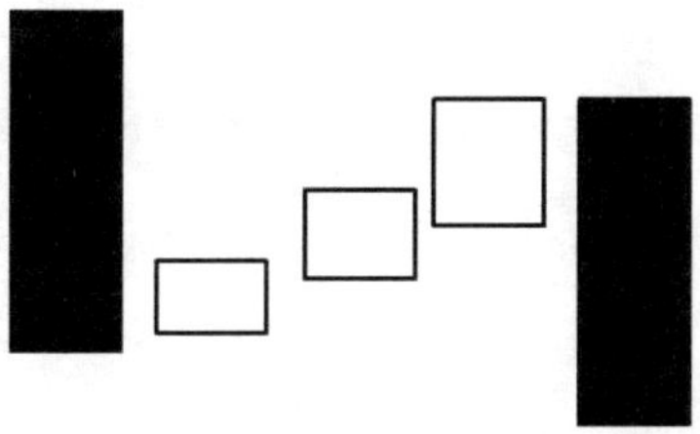

图 5-1　降势三鹤型

降势三鹤型的技术含义：三鹤指白色丹顶鹤，代表阳线，和后面要讲的升势三鸦相对应。三鸦为黑色，代表阴线。降势三鹤表明多方进行了三天反抗，但最终收出的中阴线或大阴线把多方打得不堪一击，此时出局为上。

实例 1：亿帆医药（002019）从 2008 年 1 月上旬开始由高位下跌，迈入熊市阶段。股价在 2008 年 3 月 13 日放量跳空跌破年线，这时从高位已经跌去 40%。

2008 年 3 月 18 日，股价继续跌停，收在 8.94 元，距离高点 19 元跌幅达 53%。通常来说，从最高位回撤 50% 会有反抽机会，这个反抽的力度某些时刻甚至可以演变成强力反弹。正因为有这样的可能走势，一些想抄底的投资者会在这个位置介入，一些深套的投资者则想等待大幅度反弹后借机出局。

跌停后的第二个交易日，反抽如约而至，K 线连续三天收小阳线，股价站上 5 日均线。这样的反抽具有较大的迷惑性，由于下跌刚好达到 50% 的比例，然后出现三连阳，会有不少场外投资者考虑加码进场。

第五个交易日，股价低开低走，最后以跌停板收盘，多方三天的努力化为乌有。这是很明显的降势三鹤型组合，说明当前位置仅仅是下跌中途，远不是底部区域，更谈不上有力的反弹，如图 5–2 所示。

股价最终见底时，距离降势三鹤型的价格区间已跌去 80%，而距离最高点的价格，则跌去了 90%。可见在大熊市的漫漫长途中，轻易不要抄底。

实例 2：联得装备（300545）从 2017 年 11 月上旬开始由高位下跌。2017 年 11 月 23 日，股价在 60 日均线以下运行。2017 年 12 月 27 日，股价冲击 60 日均线失败，意味着跌势未尽，之后会再下一个台阶。

2018 年 1 月 8 日，该股以中阴线跌破半年线，接着出现三根向上爬升的小阳线。但 1 月 12 日出现的第二根阴线，收跌幅度大于前三个交易日的小阳线涨幅，降势三鹤型确立，此时投资者应尽快出局，如图 5–3 所示。

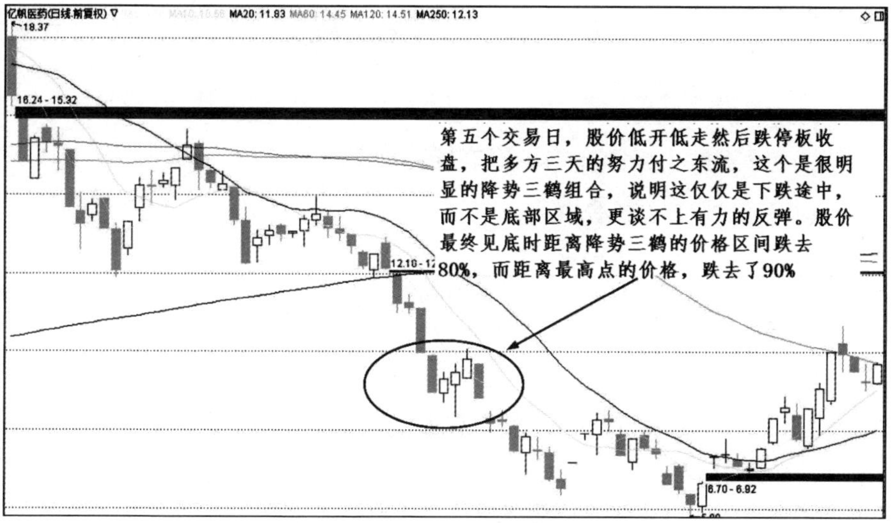
亿帆医药(日线,前复权)
MA20: 11.83 MA60: 14.45 MA120: 14.51 MA250: 12.13
18.37
16.24 - 15.32
12.10 - 12
6.70 - 6.92
第五个交易日，股价低开低走然后跌停板收盘，把多方三天的努力付之东流，这个是很明显的降势三鹤组合，说明这仅仅是下跌途中，而不是底部区域，更谈不上有力的反弹。股价最终见底时距离降势三鹤的价格区间跌去80%，而距离最高点的价格，跌去了90%

图 5–2 亿帆医药下跌途中形成降势三鹤型

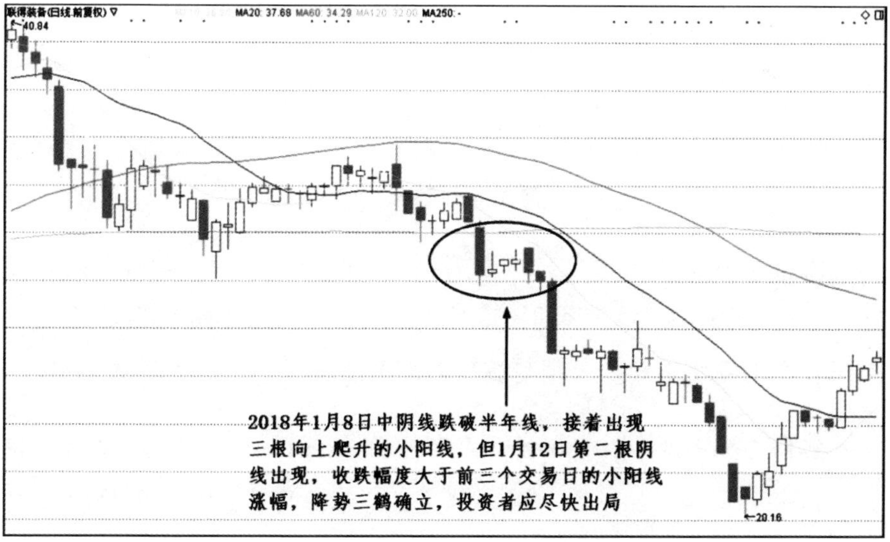
联得装备(日线,前复权)
MA20: 37.69 MA60: 34.29 MA250: -
40.84
2018年1月8日中阴线跌破半年线，接着出现三根向上爬升的小阳线，但1月12日第二根阴线出现，收跌幅度大于前三个交易日的小阳线涨幅，降势三鹤确立，投资者应尽快出局
20.16

图 5–3 联得装备下跌途中形成降势三鹤型

第二节　上挡盘旋型

上挡盘旋型（见图 5-4）形态描述如下：

（1）出现在上涨途中。

（2）由数根 K 线组成。

（3）在阶段上涨途中拉出一根有力度的阳线后，随之出现了一系列小阴线和小阳线，股价上下波动范围很小，呈横盘走势。

（4）一般来说，上挡盘旋型盘整的时间为 5 ~ 13 天。

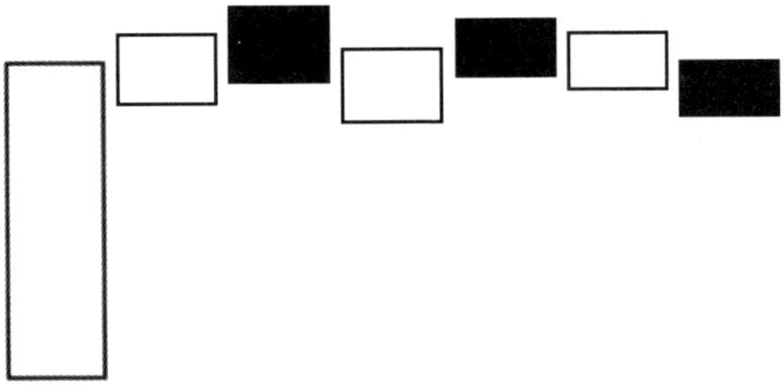

图 5-4 上挡盘旋型

上挡盘旋型的技术含义：上挡盘旋型的小阴线和小阳线为横盘走势，时间越长，后市下跌的概率越大。该形态的目的是消磨投资者的意志，主力乘机出局。上挡盘旋型表明上涨乏力，先出局观望为宜。

实例 3：宁波华翔（002048）的股价在 2017 年 11 月 13 日由高位见顶后开始回调。2018 年 1 月 4 日，股价拉出中阳线后，蓄势冲击 60 日均线。后续几个交易日是小阴线和小阳线的横盘走势，但量能不足，下降概率较大,投资者此时要判断K线在这个位置是否形成上挡盘旋型。

2018 年 1 月 12 日，股价跌破中阳线起涨点，确认前期 K 线组合为上挡盘旋型，此时投资者应尽量清仓，如图 5–5 所示。第二个交易日股价加速下跌并击穿年线，宣布反抽失败，股价将再下一个台阶。截至 2018 年 4 月 27 日，股价从高点下跌接近腰斩。

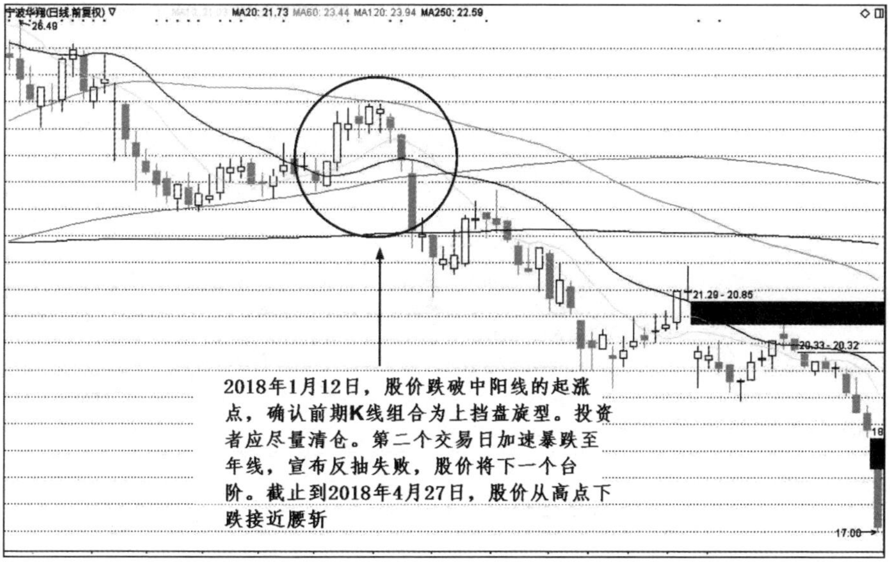
宁波华翔(日线,前复权) ▽
MA20: 21.73 MA60: 23.44 MA120: 23.94 MA250: 22.59
26.49
21.29 - 20.85
20.33 - 20.32
18
17.00
2018年1月12日，股价跌破中阳线的起涨点，确认前期K线组合为上挡盘旋型。投资者应尽量清仓。第二个交易日加速暴跌至年线，宣布反抽失败，股价将下一个台阶。截止到2018年4月27日，股价从高点下跌接近腰斩

图 5–5　宁波华翔下跌途中形成上挡盘旋型

实例 4：东港股份（002117）的股价从 2017 年 4 月上旬开始下跌，在 2017 年 10 月 26 日收中阳线，第一次超过半年线。后续在中阳线上方出现了一系列小阴线和小阳线，横盘走势长达 12 个交易日。面对年线的压力，股价久盘不突破，有很大概率为上挡盘旋型，投资者可以提前做好撤退准备。

2017 年 11 月 14 日，股价在相对高位盘整失败，随后进一步下跌，跌破前期中阳线起点，印证前期 K 线为上挡盘旋型，之后股价进一步下挫，如图 5-6 所示。

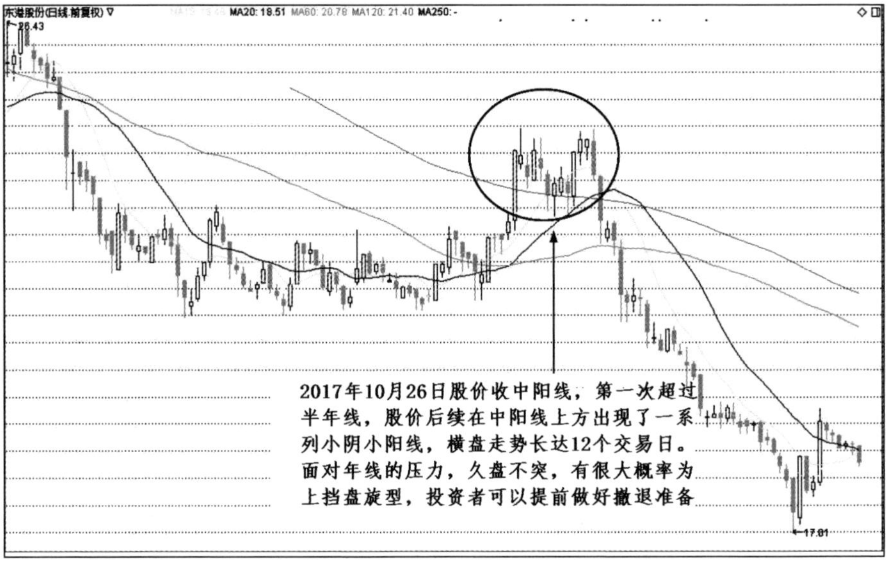
东港股份(日线,前复权) ▽
MA20: 18.51 MA60: 20.78 MA120: 21.40 MA250: -
26.43
2017年10月26日股价收中阳线，第一次超过半年线，股价后续在中阳线上方出现了一系列小阴小阳线，横盘走势长达12个交易日。面对年线的压力，久盘不突，有很大概率为上挡盘旋型，投资者可以提前做好撤退准备
17.81

图 5-6 东港股份下跌途中形成上挡盘旋型

第三节 徐缓下降型

徐缓下降型（见图 5-7）形态描述如下：

（1）出现在下跌途中或者下跌初期。

（2）连续出现几根小阴线，其中不夹杂阳线，随后出现一根或者两根中阴线或大阴线。

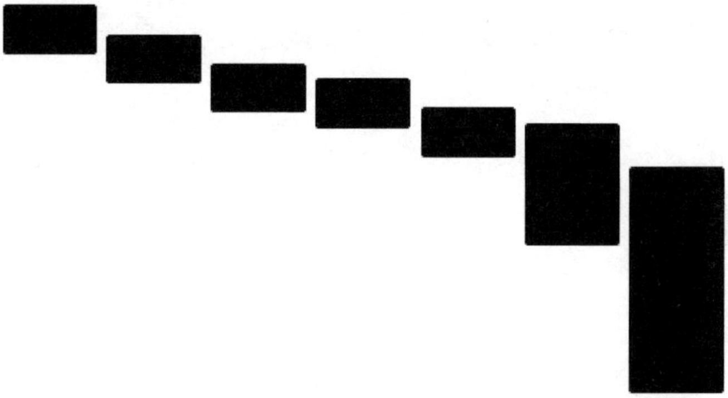

图 5-7 徐缓下降型

徐缓下降型的技术含义：阴线实体呈现逐渐增大趋势。当出现具有下跌力度的大阴线时，投资者应该尽快离场，因为跌势会继续加强，空方力量不可阻挡。特别是有下跌 K 线共振的情况下，跌势更猛烈，必须出局观望，等待回调机会。

实例 5： 包钢股份（600010）的股价在相对高位盘整数月后，2011 年 7 月 19 日低开收出一根小阴线，收跌 1.71%。值得注意的是，当日还产生了一个 2.9 ~ 2.91 元的极小的向下跳空缺口。

第二个交易日股价依然小幅下跌，收跌 0.35%。由于股价的绝对值小，当日仅仅下跌 2 分钱。在前两个交易日下跌如此之小的情况下，第三个交易日股价没有上攻，而是继续下跌，收跌 3.15%，收盘在 60 日均线上方。

第四个和第五个交易日股价继续下跌。第五个交易日股价出现中阴线，收跌 5.01%。5 个交易日，股价重心逐渐向下，阴线实体呈现逐渐增大趋势。尤其当第五个交易日中阴线跌破 60 日均线后，徐缓下降型 K 线组合确认，投资者此时应该尽快离场。后期此股开启了下降走势，股价持续暴跌，如图 5–8 所示。

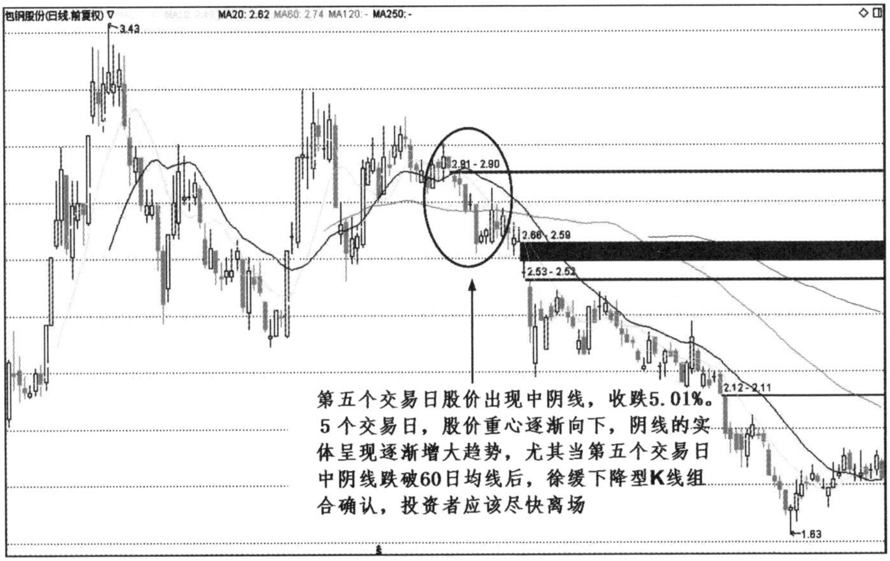
包钢股份(日线,前复权) ▽
MA20: 2.62 MA60: 2.74 MA120: - MA250: -
3.43
2.91 - 2.90
2.66 - 2.59
2.53 - 2.53
2.12 - 2.11
1.83
第五个交易日股价出现中阴线，收跌5.01%。5个交易日，股价重心逐渐向下，阴线的实体呈现逐渐增大趋势，尤其当第五个交易日中阴线跌破60日均线后，徐缓下降型K线组合确认，投资者应该尽快离场

图 5–8　包钢股份下跌初期形成徐缓下降型

实例 6：中金岭南（000060）从 2013 年 3 月初到 2013 年 5 月底，股价一直在年线和半年线附近盘整。2013 年 5 月 31 日股价小幅下跌。2013 年 6 月 4 日，股价盘中反抽至半年线，但并未站稳，收盘时价格低于 5 日、10 日、20 日、60 日等多条重要均线。

2013 年 6 月 5 日至 6 月 6 日，股价进一步下挫。2013 年 6 月 7 日，第六个交易日出现中阴线，重心逐渐向下，阴线实体呈现逐渐增大趋势，并跌至前期箱体底部。此时徐缓下降型 K 线组合得到确认，投资者应该尽快离场。后续 9 个交易日，股价快速下跌，最大跌幅达 28%，如图 5–9 所示。

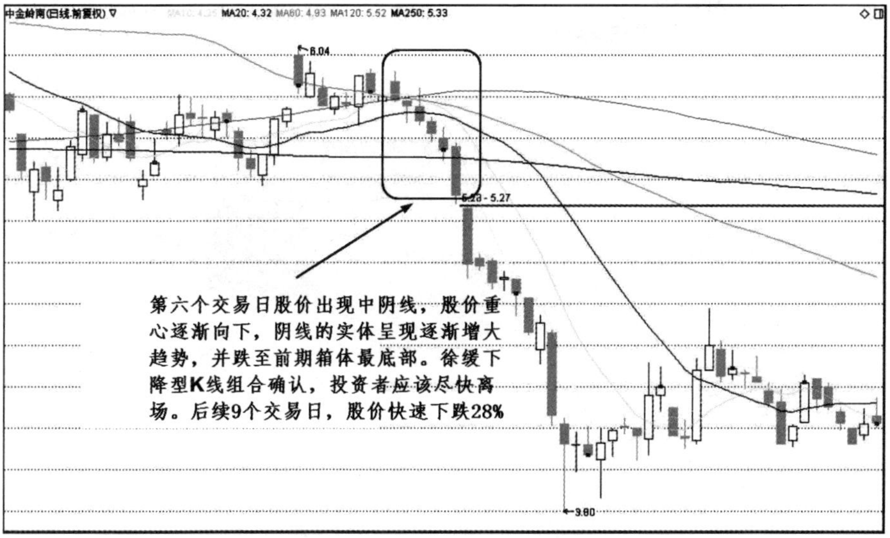
中金岭南(日线.前复权) ▽
MA20: 4.32 MA60: 4.93 MA120: 5.52 MA250: 5.33
6.04
5.23 - 5.27
第六个交易日股价出现中阴线，股价重心逐渐向下，阴线的实体呈现逐渐增大趋势，并跌至前期箱体最底部。徐缓下降型K线组合确认，投资者应该尽快离场。后续9个交易日，股价快速下跌28%
3.80

图 5–9　中金岭南下跌初期形成徐缓下降型

第四节　下降抵抗型

下降抵抗型（见图 5–10）形态描述如下：

（1）股价在高价区横盘，突然某一天连续跳空低开，之后收出很多阴线。

（2）阴线实体一般可大可小，中阴线、大阴线较多。

（3）在下跌阴线中夹杂着少量阳线，但这些阳线都是低开上行，收盘价均比前一根 K 线收盘价要低。

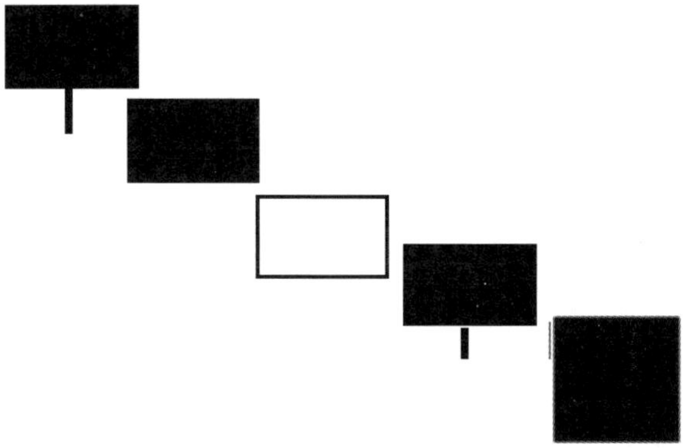

图 5–10　下降抵抗型

下降抵抗型的技术含义：这种 K 线组合里夹杂的阳线是多方不甘心失败的象征，但是多方已经无力回天，收出的阳线只是回光返照，惯性下滑成为必然。遇到这种形态，投资者不要抢反弹，出局为上策，否则十有八九被套。如果下跌途中出现下降抵抗型，那是另一波下跌的开始。

实例 7：江铃汽车（000550）从 2018 年 1 月中旬到 2018 年 3 月底，股价在 16 ～ 18 元的区间徘徊。2018 年 3 月 27 日，股价跳空低开且以中阴收盘，K 线虽有下影线，但仅仅是受到 60 日均线的支撑，盘中出现了短暂反弹。

后续一个交易日股价低开低走收中阴线，随后股价一直被 5 日均线压制，一路下跌，阴线居多，同时量能减少。这是下降抵抗型 K 线组合，预示后市股价将继续大幅度下跌，如图 5–11 所示。

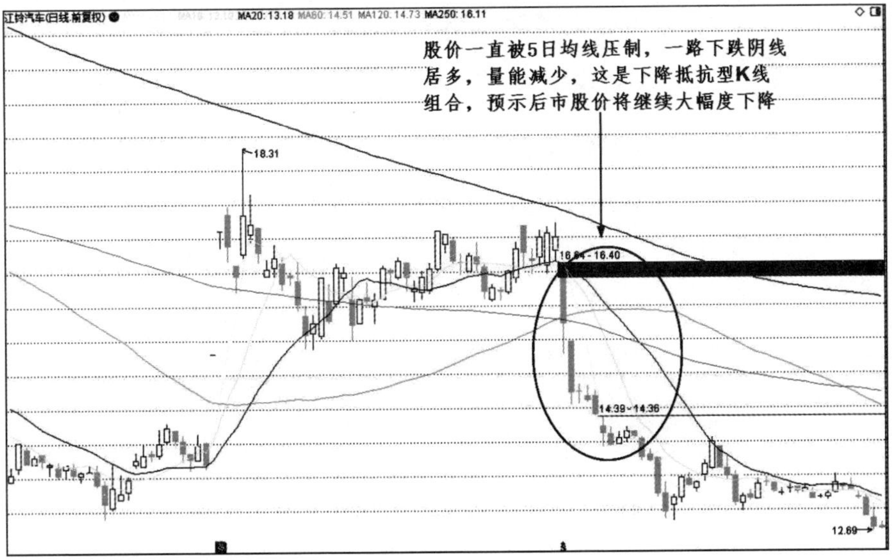
江铃汽车(日线,前复权)
MA20: 13.18 MA60: 14.51 MA120: 14.73 MA250: 16.11
股价一直被5日均线压制，一路下跌阴线居多，量能减少，这是下降抵抗型K线组合，预示后市股价将继续大幅度下降
18.31
14.39-14.36
12.69

图 5–11　江铃汽车下跌途中形成下降抵抗型

实例 8： 博实股份（002698）的股价经过前期下跌后，2017 年 3 月 30 日再度跳空低开且以中阴线收盘。后一个交易日股价低开高走收小阳线，表明市场出现了弱反弹。

随后股价被 5 日均线压制一路下跌，阴线居多，量能减少，这是明显的下降抵抗型 K 线。在下跌途中出现下降抵抗型 K 线，出局为上策，如图 5–12 所示。

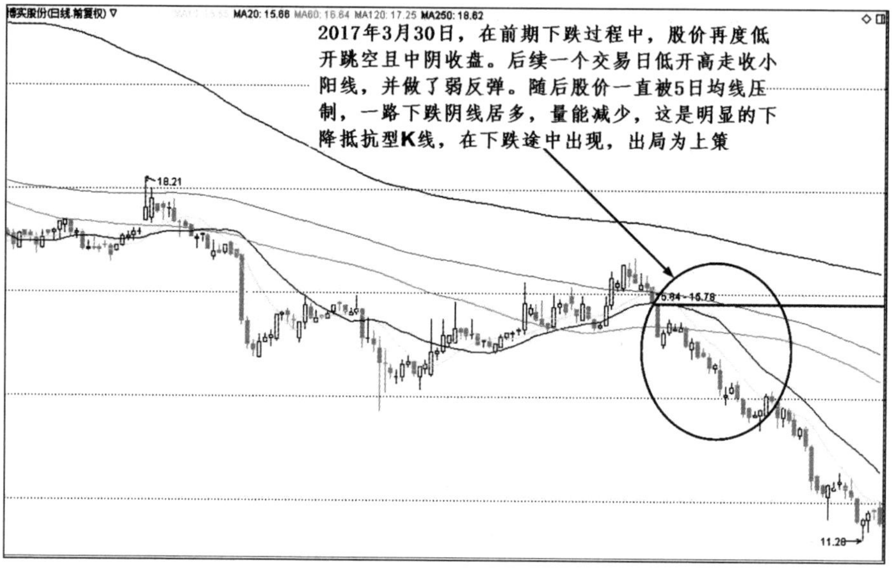
博实股份(日线,前复权)
MA20: 15.66 MA60: 16.64 MA120: 17.25 MA250: 18.62
2017年3月30日，在前期下跌过程中，股价再度低开跳空且中阴收盘。后续一个交易日低开高走收小阳线，并做了弱反弹。随后股价一直被5日均线压制，一路下跌阴线居多，量能减少，这是明显的下降抵抗型K线，在下跌途中出现，出局为上策
18.21
11.28

图 5-12 博实股份下跌途中形成下降抵抗型

第五节 空方尖兵型

空方尖兵型（见图 5-13）形态描述如下：

（1）出现在下跌行情中。

（2）由数根 K 线组成。

（3）第一根 K 线为中阴线或者大阴线并带有较长的下影线。

（4）股价反弹数日后，某一日一根中阴线或大阴线下穿第一根阴线的下影线下方。

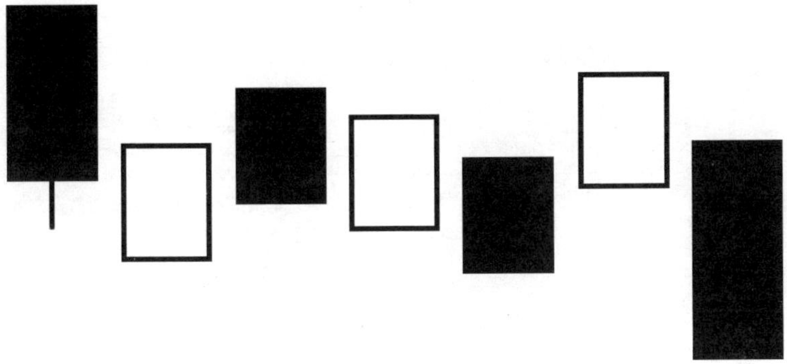

图 5-13　空方尖兵型

空方尖兵型的技术含义：第一根中阴线或大阴线的长下影线，是空方在杀跌前的一次试探性进攻，下影线就是深入多方阵地的尖兵。当后面阴线跌破这根下影线，该形态就叫空方尖兵，这是最后的离场机会，回避风险为上策。在下跌过程中，空方尖兵型是另一波下跌行情的开始，如果不及时斩仓出局，可能被深度套牢。

实例 9： 中储股份（600787）从 2015 年 10 月开始，股价在 11 ~ 12 元区间整理。2015 年 11 月 27 日，股价收大阴线，盘中相对放量跌破 60 日均线后，尾盘略有抵抗，收盘有下影线。

投资者要注意的是，该日的最低价跌破了 2015 年 10 月 22 日和 11 月 3 日的最低整理价，这样就要考虑空方是不是在杀跌前进行的试探。

后续 7 个交易日，股价一直被压制在大阴线实体下 1/2 处运行，并在第八个交易日下穿第一根阴线的下影线下方，构成空方尖兵型，如图 5-14 所示。此时投资者应该立刻出局观望，随后股价在两个月内跌去 30%。

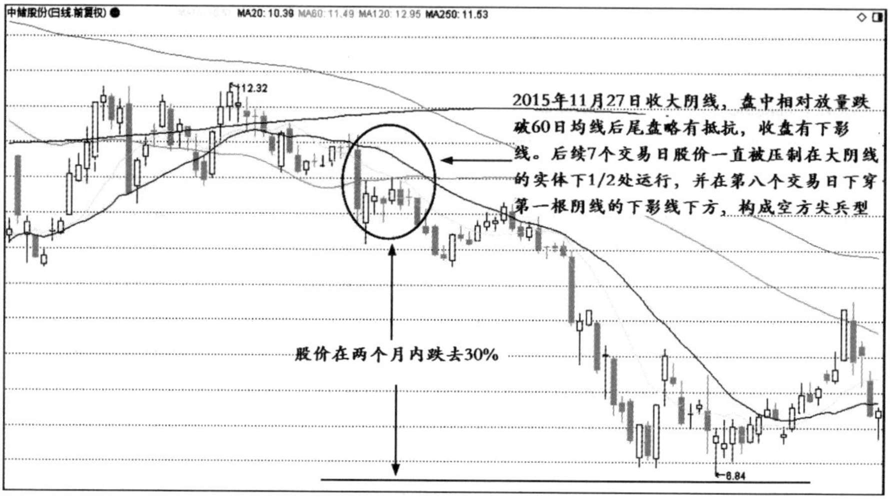
中储股份(日线,前复权)
MA20: 10.39 MA60: 11.49 MA120: 12.95 MA250: 11.53
12.32
2015年11月27日收大阴线，盘中相对放量跌破60日均线后尾盘略有抵抗，收盘有下影线。后续7个交易日股价一直被压制在大阴线的实体下1/2处运行，并在第八个交易日下穿第一根阴线的下影线下方，构成空方尖兵型
股价在两个月内跌去30%
6.84

图 5-14 中储股份下跌途中形成空方尖兵型

实例 10：光明乳业（600597）从 2015 年 9 月到 12 月，股价在 14 ~ 17 元区间整理。2015 年 12 月 28 日，股价收中阴线。后续 3 个交易日，股价一直被压制在阴线实体下 1/2 处运行。投资者要注意的是，此时 60 日均线开始压制股价。

第四个交易日收出大阴线，股价一举跌破第一根中阴线的最低价格，同时跌破 5 日、10 日、20 日及 60 日等重要均线，形成空方尖兵型，如图 5-15 所示，此时投资者应该立刻出局观望。

尤其在出现第一根大阴线后股价反抽失败，2016 年 1 月 7 日又是一根大阴线一举跌破了 2015 年 9 月到 12 月的整理区间，出现了箱体破位，投资者更应该立刻清仓，随后股价在 3 个月内跌去 40%。

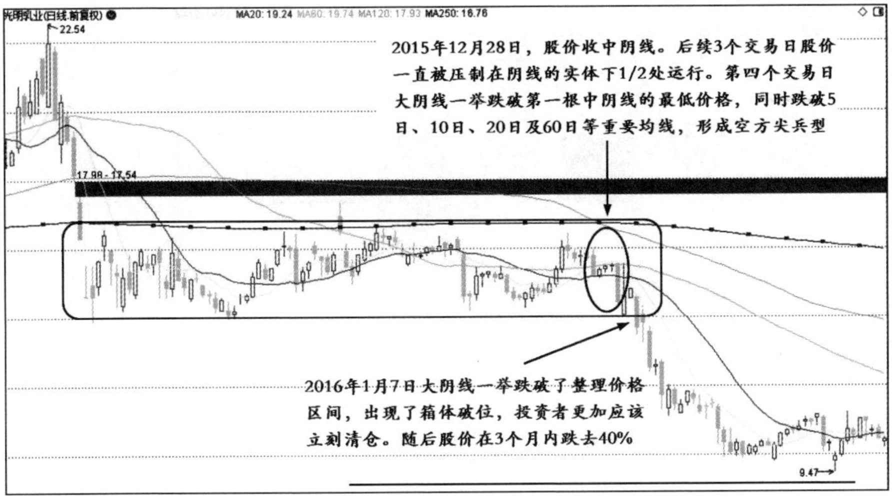
光明乳业(日线,前复权)
MA20: 19.24 MA60: 19.74 MA120: 17.93 MA250: 16.76
22.54
17.98 - 17.54
2015年12月28日，股价收中阴线。后续3个交易日股价一直被压制在阴线的实体下1/2处运行。第四个交易日大阴线一举跌破第一根中阴线的最低价格，同时跌破5日、10日、20日及60日等重要均线，形成空方尖兵型
2016年1月7日大阴线一举跌破了整理价格区间，出现了箱体破位，投资者更加应该立刻清仓。随后股价在3个月内跌去40%
9.47

图 5-15 光明乳业下跌途中形成空方尖兵型

第六节　多方尖兵型

多方尖兵型（见图 5-16）形态描述如下：

（1）出现在上升途中，如果在上涨初期出现更有实战意义。

（2）第一根 K 线为中阳线或大阳线，带有上影线，上影线长度一般约为阳线实体长度的 1/3。

（3）紧接着股价回落调整，当多方发动进攻时，股价上穿第一根阳线的上影线。

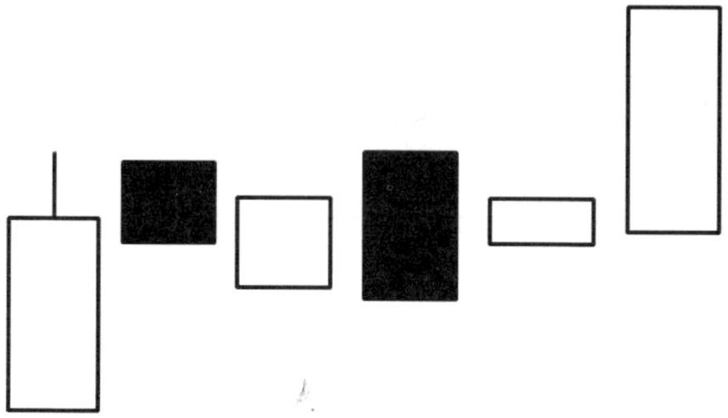

图 5-16 多方尖兵型

多方尖兵型的技术含义：多方在发动大规模上攻前，先做了一次试探性上攻，从第一根 K 线的长上影线就可以看出来。这根上影线是深入敌方阵地的尖兵，所以叫多方尖兵。出现多方尖兵，表明股价继续看涨。特别是出现该形态时，5 日、10 日、20 日等短期均线多头排列，成交量温和放大，此时更是介入的机会。

实例 11：大秦铁路（601006）在 2014 年 10 月底之前经过长期整理，60 日均线及各种均线逐渐走平，股价正在酝酿突破时机。2014 年 10 月 30 日，股价收出一根带有上影线的中阳线，突破前期箱体整理的顶部。随后 6 个交易日，股价在中阳线实体内震荡洗盘。第七个交易日，股价开盘触及 10 日均线后，10 点半之前快速拉升，同时温和放量，一举突破了中阳线的最高价格，收出一根大阳线。

此时所有均线呈多头排列，这是典型的多方尖兵型 K 线组合，如图 5-17 所示，预示股价将会快速上涨。此股之后经过 2 个月的上涨，股价接近翻倍。

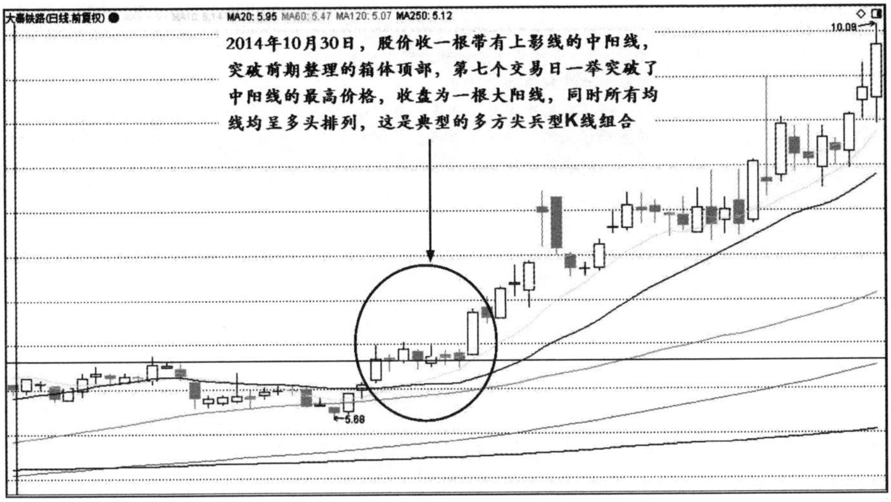
大秦铁路(日线,前复权)
MA20: 5.95 MA60: 5.47 MA120: 5.07 MA250: 5.12
10.09
2014年10月30日，股价收一根带有上影线的中阳线，突破前期整理的箱体顶部，第七个交易日一举突破了中阳线的最高价格，收盘为一根大阳线，同时所有均线均呈多头排列，这是典型的多方尖兵型K线组合
5.68

图 5-17　大秦铁路上涨途中形成多方尖兵型

实例 12： 亚太股份（002284）的 K 线在 2015 年 2 月 26 日，收出一根放量大阳线，直接冲击 2014 年 8 月中旬形成的高点。随后 11 个交易日股价在大阳线实体区间整理，10 日、20 日和 60 日均线逐渐走平。

第 12 个交易日，又收出一根大阳线，这根大阳线上穿第一根大阳线的最高价格，并伴随放量。这同样是典型的多方尖兵型 K 线组合，尤其在股价刚突破长期顶部区域时，预示股价会立刻快速上涨，如图 5-18 所示。此股后期经过 3 个月的拉升，股价翻了近 3 倍。

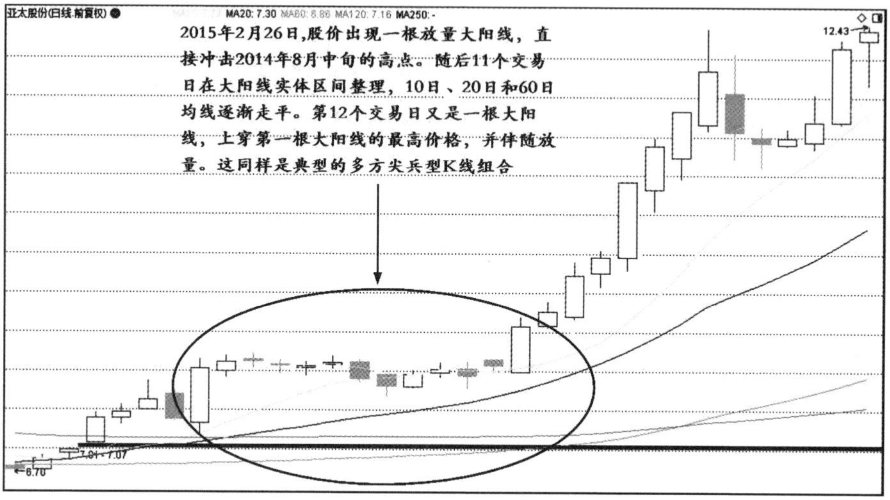
亚太股份(日线,前复权)
MA20: 7.30 MA60: 8.86 MA120: 7.16 MA250: -
2015年2月26日,股价出现一根放量大阳线，直接冲击2014年8月中旬的高点。随后11个交易日在大阳线实体区间整理，10日、20日和60日均线逐渐走平。第12个交易日又是一根大阳线，上穿第一根大阳线的最高价格，并伴随放量。这同样是典型的多方尖兵型K线组合
12.43
7.01 - 7.07
6.70

图 5-18 亚太股份上涨途中形成多方尖兵型

第七节 弧线形

弧线形（见图 5-19）形态描述如下：

（1）在涨势初期出现。

（2）由若干 K 线组成，一般是小阴线和小阳线相间并行，阳线柱体逐渐增大。

（3）走势呈向上抛物线。

弧线形的技术含义：该形态如果出现在前期形态的支撑位附近，则上升的可能性将增大。一旦弧线形为市场认可，上涨周期将持续很长时间。

图 5-19　弧线形

实例 13：恒源煤电（600971）在 2017 年 5 月 11 日股价回调触及年线后企稳，随后以小阴小阳线缓慢上行。2017 年 6 月 19 日，股价有效站稳 60 日均线，之后连续收出小阴小阳线，走出了明显的弧线形，如图 5-20 所示。

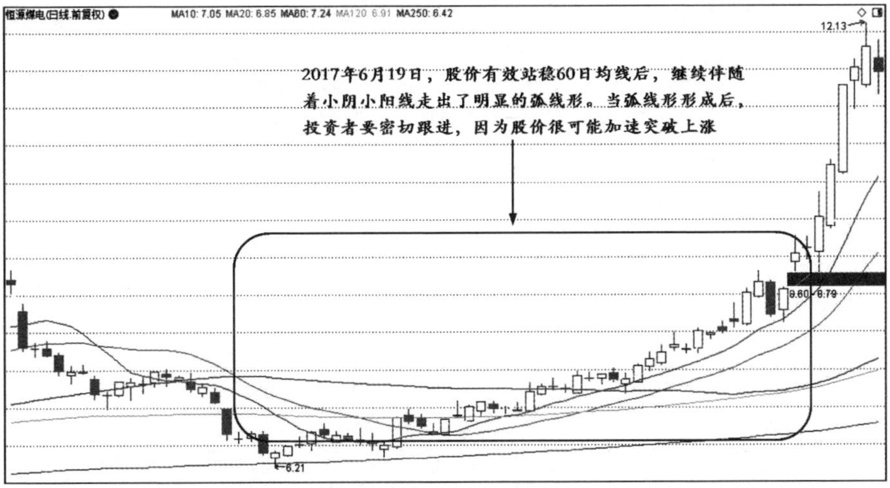
恒源煤电(日线 前复权)
MA10: 7.05 MA20: 6.85 MA60: 7.24 MA120: 6.91 MA250: 6.42
12.13
2017年6月19日，股价有效站稳60日均线后，继续伴随着小阴小阳线走出了明显的弧线形。当弧线形形成后，投资者要密切跟进，因为股价很可能加速突破上涨
6.21

图 5-20　恒源煤电上涨途中形成弧线形

当形成弧线形后，投资者要果断跟进，因为股价很可能会加速上涨。2017 年 7 月 13 日，该股股价跳空高开后快速上涨。

实例 14：海德股份（000567）从 2014 年 2 月至 7 月，股价一直沿着半年线整理。2014 年 7 月 22 日，股价回踩 60 日均线后，伴随着小阴小阳线走出了明显的弧线形，5 日、10 日、20 日和 60 日均线逐渐形成多头排列，如图 5-21 所示。

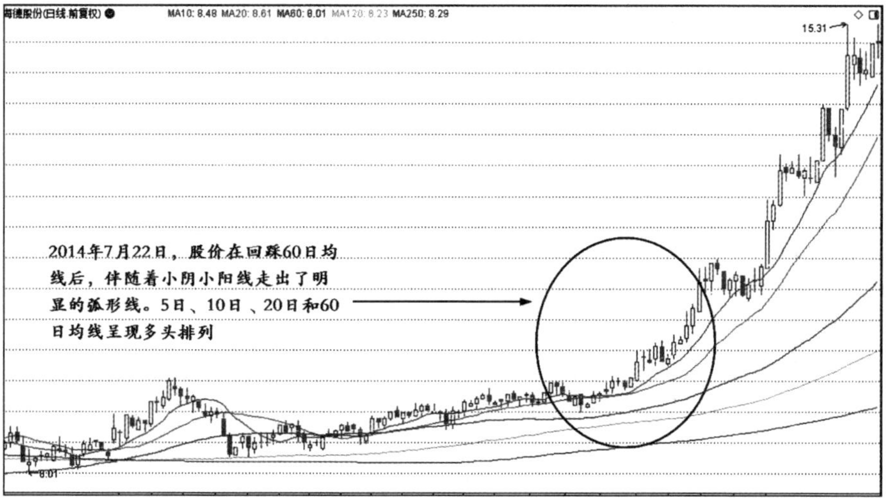
海德股份(日线,前复权)
MA10: 8.48 MA20: 8.61 MA60: 8.01 MA120: 8.23 MA250: 8.29
15.31
2014年7月22日，股价在回踩60日均线后，伴随着小阴小阳线走出了明显的弧形线。5日、10日、20日和60日均线呈现多头排列
8.01

图 5-21 海德股份上涨途中形成弧线形

当弧线形形成后，投资者要及时跟进，因为股价很可能会加速上涨。该股股价经过整理后，一个半月快速上涨了 70%。

第八节 长阳重炮型

长阳重炮型（见图 5-22）形态描述如下：

（1）出现在盘整末期。

（2）由若干根 K 线组成，一般是小阴小阳线相间并行，后突然出现一根长阳线突破前期最高价格。

（3）出现长阳线时，成交量要相对大于前期盘整时的单日成交量。

图 5-22　长阳重炮型

实例 15：保利地产（600048）在 2017 年 11 月之后多次出现长阳重炮型 K 线组合，推动股价持续上涨。

2017 年 6 月底到 11 月中旬，股价一直在 9.50 ~ 11.50 元之间做箱体震荡，进行充分的盘整。2017 年 11 月 16 日，一根放量大阳线突破箱体，随后股价快速上涨。2017 年 12 月 7 日到 12 月 20 日，股价回调整理的同时，逐渐跌近 20 日均线。2017 年 12 月 21 日，再次出现一根放量大阳线，和之前的 K 线形成长阳重炮型 K 线组合，如图 5-23 所示。突破这个小型的整理平台后，股价再上一个台阶，并在第二个交易日跳空放量加速上涨。

实例 16：皖维高新（600063）从 2014 年 10 月 10 日到 2015 年 3 月 4 日，股价一直在 4 ~ 5 元做箱体震荡，进行充分的盘整。2015 年 3 月 4 日，一根放量大阳线涨停突破箱体，和之前的 K 线形成长阳重炮型 K 线组合，如图 5-24 所示。突破这个整理平台后，股价再上一个台阶。后期加速上涨，股价快速翻倍。

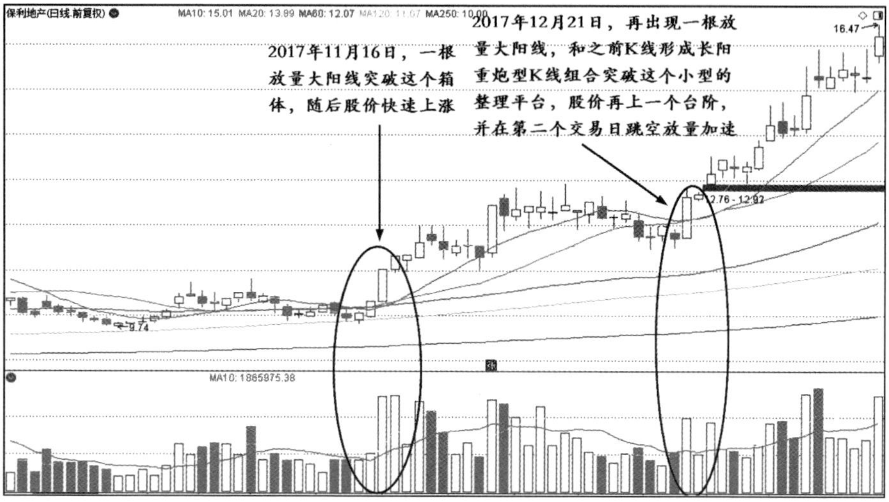
保利地产(日线,前复权)
MA10: 15.01 MA20: 13.89 MA60: 12.07 MA120: 11.67 MA250: 10.00
2017年11月16日，一根放量大阳线突破这个箱体，随后股价快速上涨
2017年12月21日，再出现一根放量大阳线，和之前K线形成长阳重炮型K线组合突破这个小型的整理平台，股价再上一个台阶，并在第二个交易日跳空放量加速
16.47
12.76 - 12.92
9.74
MA10: 1865975.38

图 5-23 保利地产上涨途中形成长阳重炮型

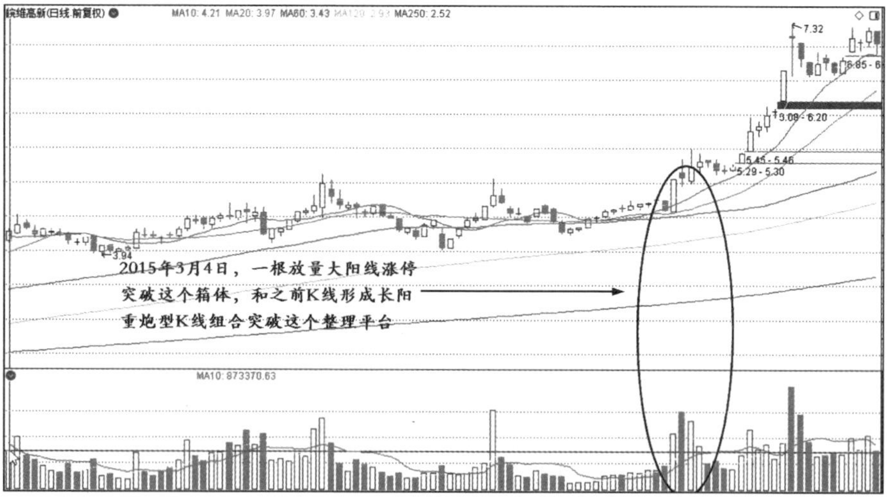
皖维高新(日线,前复权)
MA10: 4.21 MA20: 3.97 MA60: 3.43 MA120: 2.93 MA250: 2.52
7.32
6.09 - 6.20
5.45 - 5.46
5.29 - 5.30
3.94
2015年3月4日，一根放量大阳线涨停突破这个箱体，和之前K线形成长阳重炮型K线组合突破这个整理平台
MA10: 873370.63

图 5-24 皖维高新上涨途中形成长阳重炮型

第九节　仙人指路型

仙人指路型（见图 5-25）形态描述如下：

（1）上涨角度不小于 30 度。

（2）出现在前期重要压力区。

（3）量能要持续放大。

（4）次日高开继续上攻。

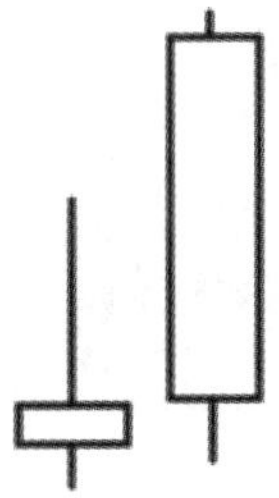

图 5-25 仙人指路型

实例 17：天润曲轴（002283）从 2012 年 7 月 6 日到 2014 年 8 月 8 日，形成超级大底部区域。在形成底部区域的过程中，股价多次放量触及 3.80 元，但均以失败告终，这个价格也形成了后期的第一个大阻力位。

2014 年 8 月 5 日，当股价再次触及这个价格时，多头均线已经走平且发散。当日股价收带有上影线的放量中阳线。2014 年 8 月 8 日再次盘中放量，且收一根带有长上影线的小阳线，收盘价站稳 5 日均线。

此时投资者需观察下一日的 K 线走势。第二个交易日，股价下午放量拉升，以一根大阳线彻底突破长期压力位置，形成仙人指路型 K 线组合，后市走势看好，如图 5–26 所示。

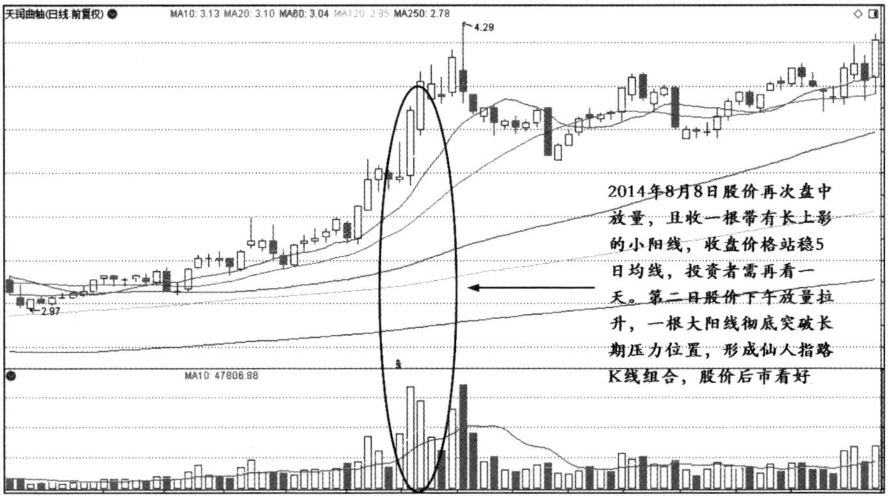
天润曲轴(日线 前复权)
MA10: 3.13 MA20: 3.10 MA60: 3.04 MA120: 2.95 MA250: 2.78
4.29
2.97
MA10: 47806.88
2014年8月8日股价再次盘中放量，且收一根带有长上影的小阳线，收盘价格站稳5日均线，投资者需再看一天。第二日股价下午放量拉升，一根大阳线彻底突破长期压力位置，形成仙人指路K线组合，股价后市看好

图 5–26 天润曲轴上涨途中形成仙人指路型

实例 18：鲁信创投（600783）从 2018 年 10 月 19 日开始，股价稳步上升。但一直到 2018 年 11 月 13 日，价格始终处于 2017 年 12 月形成的整理区域。

2018 年 11 月 13 日，股价冲高回落，收一根带有长上影线的小阳线，收盘价站稳 5 日均线。对于后市走势，投资者需再看一天。第二个交易日早盘不久，股价就拉至涨停板，突破了前期平台压力位置，形成仙人指路型 K 线组合，后市继续看好，如图 5–27 所示。

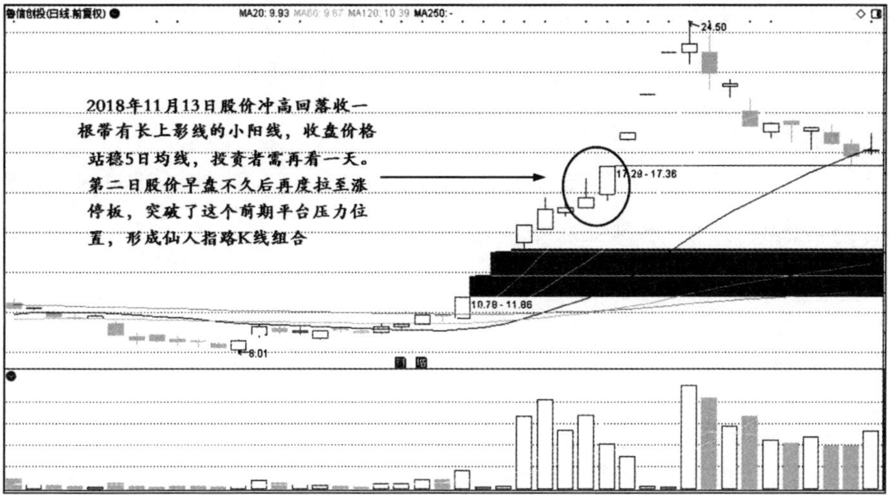
鲁信创投(日线,前复权)
MA20: 9.93 MA60: 9.67 MA120: 10.39 MA250: -
24.50
2018年11月13日股价冲高回落收一根带有长上影线的小阳线，收盘价格站稳5日均线，投资者需再看一天。第二日股价早盘不久后再度拉至涨停板，突破了这个前期平台压力位置，形成仙人指路K线组合
17.28 - 17.36
10.78 - 11.86
8.01

图 5–27　鲁信创投上涨途中形成仙人指路型

第十节　三外有三型

三外有三型的技术含义：一轮中级以上行情，通常会有连续 3 个涨停板的个股成为龙头股，投资者可在第三个涨停板附近买入，后市还有 20% 以上的升幅，这是短线高手必胜招数。

实例 19： 康芝药业（300086）从 2015 年 3 月开始，股价从底部区域逐渐抬高。2015 年 4 月 2 日，该股以涨停板突破前期顶部，均线多头发散，保持上涨态势。后续两个交易日股价继续涨停，第四个交易日盘中放量消化盈利盘，收带有长下影线的十字阴线。

实质上该股短期动能依然充沛，并没有耗尽而出现转势。同时考虑到股价刚刚突破前期长期整理平台，短线还应有上涨空间，可以在洗盘跌破第三个涨停板时介入。

从 2015 年 4 月 8 日洗盘的最低价 15.60 元，上涨至 2015 年 4 月 15 日的最高价 19.87 元，上涨空间达 25%。有 4 个交易日盘中价格达到 19 元以上，短线客可以从容出局，如图 5-28 所示。

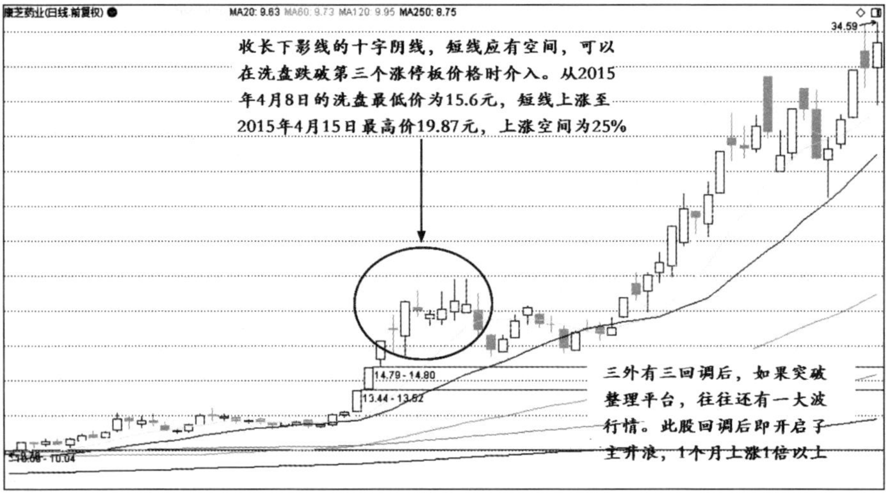
康芝药业(日线 前复权)
MA20: 9.63 MA60: 9.73 MA120: 9.95 MA250: 8.75
34.59
收长下影线的十字阴线，短线应有空间，可以在洗盘跌破第三个涨停板价格时介入。从2015年4月8日的洗盘最低价为15.6元，短线上涨至2015年4月15日最高价19.87元，上涨空间为25%
14.79-14.80
13.44-13.62
三外有三回调后，如果突破整理平台，往往还有一大波行情。此股回调后即开启了主升浪，1个月上涨1倍以上

图 5-28 康芝药业上涨途中形成三外有三型

股价在出现三外有三型后出现回调，如果后期向上突破整理平台，往往还会有一大波行情。此股回调后即开启了主升浪，一个月上涨了一倍以上。

实例 20：超图软件（300036）从 2015 年 5 月 8 日开始，股价以 3 个涨停板突破前期顶部，均线多头发散，保持上涨态势。2015 年 5 月 12 日出现第三个涨停板，此时要注意公告中每 10 股派送现金 1 元，同时每 10 股转送 6 股的信息，这个转送股对于 A 股市场来说，通常会有股价上的炒作。

5 月 13 日到 15 日，股价高位震荡，盘中一度跌近第三个涨停板的启动价格，是短线介入机会。

从 2015 年 5 月 15 日的洗盘最低价 19 元，到短线上涨至 2015 年 5 月 21 日的最高价 27.95 元，上涨空间达 47%。有 9 个交易日盘中价格在 27 元以上，短线客可以从容出局，如图 5–29 所示。

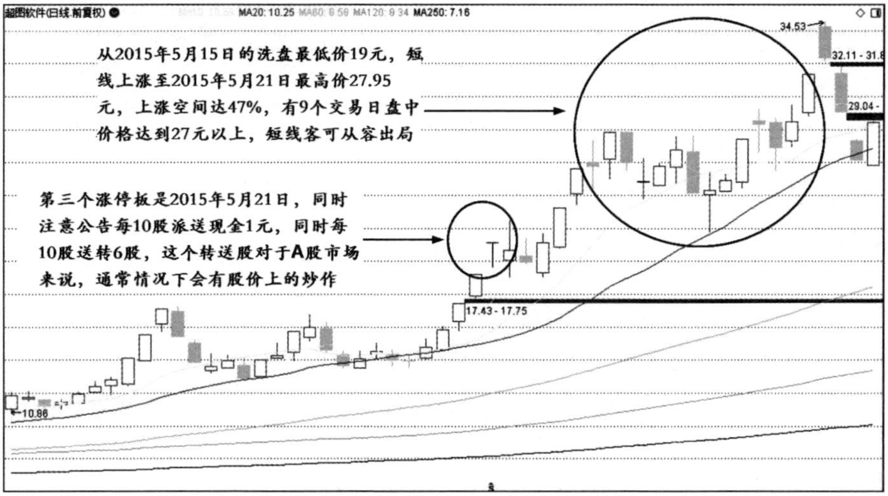
超图软件(日线,前复权)
MA20: 10.25
MA250: 7.16
34.53
32.11 - 31.8
29.04 -
17.43 - 17.75
10.86
从2015年5月15日的洗盘最低价19元，短线上涨至2015年5月21日最高价27.95元，上涨空间达47%，有9个交易日盘中价格达到27元以上，短线客可从容出局
第三个涨停板是2015年5月21日，同时注意公告每10股派送现金1元，同时每10股送转6股，这个转送股对于A股市场来说，通常情况下会有股价上的炒作

图 5–29　超图软件上涨途中形成三外有三型

第六章

K 线八大底部形态详解

第一节　底部宝塔型

底部宝塔型形态描述如下：

（1）出现在下跌趋势中。

（2）由多根 K 线组成。

（3）第一根 K 线是中阴线或者大阴线，从第二根 K 线开始是一连串的小阴线、小阳线，并且振幅不大。

（4）最后一根为中阳线或者大阳线。

（5）从外形上看像一个放着的茶杯。

实例 1：金岭矿业（000655）的股价从 2015 年 12 月 30 日开始下跌。2016 年 1 月 27 日收大阴线，以跌停板收盘。第二个交易日出现了一根锤子线。随后 5 个交易日，股价没有出现新低，收出一连串小阴小阳线，并且振幅不大。

2016 年 2 月 4 日，该股出现一根中阳线。从 2016 年 1 月 27 日到 2 月 4 日，K 线从外形上看像一个放着的茶杯，如图 6–1 所示。K 线底部宝塔型形成了阶段底部，股价后续将继续上行。

实例 2：蓝帆医疗（002382）股价从 2016 年 10 月 31 日开始下跌，2017 年 1 月 16 日收大阴线，一个跌停板跌破了年线，尾盘跌幅有收拢，形成下影线。随后 4 个交易日，股价没有出现新低，而是收出一连串小阴小阳线，并且振幅不大。

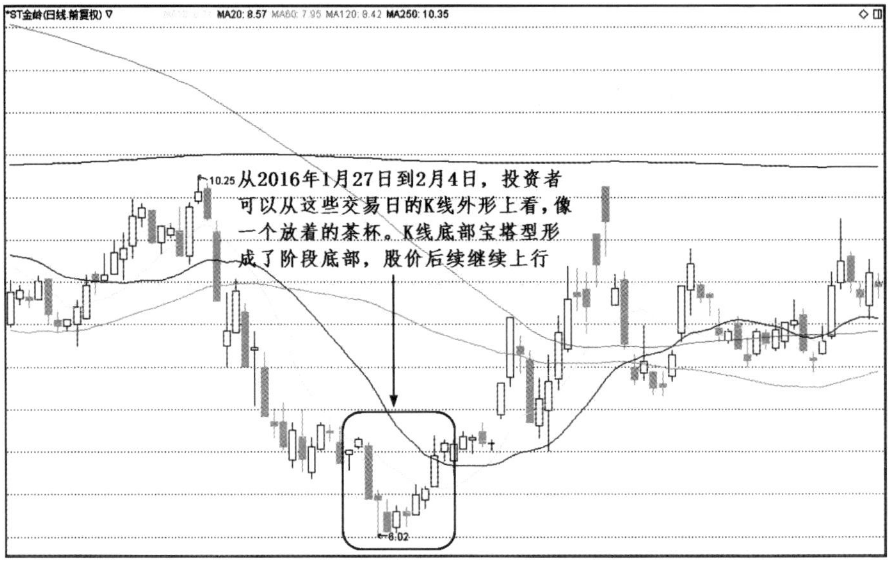
*ST金岭(日线 前复权) ▽
MA20: 8.57 MA60: 7.95 MA120: 8.42 MA250: 10.35
10.25
从2016年1月27日到2月4日，投资者可以从这些交易日的K线外形上看，像一个放着的茶杯。K线底部宝塔型形成了阶段底部，股价后续继续上行
8.02

图 6-1 金岭矿业阶段底部出现底部宝塔型

2017 年 1 月 23 日，该股收中阳线。从 2017 年 1 月 16 日到 1 月 23 日，这些交易日的 K 线从外形上看像一个放着的茶杯，如图 6-2 所示。K 线底部宝塔型形成阶段底部，股价后续将继续上行。

实例 3：上海家化（600315）的股价从 2017 年 1 月 12 日开始下跌，以阴线赶底。随后 4 个交易日，股价没有出现新低，而是收出一连串小阴小阳线，并且振幅不大。

投资者需要注意，在 2017 年 1 月 16 日股价收出锤子线，这是一个阶段见底信号。从 2017 年 1 月 16 日到 1 月 19 日，这些交易日的 K 线从外形上看像一个放着的茶杯，如图 6-3 所示。K 线底部宝塔型形成阶段底部，股价后续将继续上行。

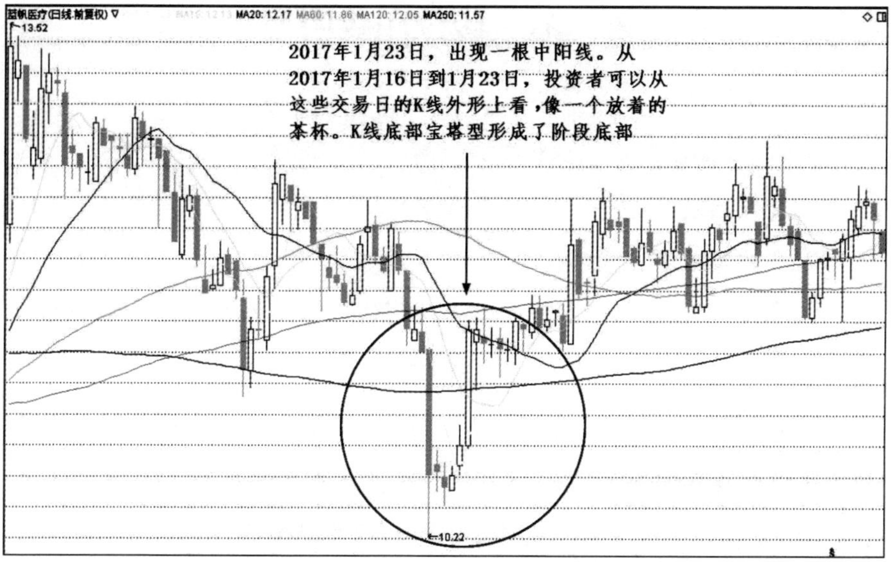
蓝帆医疗(日线,前复权) ▽
MA20: 12.17 MA60: 11.86 MA120: 12.05 MA250: 11.57
13.52
2017年1月23日，出现一根中阳线。从2017年1月16日到1月23日，投资者可以从这些交易日的K线外形上看，像一个放着的茶杯。K线底部宝塔型形成了阶段底部
10.22

图 6-2　蓝帆医疗阶段底部出现底部宝塔型

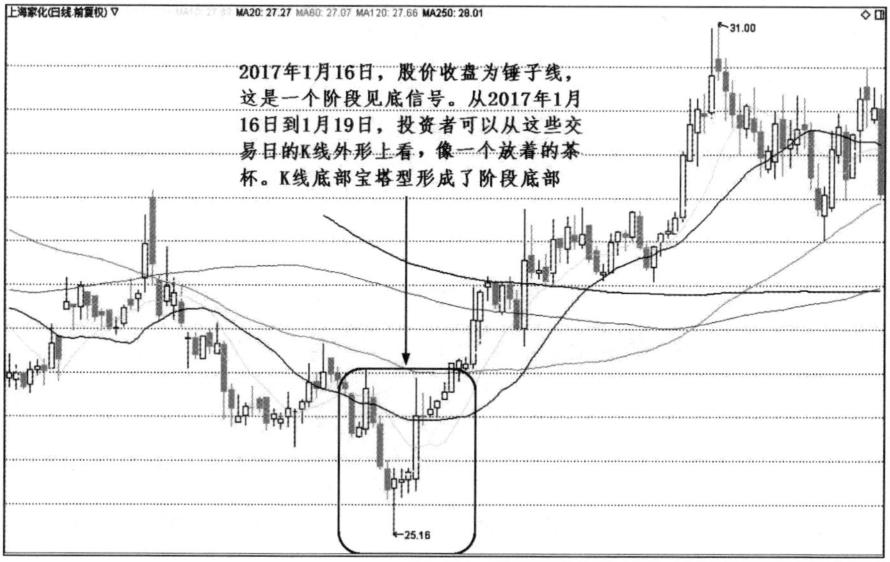
上海家化(日线,前复权) ▽
MA20: 27.27 MA60: 27.07 MA120: 27.66 MA250: 28.01
31.00
2017年1月16日，股价收盘为锤子线，这是一个阶段见底信号。从2017年1月16日到1月19日，投资者可以从这些交易日的K线外形上看，像一个放着的茶杯。K线底部宝塔型形成了阶段底部
25.16

图 6-3 上海家化阶段底部出现底部宝塔型

第二节 破位阳包阴型

破位阳包阴型形态描述如下：

（1）出现在低位盘整或下跌趋势中。

（2）由两根 K 线组成。

（3）第一根 K 线是中阴线或者大阴线，第二根 K 线是大阳线。

（4）阴线基本跌破长期均线的关键位置。

实例 4：汉王科技（002362）从 2017 年 5 月 10 日到 2017 年 8 月 15 日，股价在年线和半年线的压制下，悄悄做了一个 W 底。2017 年 5 月 10 日和 5 月 11 日，两个交易日连续阴线破位砸底，随后股价出现三连阳反弹。2017 年 7 月 17 日大阴线相对放量跌破 60 日均线，股价宣告破位，随后又是三连阳反弹收复了失地。

2017 年 8 月 11 日，股价再度跌破 60 日均线，随后的这次反弹力度非常大，第二个交易日收大阳线，K 线在关键位置出现了破位阳包阴，如图 6-4 所示。

投资者可以看到，经过半年线下的数月洗盘，筹码集中度越来越高，主力控盘能力也越来越强。2017 年 8 月 16 日，股价跳空高开，站稳半年线。随后沿着 10 日均线，股价开启了一段上升浪。

实例 5：天业股份（600807，现为 *ST 天业）的股价在 2017 年 7 月 17 日以大阴线相对放量砸出股价新低，随后三连阳反弹收复失地，此时股价一直沿着 5 日均线缓慢上行。2017 年 8 月 3 日收大阳线，股价放量冲过 60 日均线，一举收复了 2017 年 5 月 9 日以来的下跌幅度。

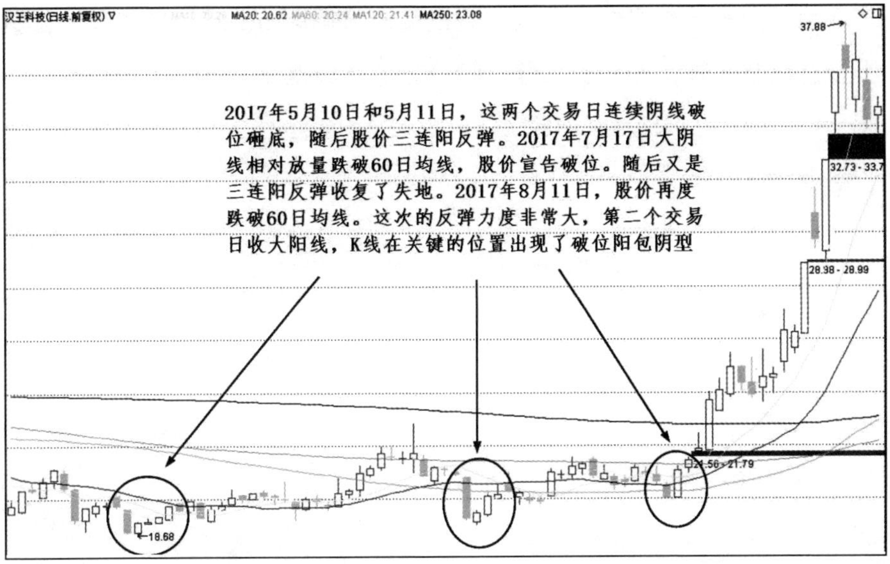
汉王科技(日线 前复权)
MA20: 20.62 MA60: 20.24 MA120: 21.41 MA250: 23.08
37.88
32.73 - 33.7
28.98 - 28.99
21.56 - 21.79
18.68
2017年5月10日和5月11日，这两个交易日连续阴线破位砸底，随后股价三连阳反弹。2017年7月17日大阴线相对放量跌破60日均线，股价宣告破位。随后又是三连阳反弹收复了失地。2017年8月11日，股价再度跌破60日均线。这次的反弹力度非常大，第二个交易日收大阳线，K线在关键的位置出现了破位阳包阴型

图 6-4 汉王科技启动前期出现破位阳包阴型

股价走出前期底部后，从 2017 年 8 月 4 日到 2017 年 10 月 31 日在新的箱体中运行，股价反复震荡，多次触及新箱体的底部。2017 年 8 月 25 日，股价跌至 20 日均线处的 9.73 元，随后以小阳线缓慢上行。2017 年 9 月 25 日，股价最低跌至 10.01 元，随后以小阳线缓慢上行。2017 年 10 月 18 日，股价以小阴线跌破 60 日均线，最低跌至 10.10 元，第二个交易日出现阳包阴，以中阳线收复失地。

2017 年 10 月 30 日，股价以中阴线再度洗盘，一举跌破 10 均日线和 20 日均线。第二个交易日早盘，股价跌破 60 日均线后，下午 1 点主力强力拉盘，收出大阳线，再度出现标准的破位阳包阴型，如图 6–5 所示。

这次反包强度非常大，而且属于关键位置 K 线。在这个反包形态

出现后，大家要积极参与此股，后市涨幅值得期待。第三个交易日，该股股价跳空高开，一字板涨停，股价短短两周暴涨 70%。

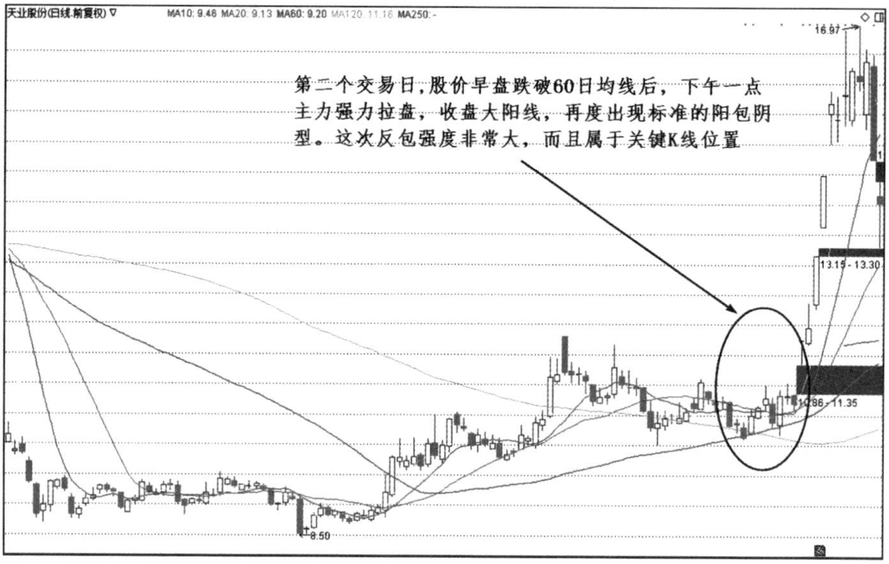
天业股份(日线,前复权)
MA10: 9.48 MA20: 9.13 MA60: 9.20 MA120: 11.16 MA250: -
16.97
第二个交易日，股价早盘跌破60日均线后，下午一点主力强力拉盘，收盘大阳线，再度出现标准的阳包阴型。这次反包强度非常大，而且属于关键K线位置
13.15 - 13.30
10.86 - 11.35
8.50

图 6–5 天业股份启动前期出现破位阳包阴型

实例 6： 易华录（300212）股价于 2017 年 11 月 30 日见底。2017 年 12 月 5 日和 12 月 6 日，两个交易日形成阳包阴型 K 线组合。2017 年 12 月 11 日股价跳空高开，相对放量冲击 60 日均线，产生一个向上的跳空缺口。2018 年 1 月 18 日，股价回踩前期缺口后，再次得到强力支撑，返身而上。

2018 年 3 月 23 日，星期五，股价跳空低开收大阴线，同时伴随相对放量，结结实实地砸在年线上。这时第二个交易日的走势相当关键，如果继续下跌，则此股宣告短期做盘失败；如能收一根大阳线，则股价具备反转的潜力，因此这是一个关键位置。

2018 年 3 月 26 日，星期一，开盘后股价一路上涨，涨势如虹。当日收中阳线，反包上一个交易日的阴线，在关键位置形成了破位阳包阴，如图 6-6 所示，后期股价迅速上涨 35%。

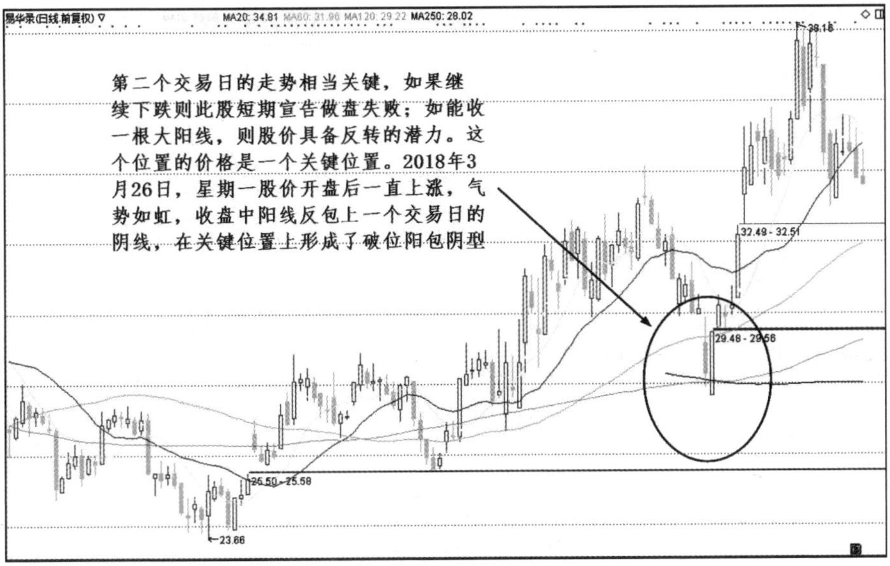
易华录(日线,前复权)
MA20: 34.81
MA250: 28.02
第二个交易日的走势相当关键，如果继续下跌则此股短期宣告做盘失败；如能收一根大阳线，则股价具备反转的潜力。这个位置的价格是一个关键位置。2018年3月26日，星期一股价开盘后一直上涨，气势如虹，收盘中阳线反包上一个交易日的阴线，在关键位置上形成了破位阳包阴型
38.18
32.49 - 32.51
29.48 - 29.56
25.50 - 25.58
23.66

图 6-6　易华录启动前期出现破位阳包阴型

第三节　低位涨停多次回踩启动型

低位涨停多次回踩启动型形态描述如下：

（1）出现在低位下跌趋势中。

（2）在低位走平后，出现涨停，等待回踩。

（3）当多次回踩后，最低价位距离涨停启动点很近，且一次高于一次，随后底部确认。

实例 7： 天龙光电（300029）在 2014 年股价一直呈现下跌走势。2014 年 12 月 23 日，股价最低跌至 6.92 元。2014 年 12 月 31 日，股价低位涨停，收盘站稳 5 日均线。

2015 年 1 月 12 日，该股以中阴线收盘，收盘价格跌至涨停启动位置附近。第二个交易日收小阳线。2015 年 1 月 14 日开盘后，股价立即拉至涨停，以第二次涨停的方式快速脱离底部平台，后续股价持续走高，如图 6-7 所示。

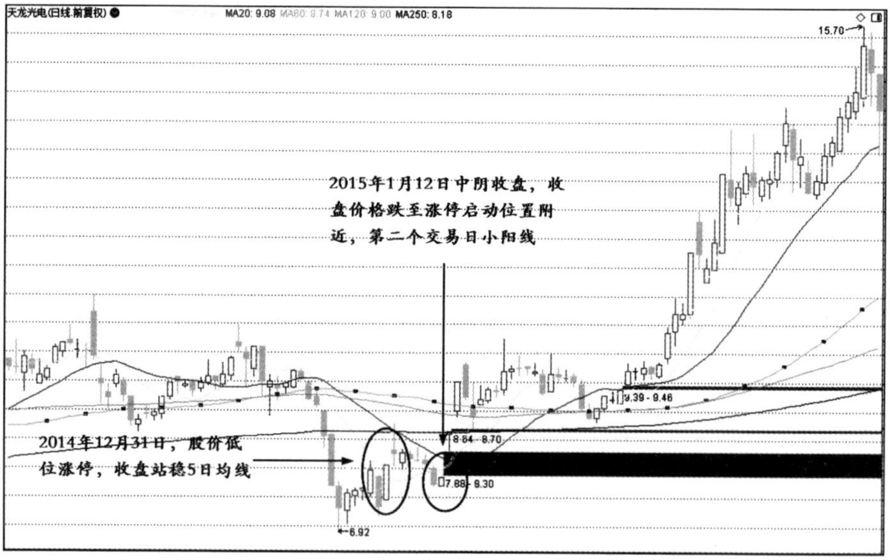
天龙光电(日线,前复权)
MA20: 9.08
MA250: 8.18
15.70
2015年1月12日中阴收盘，收
盘价格跌至涨停启动位置附
近，第二个交易日小阳线
9.39 - 9.46
8.64 - 8.70
2014年12月31日，股价低
位涨停，收盘站稳5日均线
7.88 - 8.30
6.92

图 6-7 天龙光电出现低位涨停多次回踩启动型

实例8： 通鼎互联（002491）的股价从2015年5月底开始出现暴跌，3个月时间缩水75%。2015年8月28日在低位收第一个涨停，2015年9月16日在低位收第二个涨停，随后第二个交易日站稳5日均线。2015年9月24日，股价在低位拉出第三个涨停。股价站稳20日均线后，开始了恢复性上涨，如图6-8所示。

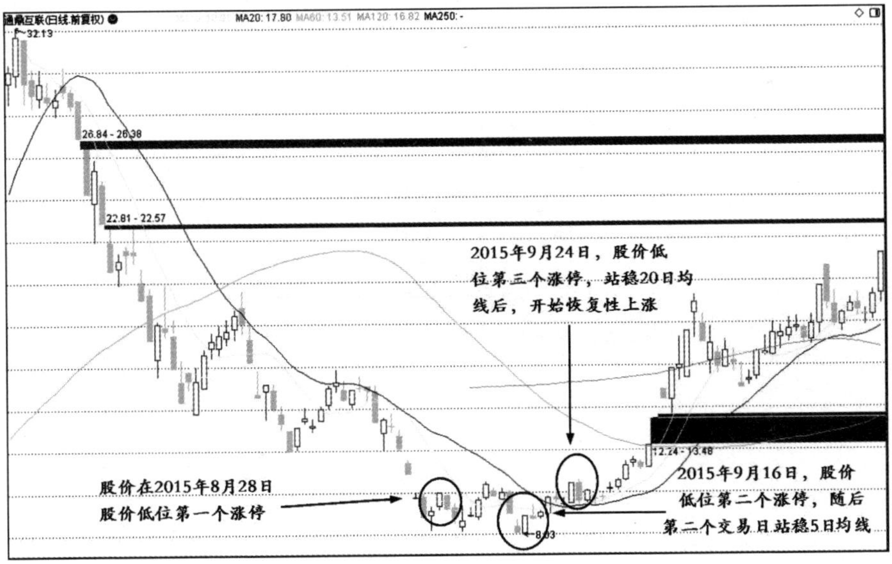
通鼎互联(日线,前复权)
MA20: 17.80 MA60: 13.51 MA120: 16.82 MA250: -
32.13
26.84 - 26.38
22.81 - 22.57
2015年9月24日，股价低位第三个涨停，站稳20日均线后，开始恢复性上涨
12.24 - 13.48
2015年9月16日，股价低位第二个涨停，随后第二个交易日站稳5日均线
股价在2015年8月28日股价低位第一个涨停
8.03

图6-8 通鼎互联出现低位涨停多次回踩启动型

实例9： 融钰集团（002622）自2011年10月18日上市后，股价一直呈下跌走势。2013年6月26日，股价跌至新低8.58元。2013年7月17日，股价在低位拉出第一个涨停。值得注意的是，这次涨停中股价强势上穿年线。

随后一个月的时间股价缓慢上涨，在2013年11月8日到11月12日间连续缩量回踩年线，此价格区间离底部涨停价格非常接近，如图6-9所示。随后股价快速拉升，宣告长达两年多的下跌趋势结束。此股在后面一年半的时间内涨了7倍。

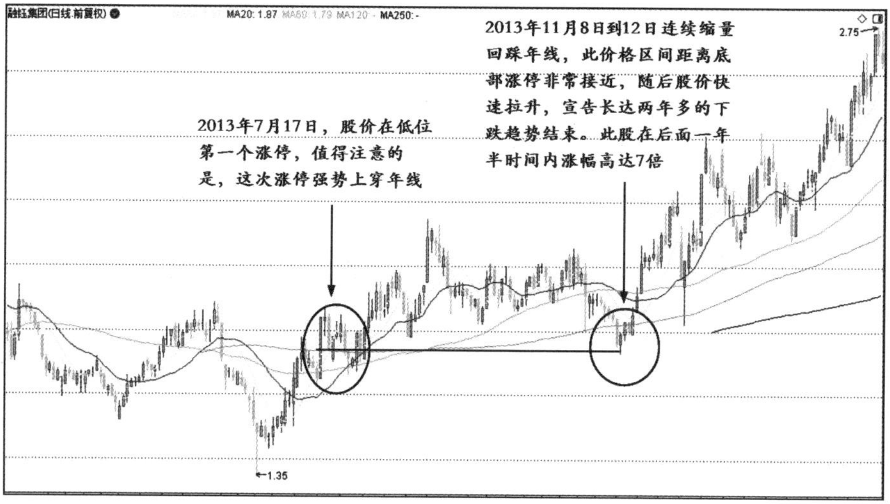
融钰集团(日线,前复权)
MA20: 1.87 MA60: 1.79 MA120: - MA250: -
2013年11月8日到12日连续缩量回踩年线，此价格区间距离底部涨停非常接近，随后股价快速拉升，宣告长达两年多的下跌趋势结束。此股在后面一年半时间内涨幅高达7倍
2013年7月17日，股价在低位第一个涨停，值得注意的是，这次涨停强势上穿年线
2.75
1.35

图6-9 融钰集团出现低位涨停多次回踩启动型

第四节 涨停见底型

涨停见底型形态描述如下：

（1）出现在低位或下跌趋势末期。

（2）特别是出现在最后的暴跌走势中，最低价砸出来后，当日出

现涨停。

（3）当日振幅在 15% 及以上。

实例 10：仁智股份（002629）随着大盘的大幅度下跌，2015 年 6 月 18 日该股也顺势暴跌，从 18.12 元的顶部暴跌至 2015 年 7 月 9 日的最低价格 5.80 元。

投资者要密切注意的是，2015 年 7 月 9 日，此股从开盘接近跌停的价格被资金迅速上拉。作为两市的反弹急先锋，早盘 10 点 16 分股价拉升接近涨停，下午开盘后直接封死涨停板，日内整体振幅高达 18%，如图 6-10 所示。

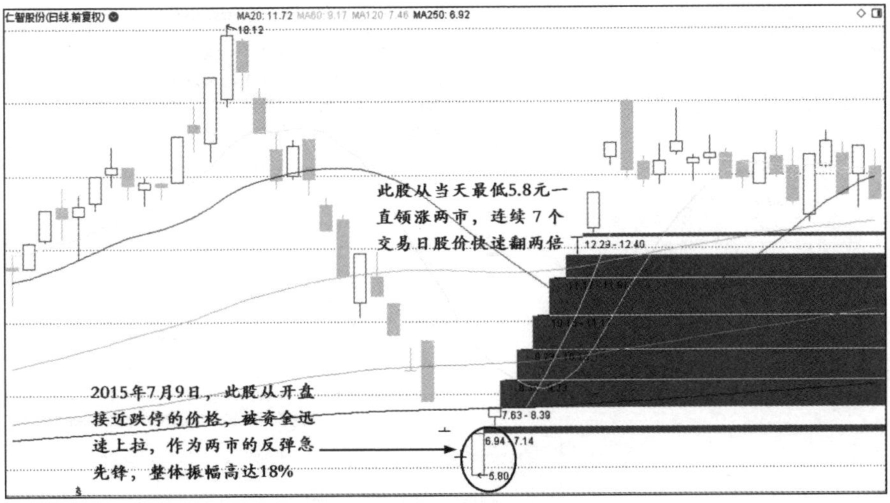
仁智股份(日线,前复权)
MA20: 11.72 MA60: 9.17 MA120: 7.46 MA250: 6.92
18.12
此股从当天最低5.8元一直领涨两市，连续 7 个交易日股价快速翻两倍
12.23 - 12.40
7.63 - 8.39
6.94 - 7.14
5.80
2015年7月9日，此股从开盘接近跌停的价格，被资金迅速上拉，作为两市的反弹急先锋，整体振幅高达18%

图 6-10　仁智股份出现涨停见底型

该股以跌停开盘后被迅速拉升，这样跌幅下的反弹急先锋，实战中要特别注意，它们非常可能是反弹行情的龙头股。果不其然，此股从当

天最低 5.80 元开始反弹，在反弹行情中一直领涨两市，连续 7 个交易日股价快速翻了两倍。

实例 11：东方能源（000958）随着大盘的大幅度下跌，此股也从 2015 年 6 月 18 日的顶部价格 22.38 元暴跌至 2015 年 7 月 9 日的最低价格 8.39 元。

2015 年 7 月 9 日，此股以跌停开盘。在资金陆续进场抄底的情况下，该股主力于 9 点 54 分快速吃掉跌停板的封单，随后股价直线上升。下午开盘直接封死涨停板直至收盘，当天振幅高达 20%，如图 6-11 所示。在之后一个月内，股价走出了翻倍行情。

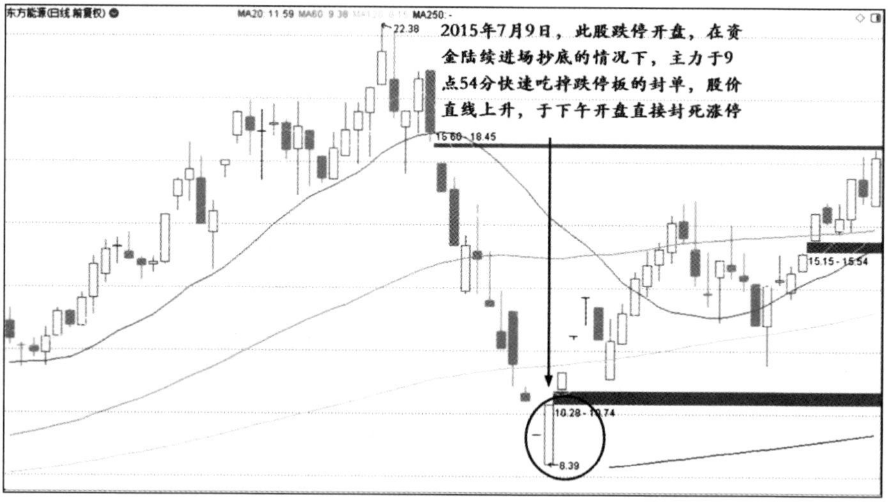
东方能源(日线 前复权)
MA20: 11.59 MA60: 9.38
MA250: -
22.38
2015年7月9日，此股跌停开盘，在资金陆续进场抄底的情况下，主力于9点54分快速吃掉跌停板的封单，股价直线上升，于下午开盘直接封死涨停
15.60 - 18.45
15.15 - 15.54
10.28 - 10.74
8.39

图 6-11 东方能源出现涨停见底型

实例 12：大庆华科（000985）受大盘牛转熊影响，此股也从 2015 年 6 月 18 日开启暴跌模式，从 35.45 元的顶部暴跌至 2015 年 7 月 9 日

的最低价格 12 元。

2015 年 7 月 9 日，此股以跌停开盘，在资金陆续进场抄底的情况下，主力于 9 点 48 分快速吃掉跌停板的封单，股价直线上升。下午开盘直接封死涨停板直至收盘，当天振幅高达 20%。之后股价在一个月内上涨 150%，如图 6–12 所示。

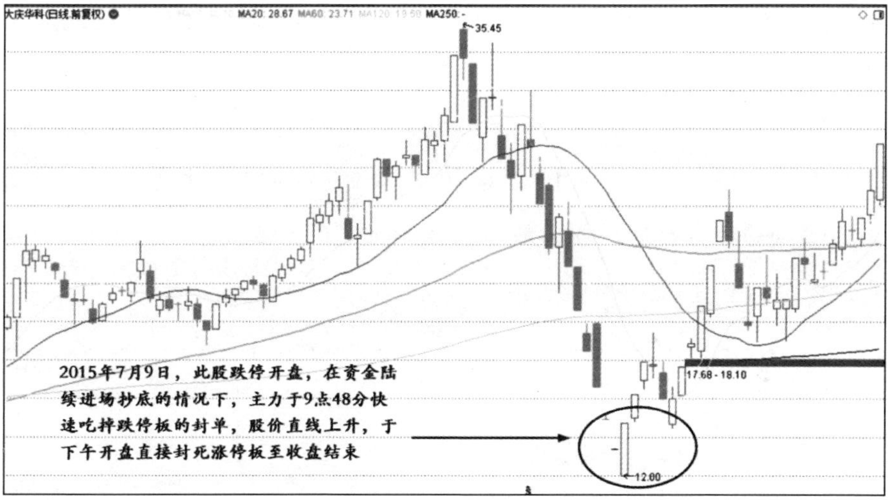

大庆华科(日线 前复权)
MA20: 28.67 MA60: 23.71 MA120: 19.50 MA250: -
35.45
17.68 - 18.10
2015年7月9日，此股跌停开盘，在资金陆续进场抄底的情况下，主力于9点48分快速吃掉跌停板的封单，股价直线上升，于下午开盘直接封死涨停板至收盘结束
12.00

图 6–12　大庆华科出现涨停见底型

第五节　暗度陈仓型

暗度陈仓型形态描述如下：

（1）出现在低位或下跌趋势末期。

（2）在低位见底后立刻出现涨停。

（3）股价并没有立刻暴涨，而是多次回调至涨停价格，触及长期均线后才开始加速上涨。

实例 13：金一文化（002721）的股价从 2014 年 12 月 22 日跌至最低价格 6.5 元，第二个交易日以涨停板的形式企稳股价。随后股价没有继续出现新低，而是用一个月的时间反复在涨停板价格区域缩量洗盘，多次回调至涨停板启动价格。

2015 年 2 月 3 日，股价向上跳空，以小阳线站稳 60 日均线。经过一个月的区间盘整，此时 10 日和 20 日均线已经走平。主力在长期均线上再慢慢整理一周的时间，随后快速拉升，股价在 4 个月内上涨 300% 以上，如图 6–13 所示。

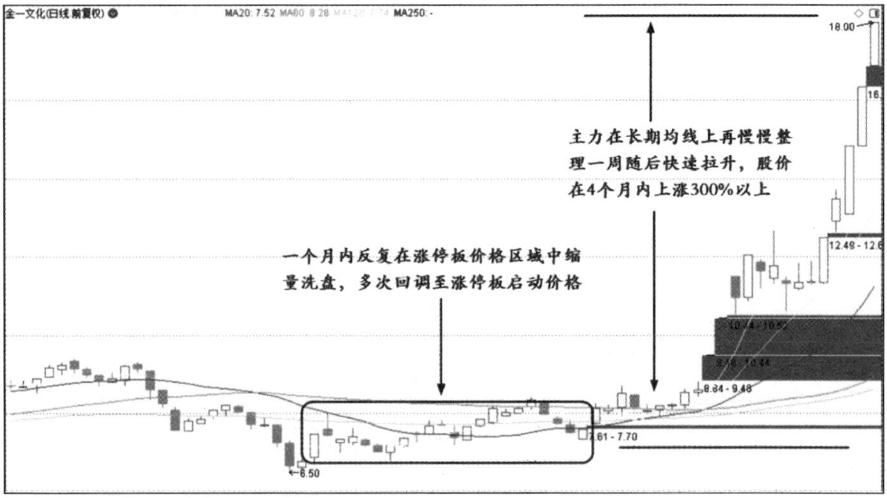
金一文化(日线 前复权)
MA20: 7.52 MA60: 8.28 MA250: -
18.00
主力在长期均线上再慢慢整理一周随后快速拉升，股价在4个月内上涨300%以上
一个月内反复在涨停板价格区域中缩量洗盘，多次回调至涨停板启动价格
8.84 - 9.48
7.61 - 7.70
6.50

图 6–13 金一文化出现暗度陈仓型

实例 14： 华测检测（300012）在 2014 年 12 月 29 日，股价跌至 610 日均线，打出这波调整的最低价格 3.46 元。2015 年 1 月 19 日，股价二次回踩 610 日均线后，第二个交易日股价涨停。

股价在涨停板区间盘整了整整一个月，20 日和 60 日均线逐渐走平，同时 K 线也运行在半年线之上。2015 年 3 月 2 日，股价跳空高开，以绝对多头模式突破年线并开启了快速翻倍之旅，如图 6–14 所示。

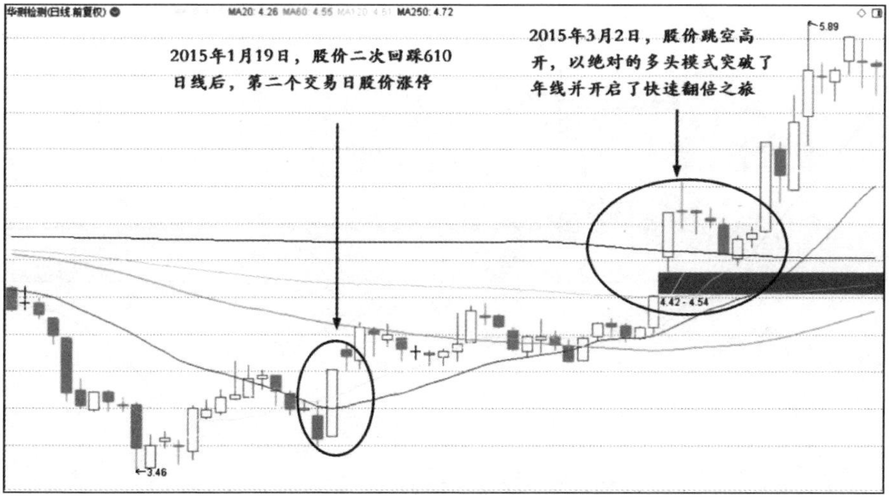

华测检测(日线 前复权)
MA20: 4.26 MA60: 4.55 MA120: 4.61 MA250: 4.72
2015年1月19日，股价二次回踩610日线后，第二个交易日股价涨停
2015年3月2日，股价跳空高开，以绝对的多头模式突破了年线并开启了快速翻倍之旅
5.89
4.42 - 4.54
3.46

图 6–14 华测检测出现暗度陈仓型

实例 15： 德威新材（300325）在 2013 年 7 月 23 日，股价涨停于年线之上。2013 年 7 月 30 日，股价回调至涨停启动价格。2013 年 8 月 30 日到 10 月 8 日，股价同样连续回调至涨停启动价格附近。投资者要注意的是，第三次回调至涨停启动价格的时候，年线已经彻底走平，股

价稳稳站在年线之上。此股后期在年线的支撑下震荡上行，股价在两年内翻了 4 倍，如图 6–15 所示。

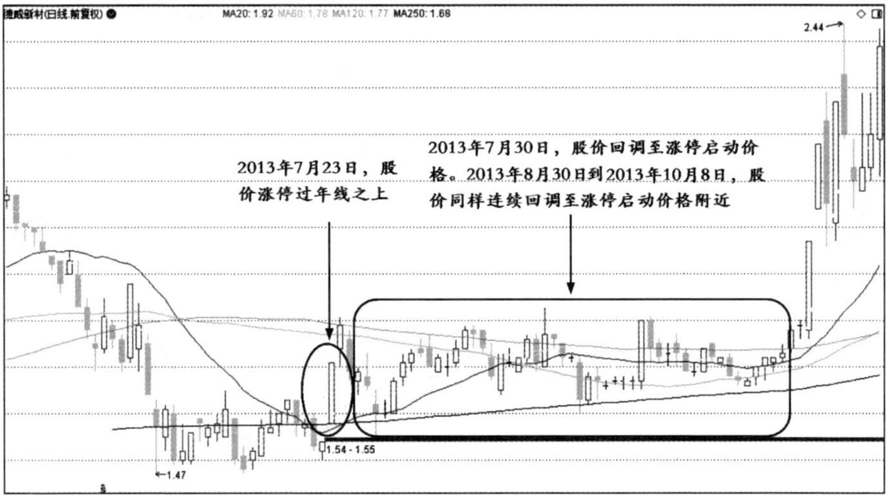
德威新材(日线,前复权)
MA20: 1.92 MA60: 1.78 MA120: 1.77 MA250: 1.68
2.44
2013年7月23日，股价涨停过年线之上
2013年7月30日，股价回调至涨停启动价格。2013年8月30日到2013年10月8日，股价同样连续回调至涨停启动价格附近
1.54 - 1.55
1.47

图 6–15 德威新材出现暗度陈仓型

第六节 急跌单针型

急跌单针型形态描述如下：

（1）出现在下跌趋势中。

（2）出现之前有一段较大的跌幅。

（3）出现之前必须有一波幅度较大的急跌。

（4）单针必须收阳，下影线越长，反弹力度越大。

实例 16： 银星能源（000862）的股价从 2012 年 4 月中旬开始下跌，一直持续到 2012 年 12 月 4 日，股价接近腰斩。2012 年 12 月 4 日收出一根带有长下影线的小阳线，下影线的长度是实体长度的 1.8 倍。

2012 年 12 月 4 日之前，股价有一段长达 27 个交易日的单边急跌走势，整个下跌过程全部被 5 日均线压制，跌幅达到 40% 以上。这是典型的急跌单针型 K 线形态，预示后期有一段较大的反弹。

2013 年 3 月 4 日，股价最高达到 8.4 元。三个月的反弹，股价上涨了 81%，如图 6-16 所示。

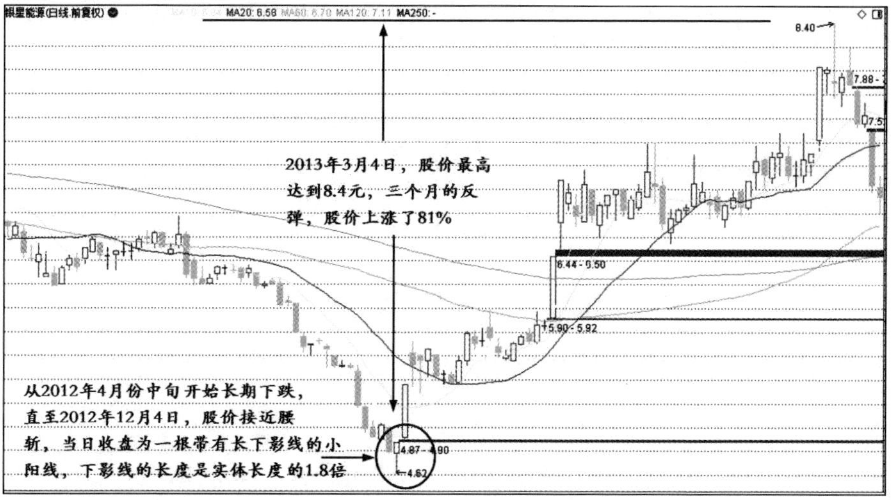
银星能源(日线 前复权)
MA20: 6.58 MA60: 6.70 MA120: 7.11 MA250: -
8.40
7.88 -
7.5
2013年3月4日，股价最高达到8.4元，三个月的反弹，股价上涨了81%
6.44 - 6.50
5.90 - 5.92
从2012年4月份中旬开始长期下跌，直至2012年12月4日，股价接近腰斩，当日收盘为一根带有长下影线的小阳线，下影线的长度是实体长度的1.8倍
4.87 - 4.90
4.62

图 6-16　银星能源出现急跌单针型

实例 17： 五矿稀土（000831）的股价从 2009 年 8 月开始长期下跌，直至 2010 年 7 月 2 日，股价跌去七成以上，当日收盘为一根带有长下影线的小阳线。由于开盘价和收盘价仅相差 1 分钱，K 线接近十字星线，

下影线的长度是实体长度的 21 倍。在 2010 年 7 月 2 日之前，股价有长达两个多月的暴跌，跌幅超 50%。

这是典型的急跌单针型 K 线形态，预示后期有一段较大的反弹。之后由于基本面发生改变，此股开启了一段历时两年多的长牛之路，如图 6-17 所示。

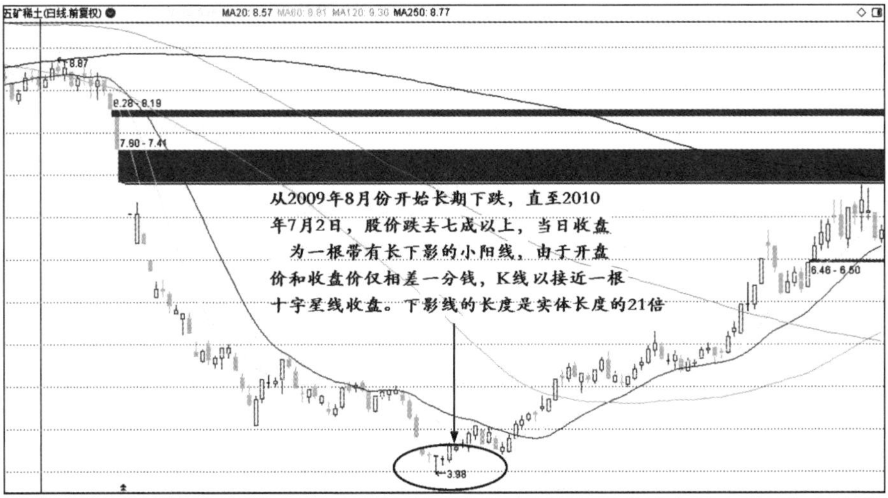
五矿稀土(日线,前复权)
MA20: 8.57 MA60: 8.81 MA120: 9.30 MA250: 8.77
8.87
8.28 - 8.19
7.60 - 7.41
从2009年8月份开始长期下跌，直至2010年7月2日，股价跌去七成以上，当日收盘为一根带有长下影的小阳线，由于开盘价和收盘价仅相差一分钱，K线以接近一根十字星线收盘。下影线的长度是实体长度的21倍
6.46 - 6.50
3.98

图 6-17 五矿稀土出现急跌单针型

实例 18：西藏旅游（600749）的股价从 2012 年 4 月中旬第二次冲击年线失败开始，长期下跌，直至 2012 年 12 月 4 日，股价接近腰斩，当日收盘为一根带有长下影线的小阳线。由于开盘价和收盘价仅相差 1 分钱，K 线接近十字星线，下影线的长度是实体长度的 27 倍。在 2012 年 12 月 4 日之前，股价有一段连续六连阴的急跌，跌幅达 20%。

这是典型的急跌单针型 K 线形态，预示后期有一段较大的反弹。

2013 年 1 月 18 日，股价最高涨到 10.26 元。一个多月的反弹，股价上涨了 56%，如图 6–18 所示。

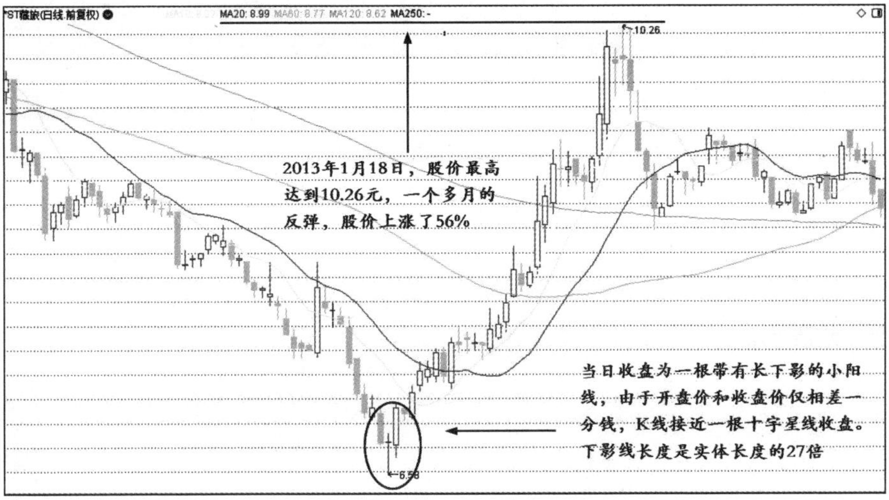
*ST藏旅(日线 前复权)
MA20: 8.99 MA60: 8.77 MA120: 8.62 MA250: -
10.26
2013年1月18日，股价最高达到10.26元，一个多月的反弹，股价上涨了56%
当日收盘为一根带有长下影的小阳线，由于开盘价和收盘价仅相差一分钱，K线接近一根十字星线收盘。下影线长度是实体长度的27倍
6.58

图 6–18 西藏旅游（曾为 * ST 藏旅）出现急跌单针型

第七节 遥相呼应型

遥相呼应型形态描述如下：

（1）出现在下跌趋势见底时。

（2）由两个或多个相近价格的 K 线组成。

（3）底部 K 线一般具备前面单 K 线见底或多 K 线见底走势。

（4）底部 K 线形态出现的越多，后期行情可能越大。

实例 19：国风塑业（000859）自 2015 年 6 月以来，股价经历了 3 年半的漫长下跌，从 14.66 元跌至最低 2.54 元，跌幅达 83%。2018 年 10 月 19 日，股价跌至 2.54 元后，继续在低位震荡。上证股指在 2019 年 1 月 4 日继续暴跌并创出新低，但此股股价并未跟随股指出现新低，而是稳定在 3 元左右。

2018 年 12 月 25 日股价回踩前期底部区域时，K 线出现单针见底型。2019 年 1 月 31 日再次回踩前期底部区域，K 线组合底部出现宝塔型。三次确认底部，一底比一底高，遥相呼应，如图 6–19 所示。

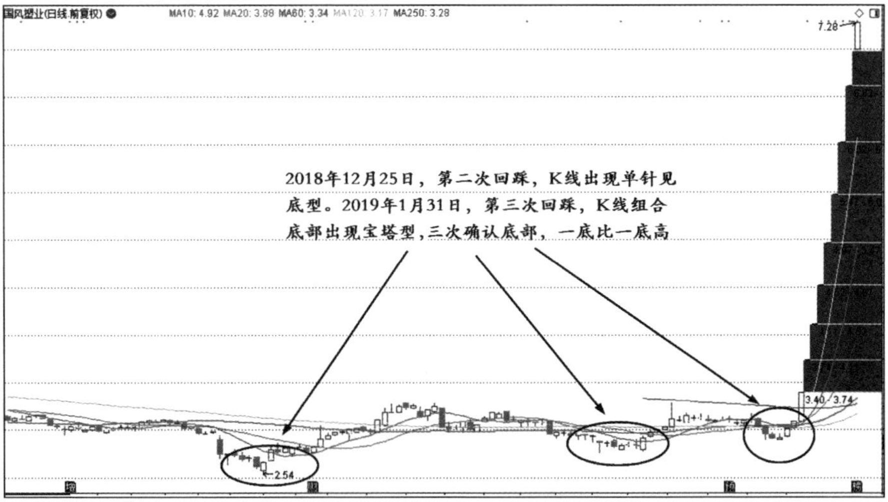

国风塑业(日线 前复权)
MA10: 4.92 MA20: 3.98 MA60: 3.34 MA250: 3.28
7.28
2018年12月25日，第二次回踩，K线出现单针见底型。2019年1月31日，第三次回踩，K线组合底部出现宝塔型，三次确认底部，一底比一底高
2.54
3.40
3.74

图 6–19 国风塑业出现遥相呼应型

2019 年 2 月 12 日，主力吸筹完毕后，早上盘面波澜不惊，下午开盘后直线拉至涨停，当天收盘价一举突破 8 个月的震荡盘整箱体，第二个交易日大资金封死涨停一字板。截至 2019 年 2 月 22 日，股价连续 9

个交易日涨停。

实例 20： 中通国脉（603559）的股价在 2017 年 7 月 17 日收出一根带有长下影线的中阳线，第一次出现下跌底部区域的抵抗，盘中最低价格为 19.97 元。随后股价持续下跌，2017 年 7 月 28 日到 8 月 11 日，K 线连续出现四连阴和六连阴。

2017 年 8 月 11 日，股价收出一根缩量十字星线，最低价为 18.57 元，股价随后上扬。2017 年 9 月 15 日和 18 日，股价连续收出两根十字星线，最低价为 21.41 元。投资者需要注意的是，这次回踩的最低价依然高于前面带长下影线的中阳线的最低价。

2017 年 9 月 19 日，也就是连续出现两根十字星线后的下一个交易日，股价以涨停收盘，不仅突破了 60 日均线，而且突破了 7 月份以来的箱体顶部价格，在 K 线上也形成了遥相呼应型，如图 6–20 所示。股价突破后连续涨停，不到一个月快速翻倍。

中通国脉(日线,前复权)
MA20: 34.24 MA60: 35.80 MA120: - MA250: -
48.32
2017年9月19日，股价涨停，不仅突破60日均线，并且突破了7月份以来的箱体顶部价格，在K线上也形成了遥相呼应型
39.92 - 40.06
2017年7月28日到8月11日，K线连续出现四连阴和六连阴。股价在2017年8月11日，打出一根缩量十字星线，最低价格18.57元
股价收出一根长下影的中阳线，形成第一次下跌底部区域的抵抗，盘中最低价格19.97元
31.71 - 32.86
26.20 - 26.76
24.39
18.57

图 6–20 中通国脉出现遥相呼应型

实例 21：比亚迪（002594）从 2016 年 12 月到 2017 年 8 月底，股价在 46 ~ 55 元之间做出了典型的遥相呼应型底部 K 线。2017 年 1 月 16 日，股价收带长下影线的中阴线，最低价为 46.18 元。2017 年 5 月 11 日，股价收带长下影线的小实体阴线，最低价为 46.25 元，这次的长下影线长度是实体长度的 9 倍，具备回踩确认前期最低价格 46.18 元的作用，如图 6–21 所示。随后股价一直没有跌破此价格。

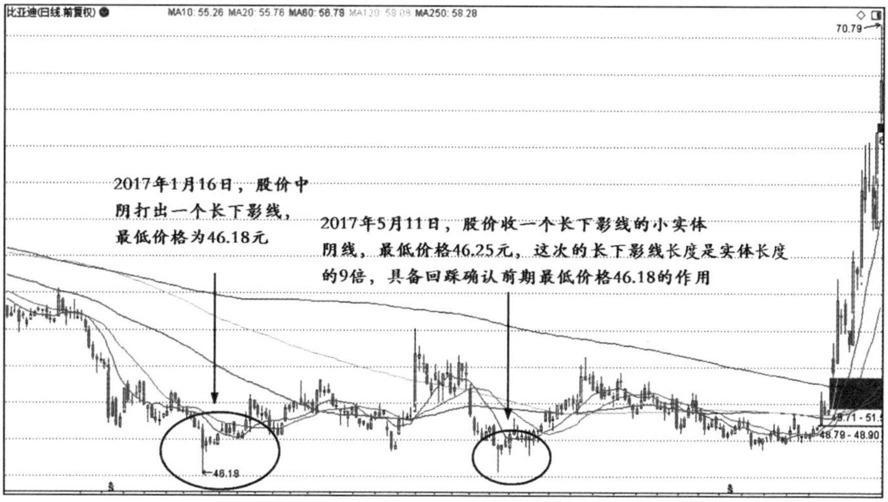
比亚迪(日线,前复权)
MA10: 55.26 MA20: 55.76 MA60: 56.78 MA120: 58.08 MA250: 58.28
70.79
2017年1月16日，股价中阴打出一个长下影线，最低价格为46.18元
2017年5月11日，股价收一个长下影线的小实体阴线，最低价格46.25元，这次的长下影线长度是实体长度的9倍，具备回踩确认前期最低价格46.18的作用
46.18
48.79 - 48.90

图 6–21 比亚迪出现遥相呼应型

2017 年 9 月 6 日，股价以中阳线一举突破年线的压制。随后股价借助当时新能源汽车的炒作概念，两个月内快速上涨。

第八节　涨停半年线型

涨停半年线型形态描述如下：

（1）出现在下跌趋势底部。

（2）出现之前有一段幅度较大的下跌。

（3）半年线必须走平。

出现此形态后，后期成为黑马股的概率增加。

实例 22： 中远海科（002401）在 2012 年 7 月 23 日，股价跳空低开后放量暴跌，产生一个 5.17 ~ 5.18 元的向下跳空缺口，随后股价持续滑落。到 2012 年 7 月 31 日，股价最低跌至 4.51 元。2012 年 8 月 21 日，股价收放量大阳线，触及 60 日均线，同时回补了之前的向下跳空缺口。这时半年线开始走平。

2012 年 9 月 4 日，股价一鼓作气放量涨停突破了 60 日均线，以 5.41 元收盘，超过了半年线所在的 5.40 元价位，如图 6–22 所示。

收盘后投资者尤其要注意，长期下跌后半年线走平，收盘价涨停并超过了半年线，一定要仔细复盘分析，考虑第二个交易日是否应立刻跟上，以防错失超级黑马。

第二个交易日股价跳空高开，涨幅超过了 2012 年 6 月下跌的幅度，在均线附近震荡一段时间后再度爆量涨停。从 2012 年 9 月 4 日到 9 月 10 日，5 个交易日连续出现了 5 个涨停，股价接近翻倍。出现涨停半年线型后，主力要么不拉，一拉该股就是超级大黑马。

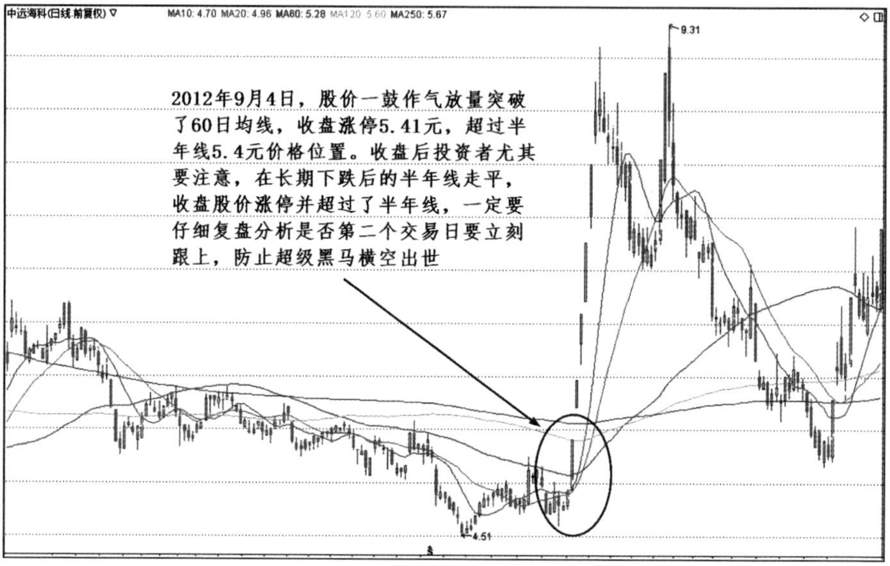
中远海科(日线,前复权) ▽
MA10: 4.70 MA20: 4.96 MA60: 5.28 MA120: 5.60 MA250: 5.67
9.31
2012年9月4日，股价一鼓作气放量突破了60日均线，收盘涨停5.41元，超过半年线5.4元价格位置。收盘后投资者尤其要注意，在长期下跌后的半年线走平，收盘股价涨停并超过了半年线，一定要仔细复盘分析是否第二个交易日要立刻跟上，防止超级黑马横空出世
4.51

图 6-22 中远海科启动时出现涨停半年线型

实例 23： *ST 凡谷（002194）在 2017 年 7 月 17 日，股价跳空低开后放量暴跌，产生一个 8.51 ~ 8.56 元的向下跳空缺口。股价暴跌后，第二个交易日即企稳。随后股价慢慢站稳 20 日均线。2017 年 8 月 17 日，股价涨停，价格越过 60 日均线的同时，还回补了之前的向下跳空缺口。这时半年线开始走平。

2017 年 9 月 13 日，股价再度跳空向下。面对这种 K 线走势，一定要仔细考虑。当天向下跳空的价格区间正好是最近一个涨停板的启动位置，第一个涨停板后，后续 5 个交易日的 K 线都是小阴线和小阳线，并且振幅越来越小，到最后几乎就是一字线。

2017 年 9 月 21 日，股价放量涨停，换手率几乎和 9 月 13 日向下跳空时一样多。9 月 22 日，股价再次涨停并且站稳半年线，出现涨停半年线型，随后股价急速上涨，如图 6–23 所示。从 2017 年 9 月 21 日到 9 月 29 日，股价快速翻倍，熊市背景下再现超级黑马股。

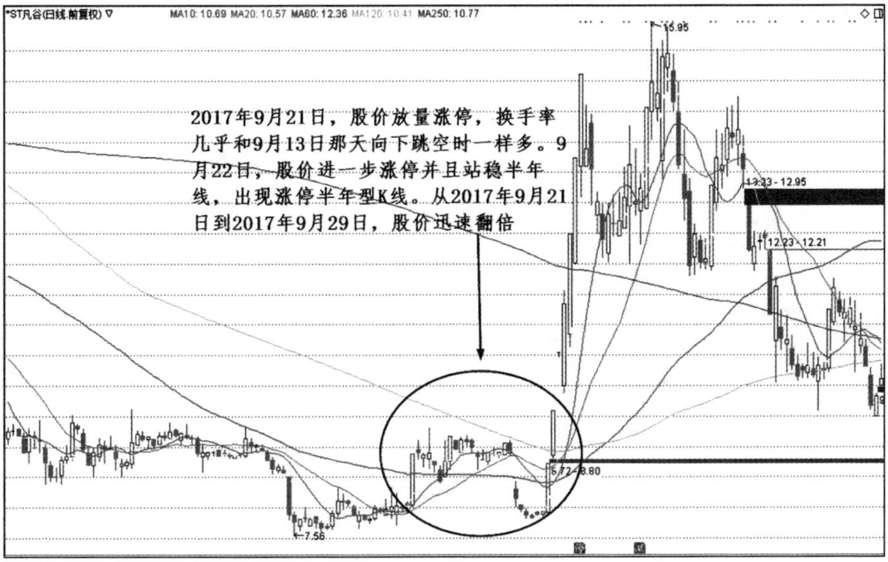
*ST凡谷(日线,前复权) ▽
MA10: 10.69 MA20: 10.57 MA60: 12.36 MA120: 10.41 MA250: 10.77
15.95
2017年9月21日，股价放量涨停，换手率几乎和9月13日那天向下跳空时一样多。9月22日，股价进一步涨停并且站稳半年线，出现涨停半年型K线。从2017年9月21日到2017年9月29日，股价迅速翻倍
13.33 - 12.95
12.23 - 12.21
7.56

图 6–23　*ST 凡谷启动时出现涨停半年线型

实例 24：亿帆医药（002019）在 2015 年 6 月股市大跌后，股价一直下跌。2015 年 9 月 2 日，股价跌至最低 8.98 元。2015 年 11 月 27 日，股价以大阴线放量暴跌，将前期两个月的涨幅完全抹去。

第二个交易日股价进一步下滑，收一根带有下影线的小阴线。随后股价在 60 日均线下方整理，K 线形态分别是小阴线和小阳线。

2015 年 12 月 14 日，股价放量涨停，一举突破 20 日、60 日、半年线和年线这 4 条重要的中长期均线，这是涨停半年线型 K 线形态，如图 6-24 所示。随后股价快速拉升，从 2015 年 12 月 14 日到 12 月 25 日，几个交易日内，股价上涨幅度达到 66%。

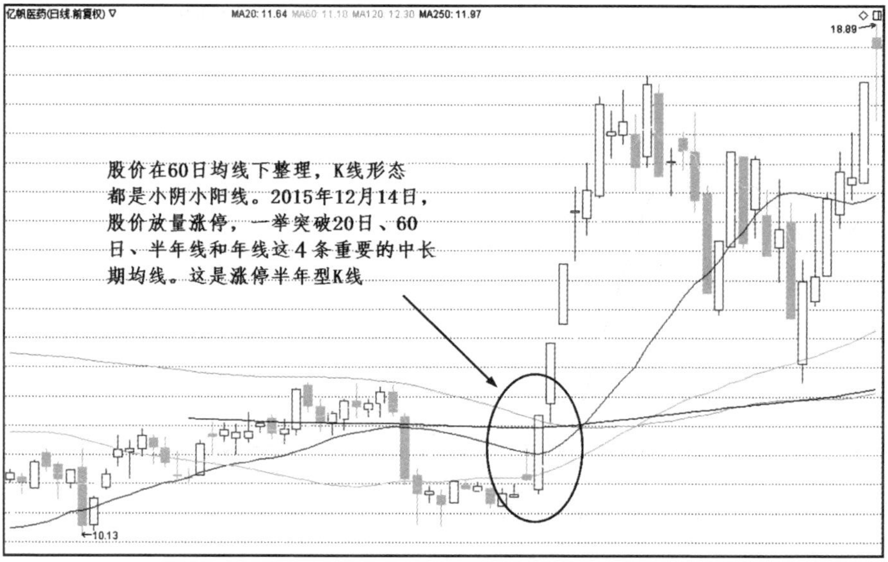
亿帆医药(日线,前复权)
MA20: 11.64 MA60: 11.18 MA120: 12.30 MA250: 11.97
18.89
股价在60日均线下整理，K线形态都是小阴小阳线。2015年12月14日，股价放量涨停，一举突破20日、60日、半年线和年线这4条重要的中长期均线。这是涨停半年型K线
10.13

图 6-24 亿帆医药启动时出现涨停半年线型

第七章

K 线八大顶部形态详解

第一节　涨停巨阴型

涨停巨阴型形态描述如下：

（1）顶部出现涨停。

（2）出现涨停之前有一段可观的涨幅。

（3）涨停后第二天高开瞬间跌回到前一个交易日的涨停价格之内。

（4）收盘价格低于前期涨停价格。

实例 1： 健康元（600380）在 2015 年 5 月 20 日和 5 月 21 日连续涨停。5 月 21 日股价涨停后，投资者复盘时要密切注意，此时股价已经再度达到 2015 年 4 月 15 日创下的高点。2015 年 4 月 15 日，K 线收高位十字星线，上影线和下影线很长，且股价在之前的两个月内受利好刺激快速翻了两倍以上，走出了主升浪结构。

5 月 21 日股价再度接近前期高点时，投资者必须谨慎，确定能否突破前高，是不是真突破。如果不是真突破，股价很有可能短期做双顶。

2015 年 5 月 22 日，股价高开低走，最高价格触及 29.66 元。收盘收出大阴线，收盘价为 26.06 元，收盘价低于前一日的涨停价格。收出大阴线当日伴随巨量，K 线出现了高位涨停巨阴型，如图 7-1 所示。

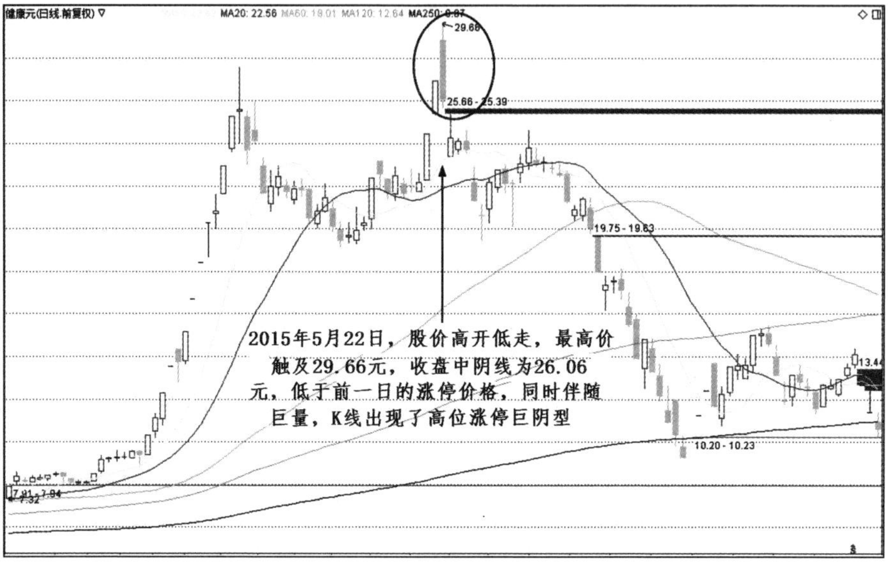
健康元(日线,前复权) ▽
MA20: 22.56 MA60: 18.01 MA120: 12.64 MA250:
29.66
25.66 - 25.39
19.75 - 19.63
10.20 - 10.23
13.44
2015年5月22日，股价高开低走，最高价触及29.66元，收盘中阴线为26.06元，低于前一日的涨停价格，同时伴随巨量，K线出现了高位涨停巨阴型

图 7-1 健康元高位形成涨停巨阴型

第二个交易日股价低开，经过前面的分析，投资者应该清楚地认识到形成双顶的可能性很大，要立刻清仓出局，避免介入较大的股价调整中。随后股价在 4 个月的时间里下跌幅度高达 70%。

实例 2：湖北能源（000883）在 2015 年走出长达一年的牛市行情，股价翻了 4 倍。前期陆续出现 8 个涨停板的情况下，2015 年 5 月 28 日股价高开低走，放出巨量，收出大阴线，跌幅达 9.65%，当日一举吃掉前一日的涨停幅度，全天股价振幅高达 18.77%，这是极度危险的空头涨停巨阴信号，如图 7-2 所示。

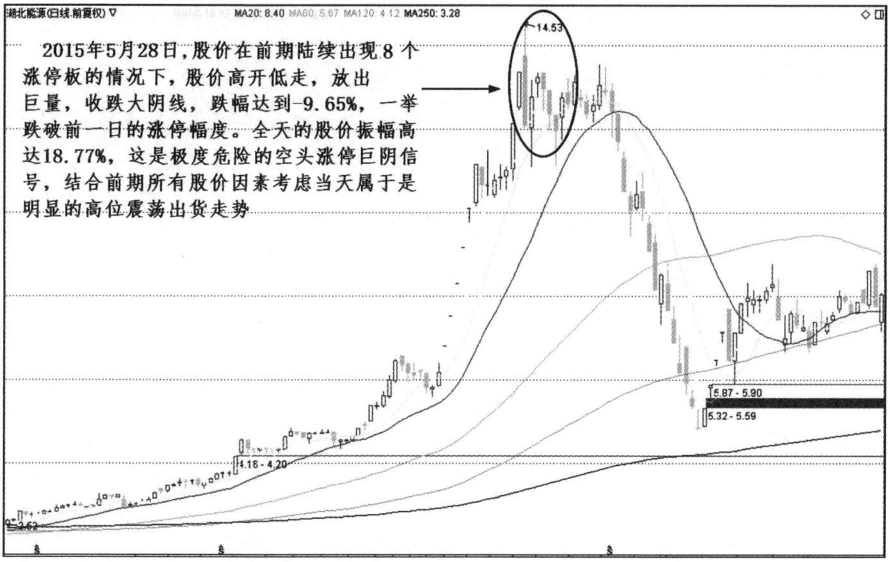

湖北能源(日线,前复权) ▽
MA20: 8.40 MA60: 5.67 MA120: 4.12 MA250: 3.28
14.53
2015年5月28日，股价在前期陆续出现8个涨停板的情况下，股价高开低走，放出巨量，收跌大阴线，跌幅达到-9.65%，一举跌破前一日的涨停幅度。全天的股价振幅高达18.77%，这是极度危险的空头涨停巨阴信号，结合前期所有股价因素考虑当天属于是明显的高位震荡出货走势
5.87 - 5.90
5.32 - 5.59
4.18 - 4.20
3.62

图 7–2 湖北能源高位形成涨停巨阴型

结合前期所有因素，考虑当天属于明显的高位震荡出货走势，参与其中的投资者必须减仓或出局观望。随后主力维持住了高位震荡格局，股价没有马上下跌，而是继续在高位沿着 20 日均线震荡。但高位平台的多根放量阴线，已经说明主力一边维持股价，一边在偷偷出货，最终此股随着大盘下跌而开始下跌。

由于主力已经提前在高位出货，所以后面的下跌干净利索，一个月时间跌去 65%，并且在随后的几年时间股价继续下台阶。

实例 3：陕西黑猫（601015）在 2014 年 11 月 5 日上市，随后股价连续涨停。2014 年 11 月 18 日，股价高位收阴线的同时放出天量，全天换手率高达 56.18%。

2014 年 12 月 1 日和 2 日，股价连续两天涨停，同时创出股价新高。参与其中的投资者分析股价走势可以发现，在股价创出新高时，连续两天的成交量无法超过前期高点时的成交量，这给后面的股价走势留下了隐患。

2014 年 12 月 3 日，股价高开低走收中阴线，再次放出巨量，换手率高达 45.61%，股价跌入前一日的涨停价格之内，这是一个高位涨停巨阴信号，如图 7–3 所示。在连续出现阴线大换手率的情况下，投资者应该清仓出局观望，以防股价进一步调整。

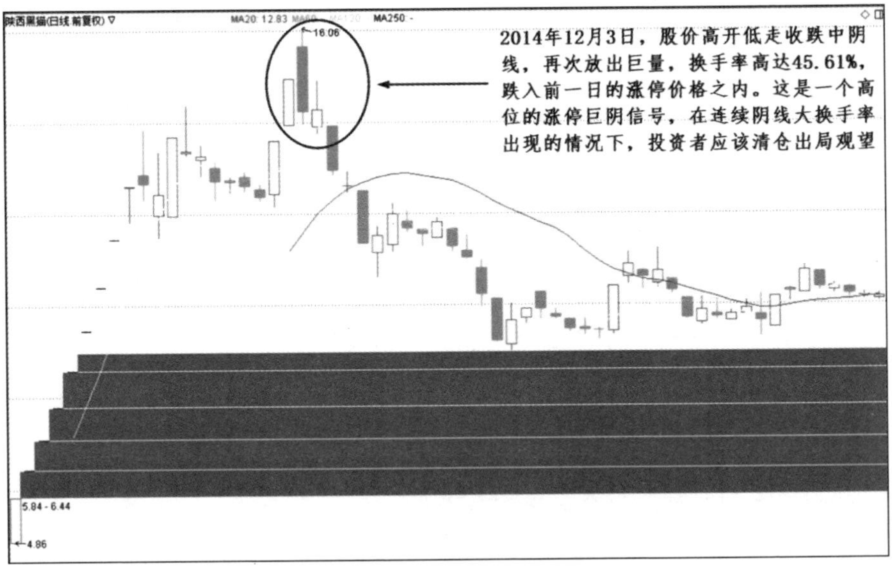
陕西黑猫(日线 前复权) ▽
MA20: 12.83
MA250: -
16.06
2014年12月3日，股价高开低走收跌中阴线，再次放出巨量，换手率高达45.61%，跌入前一日的涨停价格之内。这是一个高位的涨停巨阴信号，在连续阴线大换手率出现的情况下，投资者应该清仓出局观望
5.84 - 6.44
4.86

图 7–3 陕西黑猫高位形成涨停巨阴型

第二节　五影线见顶型

五影线见顶型形态描述如下：

（1）在一个短期平台上上攻受阻。

（2）陆续 5 次出现上下影线。

（3）前期涨幅较大。

这样的 K 线组合仅出现在将要形成的顶部。

实例 4：国星光电（002449）在市场股指已经开始下跌的情况下，于 2015 年 6 月 12 日以涨停板收盘。这种走势说明进驻的大机构完全没有意识到系统性风险已经来临，以为这次调整仅仅是一次正常的回撤。

后面 8 个交易日，主力奋力做盘，股价努力上行，但主力抵抗不住下跌的大趋势和抛盘的压力。盘中空头剧增，盘面每日震荡，从 2015 年 6 月 18 日到 6 月 25 日，K 线连续收出多个上下影线，形成了五影线见顶型，如图 7-4 所示。

对于多次出现影线的位置以及当时的市场环境，投资者必须要有深刻的认识，抓住机会在这几个交易日内从容出局，以避免不必要的损失。投资者不要幻想在大趋势由牛转熊的情况下，此股还会继续拉升，最后几个交易日的上涨，仅是多头垂死挣扎而已。随后多头量能耗尽，股价开始跳水，三个月的时间股价跌去了七成。

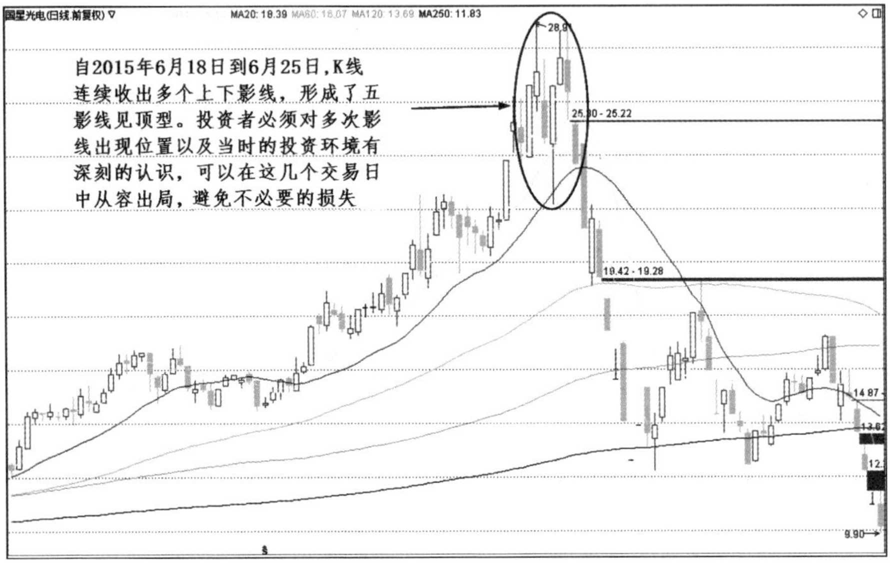
国星光电(日线,前复权)
MA20: 18.39
MA250: 11.83
自2015年6月18日到6月25日，K线连续收出多个上下影线，形成了五影线见顶型。投资者必须对多次影线出现位置以及当时的投资环境有深刻的认识，可以在这几个交易日中从容出局，避免不必要的损失
19.42 - 19.28
9.90

图 7-4 国星光电高位形成五影线见顶型

实例 5：南钢股份（600282）在 2015 年 6 月 2 日，股价高位涨停，再次突破前期高点。第二个交易日放出巨量，K 线收出一根带有上下影线的阳线。按照技术分析理论，涨停后再放出巨量，K 线没有跳空也没有再度涨停的话，那么这个巨量对应的筹码是否属于吃货量，就要对其深入分析。一般来说，高位的巨量如果不是真突破的话，那么就是股价见顶迹象。

2015 年 6 月 4 日，K 线收出一根上吊线。高位出现上吊线，是一个空头信号。随后股价沿着 5 日均线不温不火缓慢上行，同时均线角度开始走平，K 线连续 8 个交易日出现上下影线，这是五影线见顶型的明显特征，如图 7-5 所示。

2015 年 6 月 15 日，股价盘中触及 10 日均线反弹，下午拉出这轮行情的最高点 8.37 元。后一个交易日股价低开低走，收盘跌破 10 日均线。遇到这种走势，投资者应尽快见好就收，清仓出局。

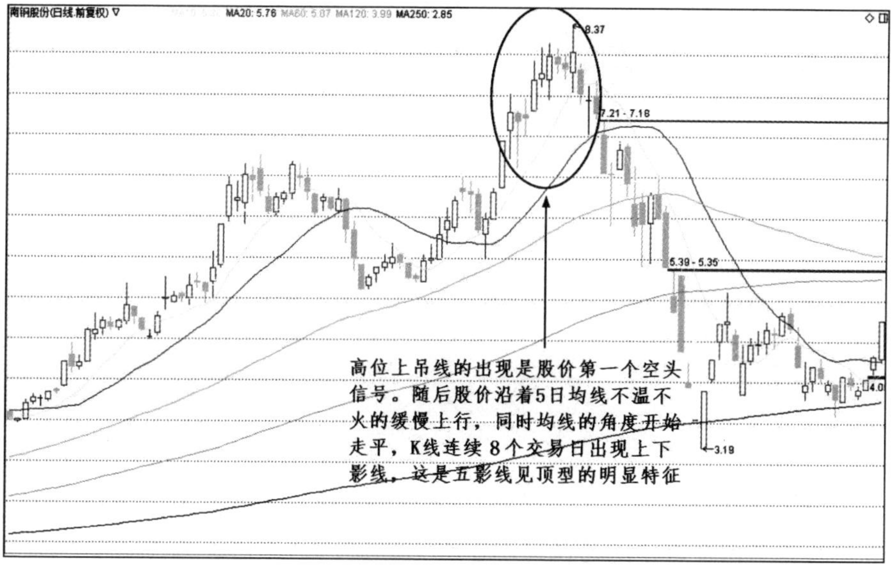
南钢股份(日线,前复权) ▽
MA20: 5.76 MA60: 5.07 MA120: 3.99 MA250: 2.85
8.37
7.21 - 7.18
5.39 - 5.35
4.0
3.19
高位上吊线的出现是股价第一个空头信号。随后股价沿着5日均线不温不火的缓慢上行，同时均线的角度开始走平，K线连续 8 个交易日出现上下影线，这是五影线见顶型的明显特征

图 7–5 南钢股份高位形成五影线见顶型

实例 6：恒源煤电（600971）在 2015 年 6 月 4 日，股价高位收出大阳线并突破前期高点。第二个交易日 K 线收出一根带有上下影线的阴线，同时成交量超过前一个交易日。

随后股价沿着 5 日均线在 12 元的价格附近持续震荡，8 个交易日都收出带有上下影线的 K 线，同时量能逐渐减少。这一系列 K 线组合是五影线见顶型，如图 7–6 所示。

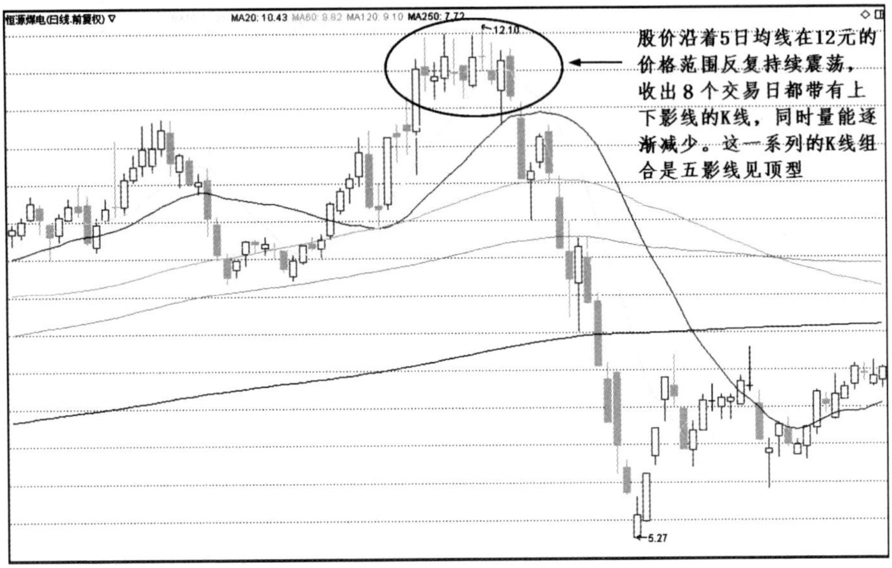
恒源煤电(日线,前复权) ▽
MA20: 10.43 MA60: 9.82 MA120: 9.10 MA250: 7.72
12.10
股价沿着5日均线在12元的价格范围反复持续震荡，收出8个交易日都带有上下影线的K线，同时量能逐渐减少。这一系列的K线组合是五影线见顶型
5.27

图 7-6 恒源煤电高位形成五影线见顶型

6 月 18 日股价以中阴线跌破这个震荡平台，说明短期股价上攻无望，调整来临，投资者应该立刻清仓出局。

第三节 大阳孕阴型

大阳孕阴型形态描述如下：

（1）前一个交易日为大阳线或较大实体阳线。

（2）当日收阴或十字星线。

（3）前期有一段可观的涨幅。

实例7: 二三四五(002195)经过长期下跌后,股价在2017年1月企稳,随后展开了修复性的技术反弹，股价一度走高。2017 年 7 月 27 日以涨停板突入箱体上部，随后两根放量阳线突破前期压力平台。后市股价沿着 5 日均线震荡上行，阳线放量，阴线相对缩量。

从整体来看，走势没有太大问题。但股价经过长期下降，这是第一次突破前期压力平台，所有的筹码套牢盘都在等着解套，K 线在震荡上行后，马上面临 610 日均线的大压力。股价想一蹴而就通过这个超级大压力位置，通常来说，要么前期底部洗盘非常到位，时间充分，要么再度放量加速突破，这时要求基本面一定要有利好配合。如果不符合这样的要求，那么第一次接近或超过 610 日均线，投资者一定要留心是否股价见顶。

此股在第一次大阳线遇到 610 日均线后，股价收在 610 日均线之下，第二个交易日低开，盘中冲击 610 日均线，但依然失败，收小阴线。两根 K 线组成了大阳孕阴型，投资者必须警惕，一旦冲击不过，股价会立刻见顶，如图 7-7 所示。

后市股价继续在 5 日均线震荡，震荡两日后便宣告上攻失败，转而开始下跌，4 个月时间跌去近四成。

实例 8： 浙富控股（002266）在 2015 年 6 月 9 日，股价平开高走收一根大阳线，并创出上涨以来的新高。第二个交易日股价低开平走，盘面表现得比较挣扎，当日收一个带有上下影线的小阴线。

结合 2015 年 6 月 4 日的大阳线，以及随后两天带有下影线的小阴线调整，再到拉出一根大阳线的 K 线组合，这种走势让投资者判断顶部是否到来时具有强烈的迷惑性。

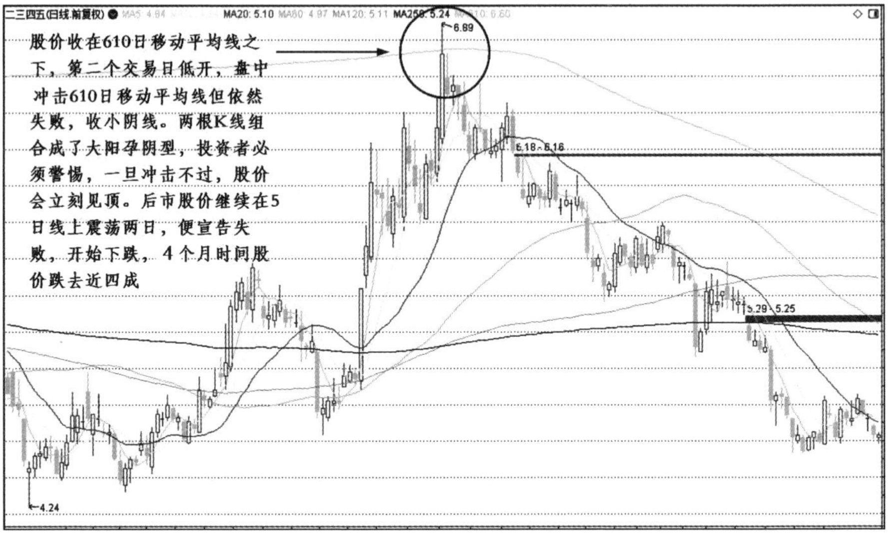
二三四五(日线,前复权)
MA20: 5.10
MA120: 5.11
MA250: 5.24
6.89
股价收在610日移动平均线之下，第二个交易日低开，盘中冲击610日移动平均线但依然失败，收小阴线。两根K线组合成了大阳孕阴型，投资者必须警惕，一旦冲击不过，股价会立刻见顶。后市股价继续在5日线上震荡两日，便宣告失败，开始下跌，4个月时间股价跌去近四成
6.18-6.16
5.29-5.25
4.24

图 7-7 二三四五高位形成大阳孕阴型

实战分析时，关键要注意 6 月 10 日的低开走势，这天的 K 线和前一日的 K 线组成了高位大阳孕阴型形态，如图 7-8 所示。在多头近期占据优势的情况下，6 月 10 日股价本不应该低开低走。

走势反常必有妖。随后两个交易日股价继续收小阴线，勉强维持在 10 日均线之上。6 月 15 日，当股价以光脚中阴线跌破 10 均日线时，投资者应该大幅度减仓或清仓出局观望，待趋势明朗再做打算。

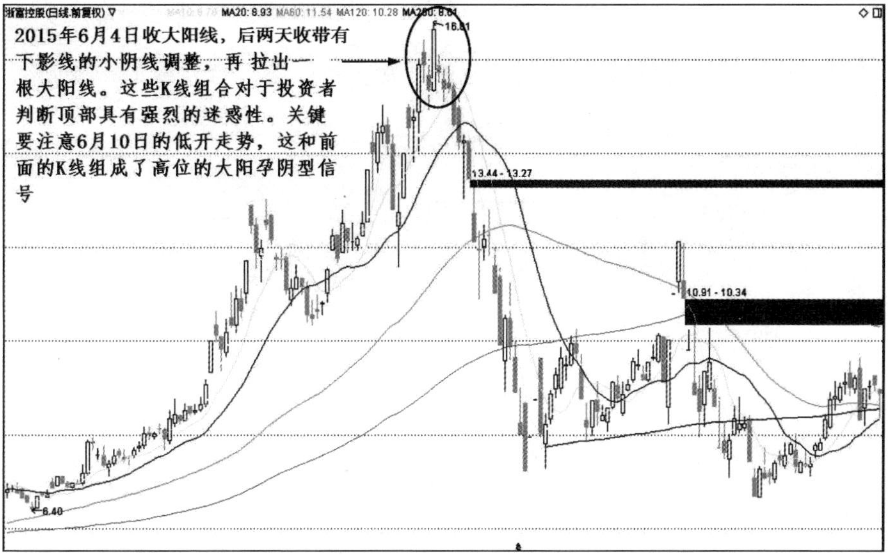
浙富控股(日线,前复权)
MA20: 8.93 MA60: 11.54 MA120: 10.28
2015年6月4日收大阳线，后两天收带有下影线的小阴线调整，再拉出一根大阳线。这些K线组合对于投资者判断顶部具有强烈的迷惑性。关键要注意6月10日的低开走势，这和前面的K线组成了高位的大阳孕阴型信号
16.81
13.44 - 13.27
10.91 - 10.34
6.40

图 7-8　浙富控股高位形成大阳孕阴型

实例 9： 宏昌电子（603002）在 2015 年 5 月 28 日，股价高位出现了一根相对放量的流星线，这是第一个危险的顶部信号。第二个交易日股价触及 10 日均线后反弹，收盘站上 5 日均线。

第三个交易日股价收涨停板，但要注意下午封涨停板时，大单不断在涨停板上抛售，甚至一度打开涨停板。第四个交易日即 6 月 2 日，股价低开，一度跳水，最后收了一根上吊线。上吊线和前面的 K 线组成了大阳孕阴型，这是第二个危险的顶部信号，投资者必须准备随时撤退，如图 7-9 所示。

2015 年 6 月 15 日，股价早盘创出新高，下午开始跳水。14 点 40 分，

已经可以提前判断当日收盘又会出现一根高位流星线。结合前面多次出现的顶部信号，这时投资者应在盘中开始抛售股票，空仓躲避风险。

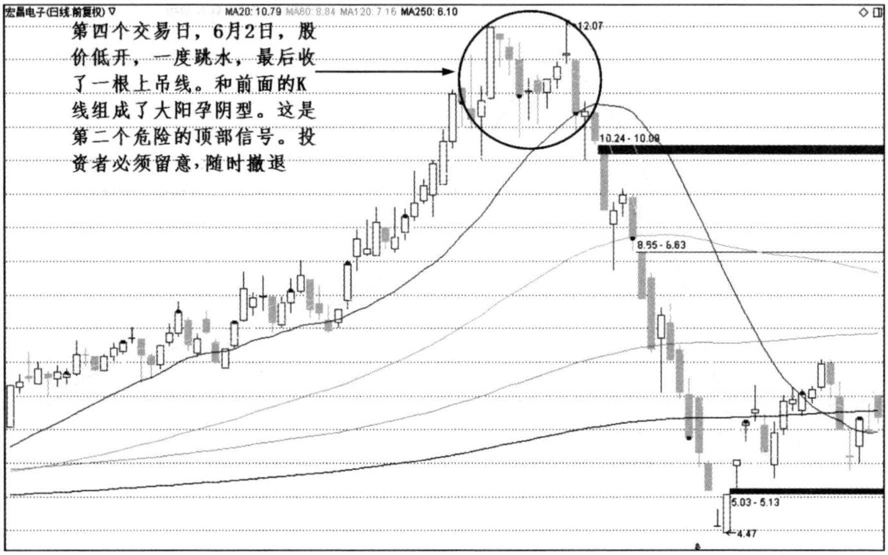
宏昌电子(日线 前复权) ▽ MA20: 10.79 MA60: 8.84 MA120: 7.16 MA250: 6.10
第四个交易日，6月2日，股价低开，一度跳水，最后收了一根上吊线。和前面的K线组成了大阳孕阴型。这是第二个危险的顶部信号。投资者必须留意，随时撤退
12.07
10.24 - 10.09
8.55 - 8.63
5.03 - 5.13
4.47

图 7-9 宏昌电子高位形成大阳孕阴型

第四节　顶部三鸦型

顶部三鸦型形态描述如下：

（1）连续三个交易日收阴。

（2）第一个交易日出现最高价。

（3）前期有一段可观的涨幅。

实例 10：汉得信息（300170）的股价从 2014 年 12 月底开始启动，2015 年 3 月底股价翻两倍，走完第一波上涨行情，然后开始高位宽幅调整走势。

调整近两个月，股价接近徐徐而上的 60 日均线。当时市场权重股在调整中上行，随后中小板开始接棒上涨，场外资金持续流入。此股在 2015 年 5 月 6 日开始启动第二波上涨行情，也就是经典的“N”字形第二波上涨。股价从 21 元起步，到 2015 年 6 月 3 日实现翻倍。

2015 年 6 月 4 日股价创出新高，但随后冲高回落。之后连续两个交易日收阴，形成了顶部三鸦型，如图 7–10 所示。投资者判断出顶部信号出现后，应果断离场。

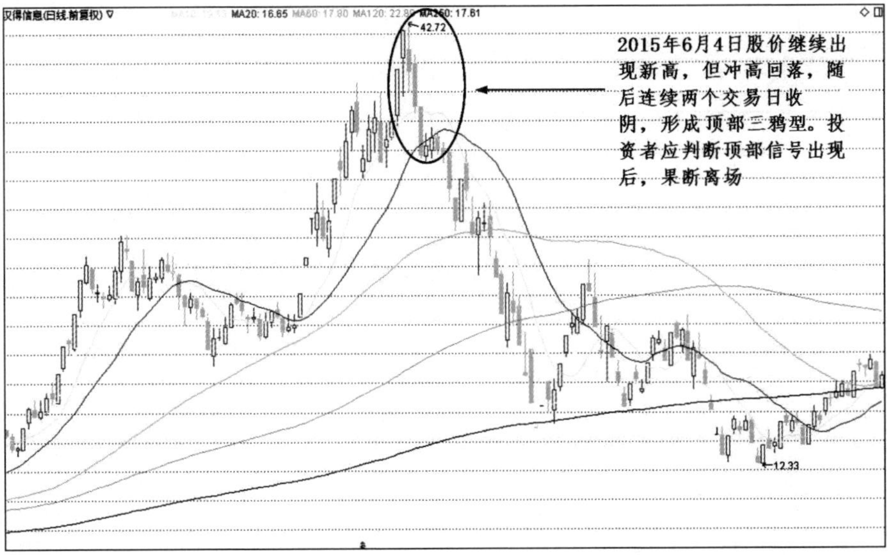
汉得信息(日线,前复权) ▽
MA20: 16.65
MA60: 17.80
MA250: 17.61
42.72
2015年6月4日股价继续出现新高，但冲高回落，随后连续两个交易日收阴，形成顶部三鸦型。投资者应判断顶部信号出现后，果断离场
12.33

图 7–10 汉得信息高位形成顶部三鸦型

实例 11：东软载波（300183）的股价从 13 元上涨至 2015 年 6 月的 50 元过程中，高位出现了两次顶部三鸦型。2015 年 4 月 9 日，股价涨停后第二个交易日冲高回落收阴，随后收出两连阴，出现顶部三鸦型，股价从最高点下来到调整完毕，回撤幅度为 27%。

2015 年 6 月 2 日，股价跳空高开，收一根大阳线。第二个交易日冲高回落，但没有回补前一日的跳空缺口。第三个交易日股价低开低走，在高位回补了此缺口。按照跳空缺口理论，当高位跳空缺口被回补时，当天或第二个交易日都强烈建议减仓，以防多头趋势逆转。下一个交易日继续收阴线，再度形成顶部三鸦型，同样建议投资者清仓出局，规避调整，如图 7-11 所示。

这次出现顶部三鸦型信号后，股价在一个月的时间里跌至 18.52 元，跌幅达 64%，令人非常震惊。

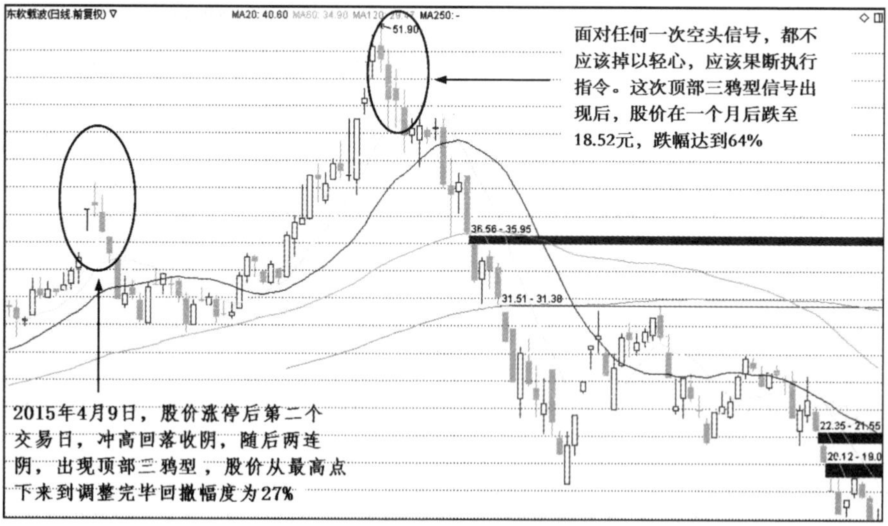
东软载波(日线,前复权) ▽
MA20: 40.60 MA60: 34.90 MA250: -
51.90
面对任何一次空头信号，都不应该掉以轻心，应该果断执行指令。这次顶部三鸦型信号出现后，股价在一个月后跌至18.52元，跌幅达到64%
36.56 - 35.95
31.51 - 31.38
22.35 - 21.55
2015年4月9日，股价涨停后第二个交易日，冲高回落收阴，随后两连阴，出现顶部三鸦型，股价从最高点下来到调整完毕回撤幅度为27%

图 7-11　东软载波高位形成顶部三鸦型

面对任何一次空头信号，哪怕再看好此股，都不应该掉以轻心，要果断执行减仓或清仓指令。

实例 12：聚龙股份（300202）的股价在 2015 年 6 月中上旬从高点跌去七成。2015 年 9 月中旬，股价企稳后开始一波修复性行情。2015 年 11 月底，股价持续反弹突破年线和半年线，出现了第一次顶部三鸦型，随后股价进行了回调。

股价跌破 20 日均线后，多头进行反扑，再次冲击年线和半年线。2015 年 12 月 21 日，股价创出新高后回落，收出两连阴，再次出现顶部三鸦型，如图 7–12 所示。随后股价应声回落，再度大跌 50%。

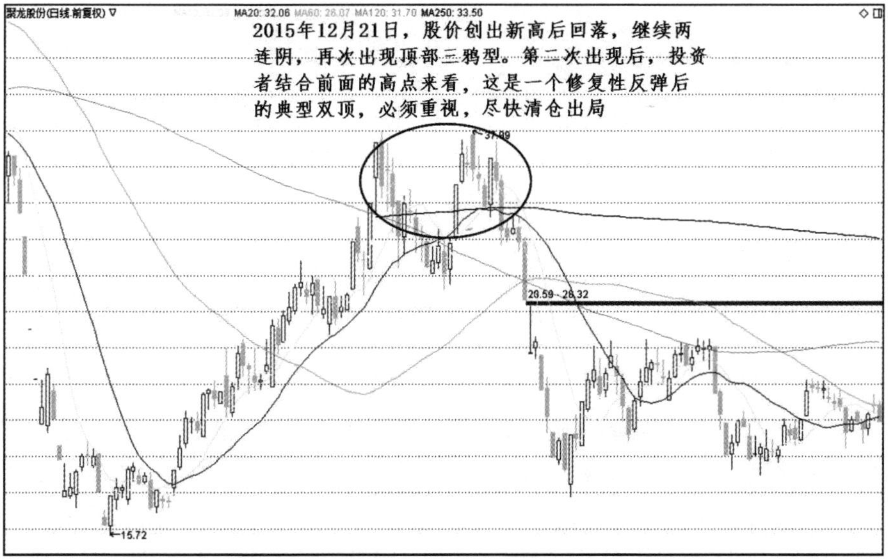
聚龙股份(日线,前复权)
MA20: 32.06 MA60: 26.07 MA120: 31.70 MA250: 33.50
2015年12月21日，股价创出新高后回落，继续两连阴，再次出现顶部三鸦型。第二次出现后，投资者结合前面的高点来看，这是一个修复性反弹后的典型双顶，必须重视，尽快清仓出局
37.09
28.59~28.32
15.72

图 7–12 聚龙股份高位形成顶部三鸦型

第二次出现顶部三鸦型后，结合前面的高点来看，这是一个修复性反弹后的典型双顶，投资者必须重视，尽快清仓出局。

第五节　低开杀跌型

低开杀跌型形态描述如下：

（1）横盘多时冲高无果，短期低开杀跌。

（2）股价低开后，快速跌破高位箱体的平均价格。

（3）快速下杀破位，至下一个低位平台。

实例 13：联明股份（603006）的股价在 2017 年 2 月 8 日突破历史新高，随后以 33 元为核心，在高位箱体震荡运行。在高位箱体运行中，股价并没有快速脱离历史高点位置，每次试图突破 37 元时，总会有大量抛盘将股价打压至 60 日均线下方。

多次冲高无果的情况下，股价于 2017 年 5 月 24 日低开低走，早盘 9 点 55 分直接封死跌停板 30.71 元，以一根光头光脚大阴线彻底跌破 60 日均线和半年线，同时也彻底跌破了高位整理箱体，如图 7–13 所示。这是 K 线在高位出现的低开杀跌型，投资者见到这种走势应尽快出局，不再缠斗。后市股价踏上漫漫熊途，短时间内暴跌 70%。

实例 14：合锻智能（603011）从 2016 年 12 月上旬到 2018 年 1 月下旬，股价在 10 ~ 12 元的箱体中反复整理。2018 年 1 月 12 日，年线和半年线走平，随后托着 K 线缓慢上行。2018 年 1 月 30 日，股价冲击箱体顶部。

在这里，投资者需要注意一个公司信息，这就是公司非公开发行的限售股将上市流通，总计 355 万股。虽然流通量不大，但在熊市市场，尤其在箱体整理多空平衡的情况下，这个小利空将会成为多空对决分出胜负的关键筹码，显而易见空方将会胜利。此时股价拉高就是出货的最佳时机，越接近限售股上市流通的时间窗口，越容易变盘。

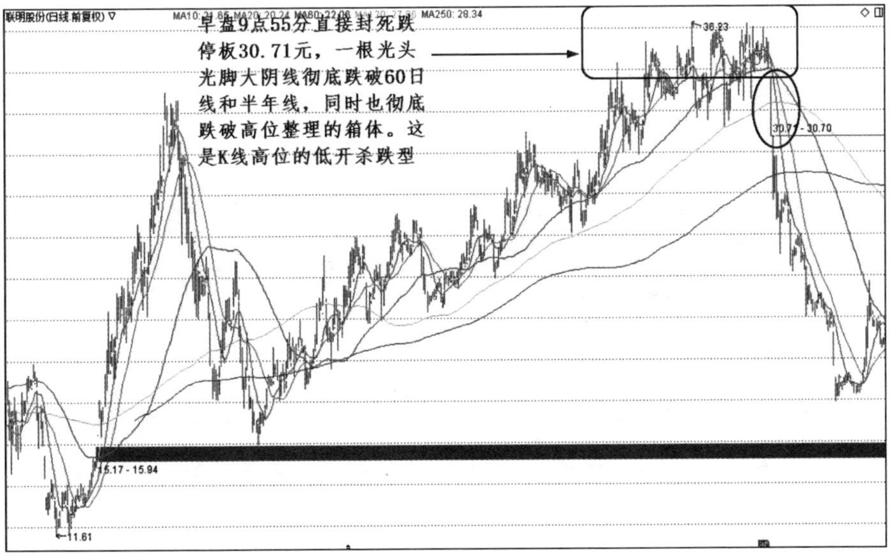
联明股份(日线,前复权)
MA250: 28.34
早盘9点55分直接封死跌停板30.71元，一根光头光脚大阴线彻底跌破60日线和半年线，同时也彻底跌破高位整理的箱体。这是K线高位的低开杀跌型
36.23
30.71 - 30.70
15.17 - 15.94
11.61

图 7-13　联明股份高位形成低开杀跌型

2018 年 1 月 31 日，空方提前打破平衡，股价低开收阴线。第二个交易日，股价收大阴线跌破箱体底部，两个日 K 线在这个关键位置形成了低开杀跌型，随后的三周时间内股价跌幅达 40%，如图 7-14 所示。

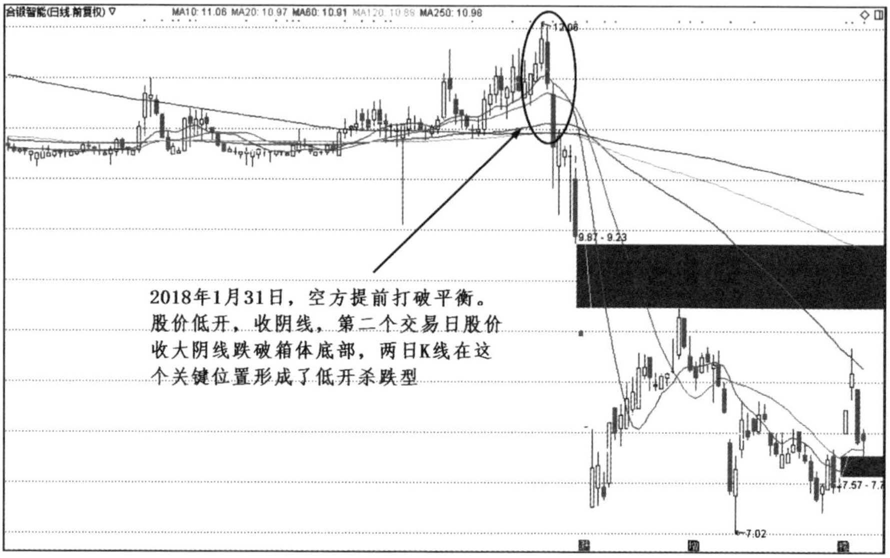
合锻智能(日线 前复权)
MA10: 11.06 MA20: 10.97 MA60: 10.91 MA120: 10.89 MA250: 10.98
12.06
9.87 - 9.23
2018年1月31日，空方提前打破平衡。股价低开，收阴线，第二个交易日股价收大阴线跌破箱体底部，两日K线在这个关键位置形成了低开杀跌型
7.57 - 7.7
7.02

图 7–14 合锻智能高位形成低开杀跌型

实例 15: 宁波精达(603088)从2017年8月中旬到2018年1月下旬，股价一直在40～45元的箱体内震荡。投资者应注意，股价在箱体震荡时，K线逐渐扁平化，盘面交易非常清淡，几乎每日收盘K线都有下影线，这是资金进驻迹象。

看到长期出现这样的K线，投资者就要寻找原因。该股的上市公司在这个时间段有重大资产重组计划，有一部分先知先觉的资金提前介入，因此形成了较为少见的独特K线走势。事态的发展是动态的，但重组是好事，至少是一个乌鸦变凤凰的机会。

大资金非常重视重组能否成功。重组成功了，才能在复牌时拉出涨停板，市场上其他资金才会蜂拥而上，先知先觉进入的资金才能获利出局。重组失败了，则提前押注重组的资金只能以亏损出局。

宁波精达 2018 年 2 月 2 日晚间发布公告，宣布正在筹划重大事项，该事项构成重大资产重组，为避免造成公司股价异常波动，公司从 2 月 5 日起预计停牌不超过一个月。

大家再来看看重组之前几个交易日的股价波动情况。2018 年 1 月 30 日，股价平开低走，开盘后直接跳水，早盘 9 点 45 分大单封死跌停板，最低价格完全跌破了箱体整理的底部价格。后来多头奋力反扑，下午收盘之前拉回到开盘价以上，全天振幅为 10.72%。当天收盘后，投资者要特别注意以下几个信息：

（1）最低价格首次跌破了一直以来的箱体整理底部价格。

（2）临近重组停牌，如果重组比较确定，绝大多数重组股之前股价都有小幅上涨。

第二个交易日，股价没有拉回半年线，而是低开低走，收盘价跌破了箱体整理的价格，形成了低开杀跌型。在 K 线的研判上，长期箱体整理后出现了低开杀跌型，绝大多数情况下投资者应该先出局观望，因为后面的跌势可能很凶猛。

停牌重组前的 K 线走势已经预示停牌重组不一定能通过监管部门的批准，被否决的概率很大，因此投资者必须对后期走势做出清醒的判断。

2018 年 2 月 1 日，股价开盘不久即跌停，随后开始停牌。一个月后复盘，果然重组失败，之后股价连续跌停。在两个半月时间内，股价从箱体高位下跌到最低点，幅度高达 48%，如图 7–15 所示。

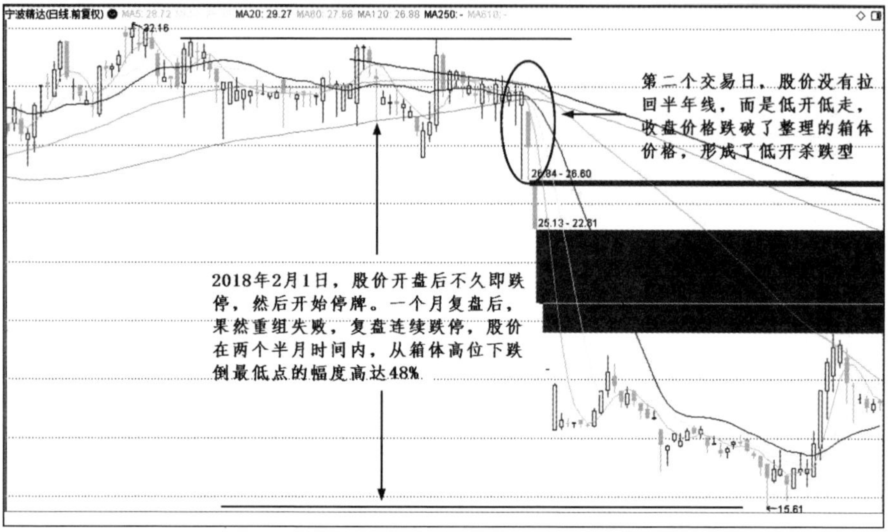
宁波精达(日线 前复权)
MA20: 29.27
MA250: -
第二个交易日，股价没有拉回半年线，而是低开低走，收盘价格跌破了整理的箱体价格，形成了低开杀跌型
26.84 - 26.60
25.13 - 22.81
2018年2月1日，股价开盘后不久即跌停，然后开始停牌。一个月复盘后，果然重组失败，复盘连续跌停，股价在两个半月时间内，从箱体高位下跌倒最低点的幅度高达48%
15.61

图 7-15 宁波精达高位形成低开杀跌型

第六节 涨停诱多型

涨停诱多型形态描述如下：

（1）出现最高价之前，总出现涨停。

（2）涨停后盘面走势比较纠结。

（3）涨停后的交易日振幅较大，往往以上下影线为主。

实例 16： 华侨城 A（000069）在 2007 年 11 月 8 日，股价放量涨停，超过前期高点，并且单日放出了巨量。在之前的大牛市中，股价从最低点算起已经上涨了 10 倍之多，此时投资者应该警惕巨大的获利盘随时可能会套现离场。

涨停后股价低开，价格重新回落到前期整理平台，并且连续在高位出现了大阳孕阴型和顶部三鸦型 K 线组合，如图 7-16 所示。

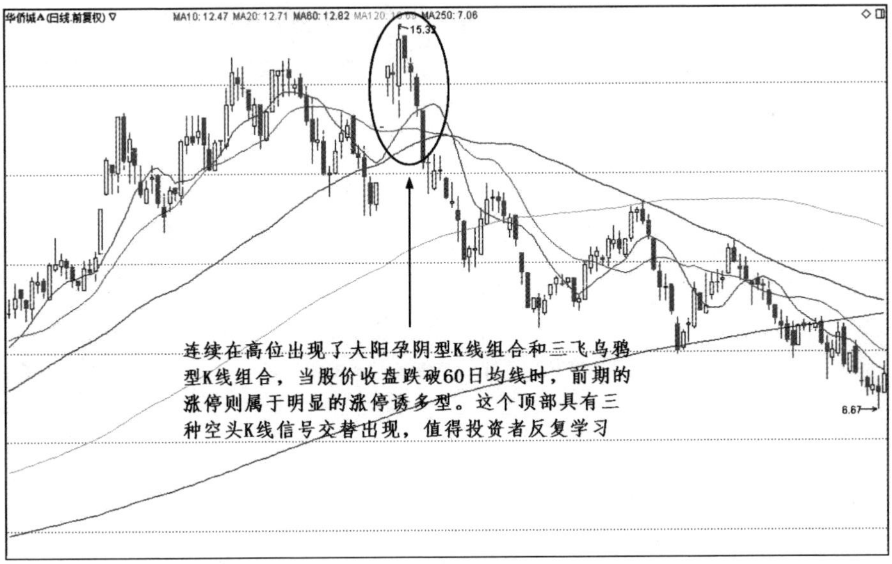
华侨城A(日线 前复权)
MA10: 12.47 MA20: 12.71 MA60: 12.82
MA250: 7.06
15.32
6.67
连续在高位出现了大阳孕阴型K线组合和三飞乌鸦型K线组合，当股价收盘跌破60日均线时，前期的涨停则属于明显的涨停诱多型。这个顶部具有三种空头K线信号交替出现，值得投资者反复学习

图 7-16 华侨城 A 高位形成涨停诱多型

当股价收盘跌破 60 日均线时，前期的涨停明显可以看出属于涨停诱多型。这个顶部有三种空头 K 线信号交替出现，值得投资者反复学习。

实例 17：海王生物（000078）在 2015 年 6 月 1 日，股价高位涨停。接下来的两个交易日，K 线收高位上吊线，这是非常不好的空头单 K 线信号，投资者应怀疑此股是否在高位进行涨停诱多，可以考虑提前出局，不需要等确认信号完全出现。

2015 年 6 月 6 日，股价跳空低开，一步跌破前期涨停位置的启动价格，此时可以判断前期走势就是明显的涨停诱多，随后投资者应该果断清仓，如图 7–17 所示。

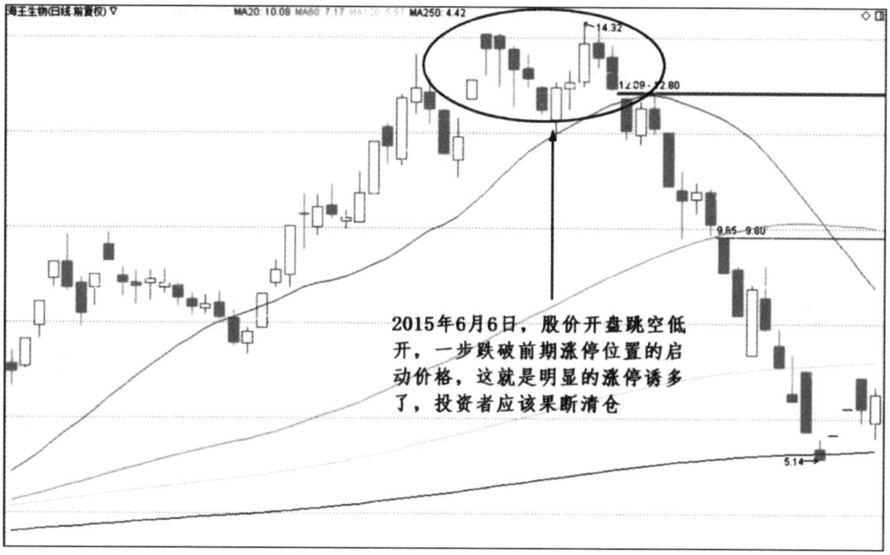
海王生物(日线 前复权) ▽
MA20: 10.08 MA60: 7.17 MA250: 4.42
14.32
12.09
9.85 - 9.80
5.14
2015年6月6日，股价开盘跳空低开，一步跌破前期涨停位置的启动价格，这就是明显的涨停诱多了，投资者应该果断清仓

图 7–17 海王生物高位形成涨停诱多型

实例 18： 绿景控股（000502）于 2015 年 9 月 2 日复牌，随后股价一直沿着 20 日均线上涨。2015 年 11 月 27 日，在股价翻倍的前提下，该股出现了一根流星线，此时投资者应该警惕。

调整三个交易日后，股价重新站上 5 日均线，反弹时形成三连阳。三连阳最后一个交易日以涨停收盘，该涨停属于高位涨停。细心的投资者从盘面可以看到，涨停板是在下午 2 点 30 分左右形成的。考虑到 K

线形成三连阳，做多动能释放完毕，一旦后期股价跌破涨停板启动价格，就会形成涨停诱多型 K 线组合，此时势必要清仓出局。

2015 年 12 月 11 日，股价在涨停后缓慢下跌，跌近涨停时的启动位置。2015 年 12 月 18 日，股价跌破 10 日均线，再次跌近前期涨停启动位置，这是一个非常危险的信号。第二个交易日，股价低开彻底跌破涨停板启动位置，可以知道前期的涨停板属于顶部涨停诱多型，投资者应立刻出局，减少损失，如图 7–18 所示。

绿景控股(日线 前复权)
MA20: 22.82 MA60: 28.48 MA120: 23.82 MA250: 18.50
39.98
13.10
2015年12月11日，股价在涨停后缓慢下跌，跌近涨停时的启动位置。2015年12月18日，股价跌破了10日线，再次跌近前期涨停启动位置。这是一个非常危险的信号。第二个交易日，股价低开彻底跌破涨停板的启动位置，可以知道前期的涨停板是属于顶部的涨停诱多型

图 7–18　绿景控股高位形成涨停诱多型

第七节 阴针见顶型

阴针见顶型形态描述如下：

（1）出现最高价格时，收盘带上影线。

（2）上影线长度是实体的 1.5 倍及以上。

（3）前期涨幅基本超过 50% 或更多，最好翻倍。

（4）前一根 K 线为大阳线或涨停阳线，存在脱离平台的诱惑。

实例 19：华胜天成（600410）在 2010 年 11 月 4 日，股价回踩 10 日均线后收一根大阳线。2010 年 11 月 5 日，股价高开低走收带长上影线的小阴线，上影线长度是阴线实体长度的 4 倍以上，前期两个月的涨幅翻倍。

2010 年 11 月 11 日，该股在高位再度收出单根带长上影线的小阴线，如图 7–19 所示。高位两次出现阴针见顶型，投资者应该见好就收，以防调整来临。

实例 20：广州浪奇（000523）处于下降通道时，股价在 2017 年 4 月 11 日跌至前期箱体整理底部获得强力支撑，多头组织反扑，收一根大阳线。

第二个交易日股价高开，盘中冲击箱体顶部，但受到半年线的超强压力，空头逞强，当日收一根假阴线。假阴线收盘价低于当日开盘价，但是高于前日收盘价，上影线长度是阴线实体长度的 3 倍以上，同时放出巨量。后续股价继续低开，形成阴针见顶型 K 线，如图 7–20 所示，此时投资者不应恋战，要立即出局避险。

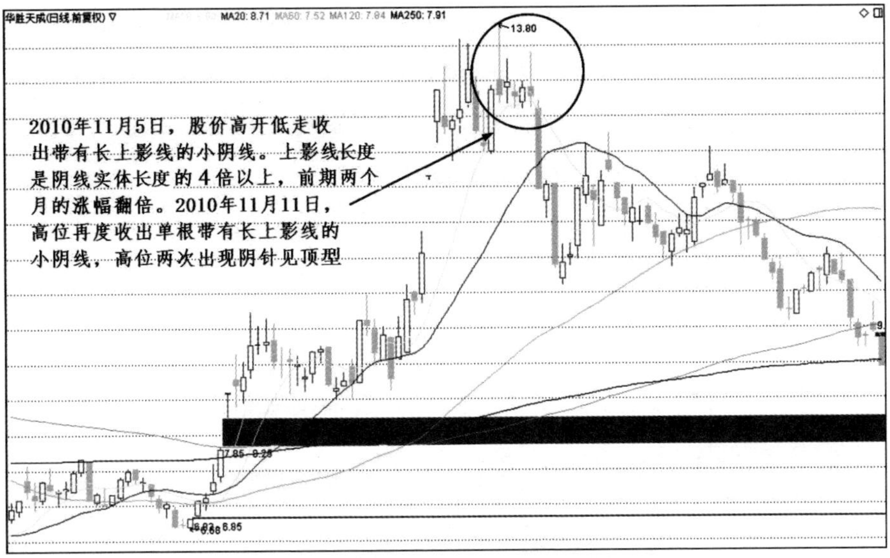
华胜天成(日线,前复权)
MA20: 8.71 MA60: 7.52 MA120: 7.84 MA250: 7.91
13.80
2010年11月5日，股价高开低走收出带有长上影线的小阴线。上影线长度是阴线实体长度的4倍以上，前期两个月的涨幅翻倍。2010年11月11日，高位再度收出单根带有长上影线的小阴线，高位两次出现阴针见顶型
7.85 - 8.28
6.83 - 6.85
6.68

图 7-19 华胜天成高位形成阴针见顶型

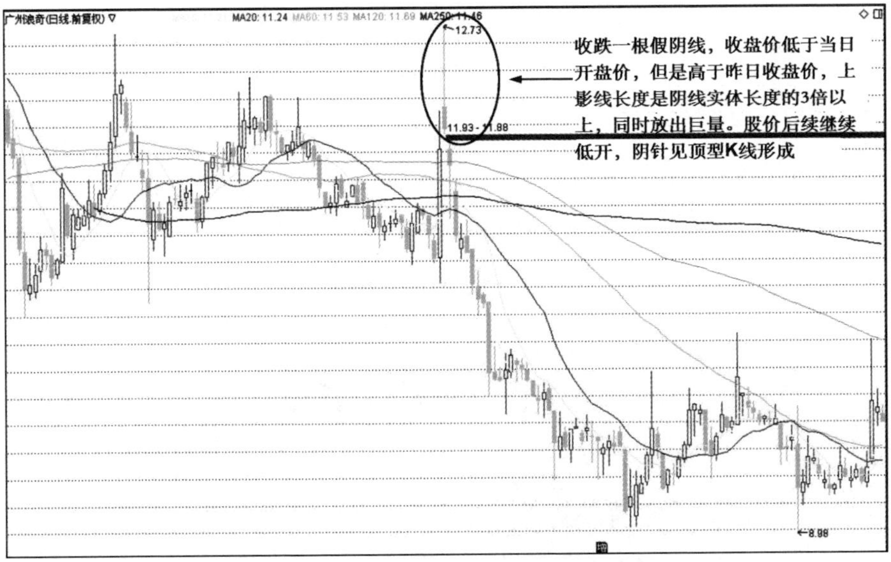
广州浪奇(日线,前复权)
MA20: 11.24 MA60: 11.53 MA120: 11.69 MA250: 11.46
12.73
11.93 - 11.88
收跌一根假阴线，收盘价低于当日开盘价，但是高于昨日收盘价，上影线长度是阴线实体长度的3倍以上，同时放出巨量。股价后续继续低开，阴针见顶型K线形成
8.98

图 7-20 广州浪奇高位形成阴针见顶型

实例 21：穗恒运 A（000531）的股价在 2017 年 1 月 9 日涨停，冲击前期 2016 年 6 月中旬的高位价格区域。第二个交易日股价冲高回落，同时放出巨量，收一根假阴线。第三个交易日低开，虽然勉强收红，但是缩量加盘面走势已经说明主力无心真突破，K 线也形成了阴针见顶型，此时投资者应该毫不犹豫地清仓出局，如图 7-21 所示。

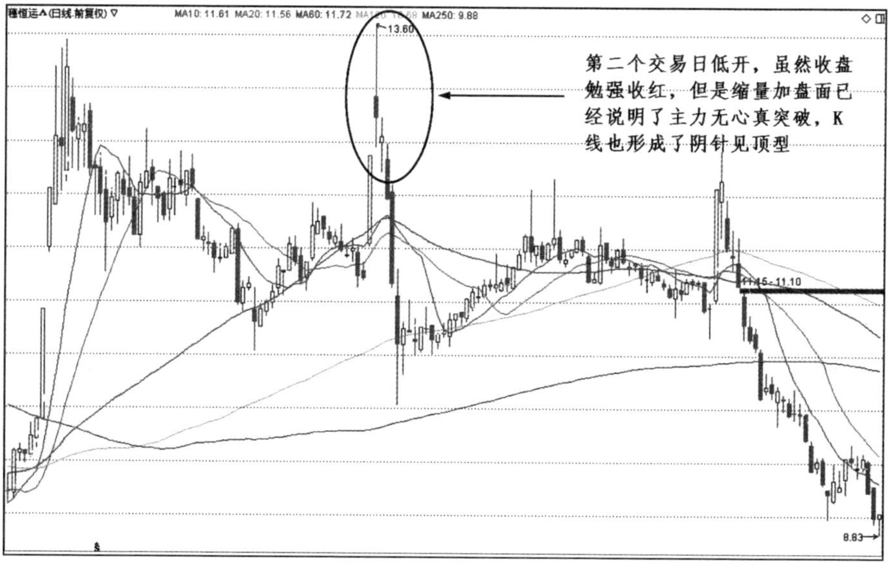
穗恒运A(日线,前复权) ▽
MA10: 11.61 MA20: 11.56 MA60: 11.72 MA250: 9.88
13.60
第二个交易日低开，虽然收盘勉强收红，但是缩量加盘面已经说明了主力无心真突破，K线也形成了阴针见顶型
11.15-11.10
8.83

图 7-21 穗恒运 A 高位形成阴针见顶型

第八节 跌停出货型

跌停出货型形态描述如下：

（1）正式的跌停出货前期往往有个较高的价格平台。

（2）跌停板是受到外界较大利空导致，主力也迫不得已。

（3）一旦出现巨量大单高位跌停，能斩仓则斩仓。

实例22： ST尤夫（002427，现为“*ST尤夫”）的股价从2017年3月到2017年12月8日都在高位做箱体整理。2017年12月12日股价开始加速上涨，冲击2015年6月9日创出的历史高点。

此时投资者要注意一个基本面信息。2017年12月18日，尤夫股份发布公告：2017年12月15日到18日，公司中高层人员通过集中竞价增持公司股份141.34万股，看好公司未来发展。但是二级市场上的走势，是股价冲击高点无果，于2018年1月9日开始下跌。1月17日更是开盘不久后就以巨量大单封死了跌停板。下午有资金多次撬开跌停板，但是收盘依然跌停，如图7-22所示。在没有出现系统性风险，并且管理层刚刚宣布增持时，走出高位跌停板是非常罕见的。

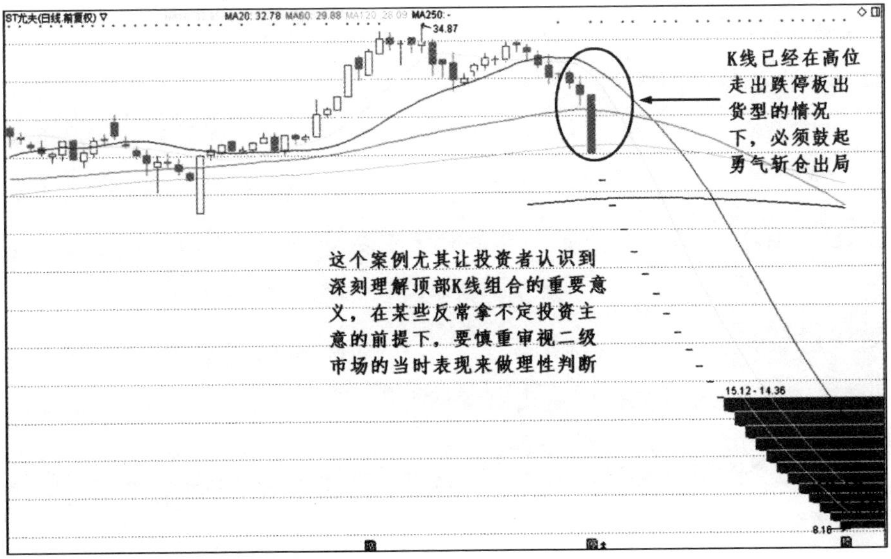
ST尤夫(日线,前复权) ▽
MA20: 32.78 MA60: 29.88 MA120: 26.09 MA250: -
34.87
K线已经在高位走出跌停板出货型的情况下，必须鼓起勇气斩仓出局
这个案例尤其让投资者认识到深刻理解顶部K线组合的重要意义，在某些反常拿不定投资主意的前提下，要慎重审视二级市场的当时表现来做理性判断
15.12 - 14.36
8.16

图7-22 ST尤夫高位形成跌停出货型

当天中午休市的时候，持有其股票的投资者需要认真思考，如果下午打开跌停板，是出局还是继续持有？早盘巨单封死跌停的情况下，如果下午打开跌停板，那么应该是大机构在中午致电询问了上市公司后做出的自救行为。不管最终结果是什么，散户投资者眼见为实。K线已经在高位走出跌停板出货型的情况下，散户投资者必须鼓起勇气，斩仓出局。

2018 年 1 月 17 日晚上，该上市公司发布了两个公告：

一、因存在重大事项待核实，为保证信息披露的公平性，维护投资者利益，避免造成公司股价异常波动，根据《深圳证券交易所股票上市规则》的有关规定，经向深圳证券交易所申请，公司股票（股票简称：尤夫股份，股票代码：002427）自 2018 年 1 月 18 日（星期四）开市起停牌，待公司通过指定信息媒体披露相关公告后复牌。停牌期间，公司将根据上述事项的进展情况，严格按照有关法律法规的规定和要求，及时履行信息披露义务。

二、2018 年 1 月 17 日，浙江尤夫高新纤维股份有限公司（以下简称“公司”）收到公司实际控制人颜静刚先生的通知，颜静刚先生于 2018 年 1 月 17 日收到中国证券监督管理委员会（以下简称“中国证监会”）《调查通知书》（编号：稽查总队调查通字 [80289] 号），因涉嫌违反证券法律法规，根据《中华人民共和国证券法》的有关规定，中国证监会决定对颜静刚先生立案调查。

第二个超级利空公告出来，投资者不难理解当日的走势为何是高位跌停板。技术分析三大假设之一：市场走势可以提前反映出基本面的变化。在这个案例里，这句话得到了完美的诠释。

2018 年 2 月 6 日，尤夫股份晚间公告，因民间借贷纠纷，相关诉讼申请人向法院提出财产保全申请，申请冻结公司部分银行账户。本次冻结事项将对公司的资金周转产生一定的影响。公司股票自 2 月 8 日开市起被实施其他风险警示，公司股票简称由“尤夫股份”变更为“ST 尤夫”。

2018 年 3 月 23 日，ST 尤夫复牌，开盘跌停。后期继续跌停，从 30 多元一直跌破 8 元，这个案例让投资者认识到深刻理解顶部 K 线组合的重要意义。在某些反常走势中，如果投资者拿不定主意是进是退，就要慎重审视二级市场的走势表现，以便做出理性判断。

实例 23： 万家乐（000533，现为“顺钠股份”）的股价从 2017 年 2 月到 2018 年 1 月 29 日都在高位做箱体整理。2017 年 1 月 30 日停牌。2017 年 4 月 2 日复牌，以跌停开盘，下午 1 点 58 分，买单涌入，当日收红盘。

此时投资者要注意一个基本面信息。此股是重组失败后复牌的，所以 4 月 2 日打开跌停板的时候，是一个绝佳的逃命机会，而不是买入机会。

第二个交易日股价低开后一路走低，下午 2 点 42 分大单封死跌停板，这是一个明显的跌停出货型。复盘后两个交易日，尤其是第一个交易日，认真读懂复牌信息的投资者，就能抓住这个逃命的机会。重组失败后复牌，股价冲高就是出局的最佳时机，如图 7–23 所示。

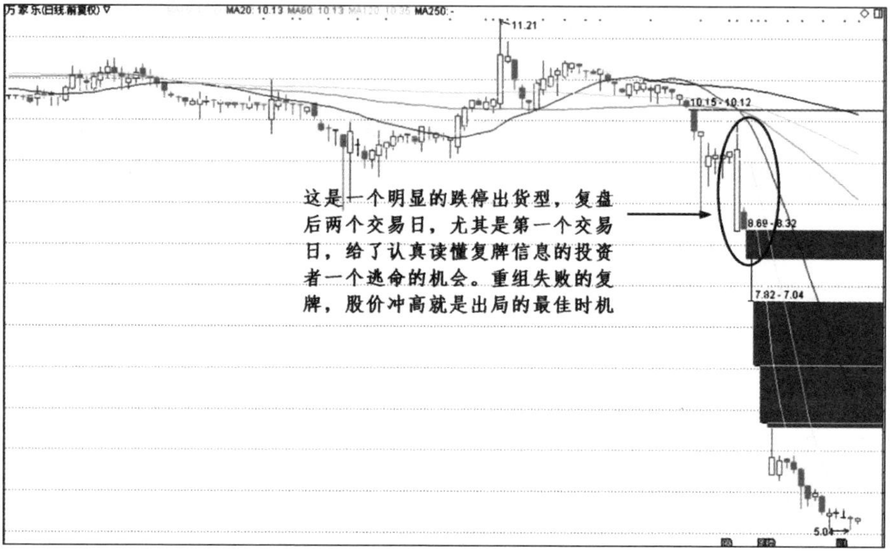
11.21
10.15 - 10.12
这是一个明显的跌停出货型，复盘后两个交易日，尤其是第一个交易日，给了认真读懂复牌信息的投资者一个逃命的机会。重组失败的复牌，股价冲高就是出局的最佳时机
8.69 - 8.32
7.82 - 7.04
5.04

图 7-23 万家乐高位形成跌停出货型

实例 24：蓝光发展（600466）的股价从 2015 年 11 月到 2015 年 12 月都在高位做箱体整理。2016 年 1 月 4 日股价跳空低开，下午 1 点半大单封死跌停板。当日股价跌停的同时还跌破了 60 日均线。

投资者要注意，2015 年 11 月 27 日股价在高位尾盘触及跌停板收盘，随后一个月的时间里，股价一直没有反弹至此日的最高价格。2016 年 1 月 4 日跳空向下的跌停板更使得股价在高位完全破位，面对这种走势，投资者再不乐意，也必须及时止损。随后股价在两个月内遭到腰斩，如图 7-24 所示。

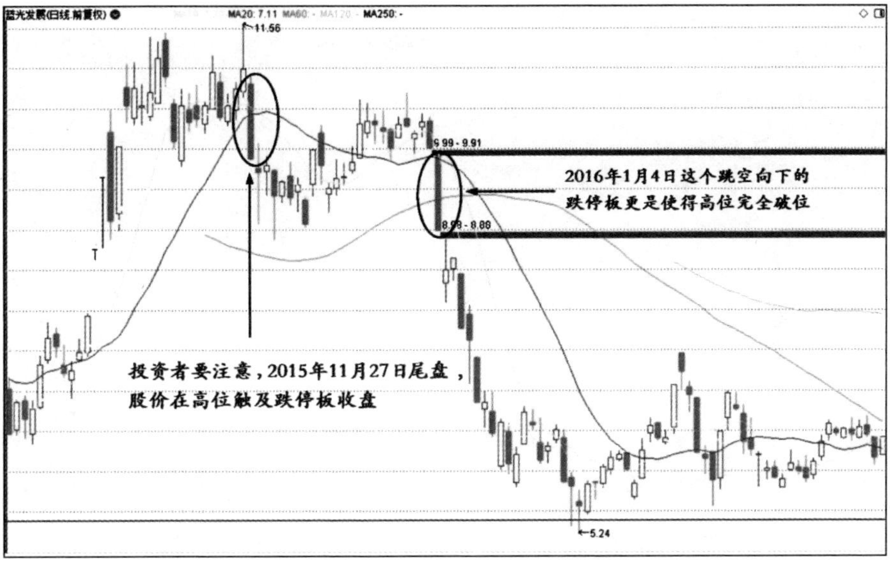
蓝光发展(日线,前复权)
MA20: 7.11 MA60: - MA120: - MA250: -
11.56
9.99 - 9.91
8.99 - 8.88
5.24
2016年1月4日这个跳空向下的
跌停板更是使得高位完全破位
投资者要注意，2015年11月27日尾盘，
股价在高位触及跌停板收盘

图 7-24 蓝光发展高位形成跌停出货型

第八章

K 线形态和量能实战分析

第一节　成交量

古代兵法中有一句话：兵马未动，粮草先行。意思是说，在行军打仗的时候，粮草的筹备及运输工作要先于兵马的调动，这就说明了粮草在战争中的重要地位。股票交易中，成交量正是股市多空对决中的粮草。在交易实战中，成交量是股票交易市场的基石，代表了市场的资金规模和流通性。

成交量是指单位时间内股票交易市场或个股买卖的交易总量。每一笔买单或卖单均对应一笔卖单或买单，成交表明买卖双方均认同此价格，认为此价格合理方能达成交易，达成交易才能有成交量。

成交量的大小，直接表明了市场上多空双方对市场某一价格或点位的认同程度，可用以衡量股票市场或个股的活跃程度，并由此观察了解买卖双方进入或退出市场的状况。

投资者买卖股票，主要取决于股价的高低和市场人气活跃度。人气越旺盛，则进出越自由。同时，资金越充沛，盈利的可能性就越大，亏损的风险就越小。作为反映市场供需情况的指标，成交量大小代表了股票市场投资交易股票欲望的强弱。由人潮汹涌转为门可罗雀，再由低谷清淡转为活络蓬勃，真实反映了股市波动的高潮和低谷。这种循环往复的过程反映了人气的聚散。因此，成交量也从市场人气的角度判断了市场的参与意愿和深度，为投资者交易提供了依据。

成交量的表达方式主要有 3 种：成交量、成交额、换手线。

1. 成交量（VOL）

成交量是最常见的量能指标，也是图表中默认的指标。成交量是指一定时间单位内成交的股票数量。不同软件里的单位有所不同，一般用“手”来表示。成交量指标非常适合对个股量能做纵向比较，即观察个股历史上放量和缩量的相对情况，如图 8-1 所示。

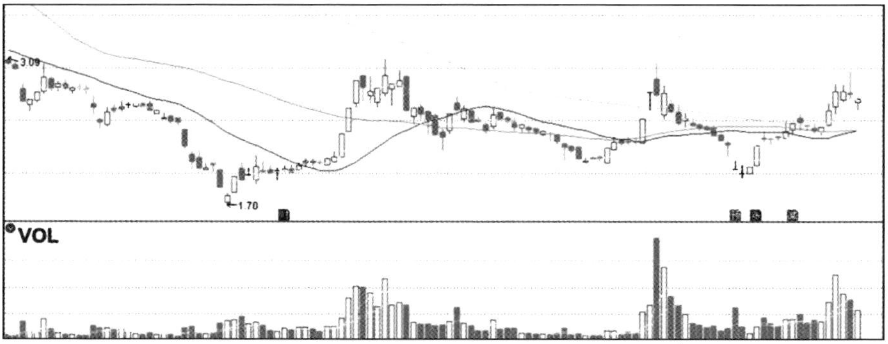

图 8-1 成交量（VOL）

这个指标的缺陷在于忽略了各个股票流通盘大小的差别，难以精确表示成交的活跃程度，不便于对不同股票进行横向对比。

成交量的含义：成交量水平是对价格运动背后的市场强度或迫切性的评价，成交量越高，反映出的市场强烈程度和压力就越大。无论是在上升趋势中价格上涨压力减少，还是在下跌趋势中价格下跌压力减少，都能通过成交量预先反映出来。

成交量是反映股市中人气聚散的一面镜子。人气旺盛，买卖才能踊跃；买盘高涨，成交量自然放大。相反，投资者人心动摇，举棋不定，人气低迷，成交量必然萎缩。

成交量也是观察庄家大户动态的有效途径。资金量巨大是庄家大户的特质，他们的一切意图都要通过成交来实现。成交量骤增，很可能是庄家在大量买进或卖出。

2.　成交额（AMOUNT）

成交额直接反映了参与市场资金量的多少。成交额这个指标常用于大盘分析，因为它排除了大盘中各种股票价格高低不同所造成的干扰，成交额使得对大盘成交量的判研具有横向对比性。

每天收盘后大家所说的两市大盘成交量，一般是指两市整体的成交额。当然也可以查看不同时期个股成交额与成交量的对比，如图 8–2 所示。

图 8–2　成交额（AMOUNT）

3. 换手线（HSL）

换手线是根据换手率绘制的曲线，白色线为日换手率曲线，黄色线为日均换手率曲线。该指标不受股本变动的影响，使得对于成交量的研判增加了可比性，如图 8-3 所示。

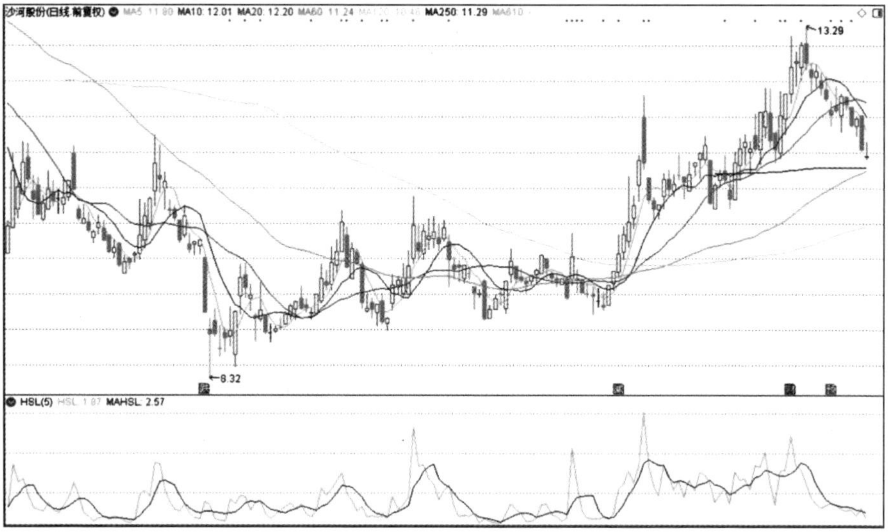

图 8-3 换手线（HSL）

换手率是一个用来横向对比个股活跃程度和纵向对比个股换手频率的指标，意味着一定时期内股票换手交易的多少，反映了股票的流通性强弱。

通常情况下，个股换手率越高，意味着该股多空双方换手越积极，股性越活跃；反之，则表示该股股性呆滞，缺少市场追捧。通过分析各种股票的换手线数值高低，交易者可以择强弃弱，抓住市场热门股，紧跟市场主流热点，以获取阶段性的投资收益。

换手率 =（成交量 / 个股的流通股数）× 100%

换手率可以帮助投资者跟踪观察个股的活跃程度。大多数股票的换手率在 3% 以下，通常 3% ~ 15% 属于正常，高于 20% 属于特殊区域。

第二节　量价实战分析

1. 价平量增，转强信号

价平量增指个股（或大盘）在成交量增加的情况下，股价几乎维持在一定水平上下波动的一种量价配合现象。价平量增既可能出现在上升行情的各个阶段，也可能出现在下跌行情的各个阶段。

股价经过一段较长时间的下跌后处于低价位区域，如果在低位区域出现股价企稳、成交量增加的现象，成交量阳柱明显多于阴柱，说明底部在积聚上涨动力，有主力正在进货，可以适量买进，持股待涨。

如果成交量持续放出，股价却没有同步上扬，这种走势可能预示着有新的资金在打压建仓。一旦股价在成交量的有效配合下掉头向上，则表明底部已经形成。

有时在上升趋势途中也会出现"价平量增"，说明股价上行暂时受挫，不过只要上升趋势未被有效击破，整理一段时间后一般仍会有上涨行情。

实例 1： 穗恒运 A（000531）的股价在 2018 年 10 月后见底，低位区域出现股价企稳、成交量增加的现象。此时成交量阳柱明显多于阴柱，说明底部在积聚上涨动力，有主力在进货。

虽然在股价整理平台多次出现冲高回落、连阴洗盘的现象，但每日成交量明显相对价格见底之前有所放大，属于“价平量增”走势。股价稍微整理后以涨停突破整理平台，之后连续涨停，快速上升，如图 8-4 所示。

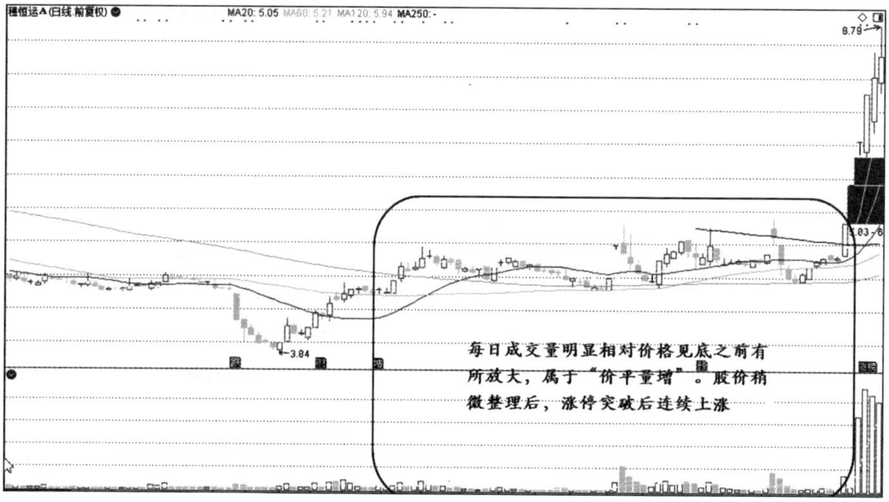
穗恒运A(日线,前复权)
MA20: 5.05 MA60: 5.21 MA120: 5.94 MA250: -
8.78
3.84
每日成交量明显相对价格见底之前有所放大，属于“价平量增”。股价稍微整理后，涨停突破后连续上涨

图 8-4 穗恒运 A 价平量增

实例 2： 越秀金控（000987）的股价在 2018 年 10 月 12 日见底。随后股价在低位区域盘整，成交量增加。此时成交量阳柱明显多于阴柱，说明底部在积聚上涨动力。

虽然在股价整理平台多次出现冲高回落、连阴洗盘现象，股价不断受到打压，但每日成交量明显相对价格见底之前有所放大，表明有主力在进货，属于“价平量增”走势。股价稍微整理后，涨停突破整理区域并产生突破性缺口，随后股价快速拉高，如图 8-5 所示。

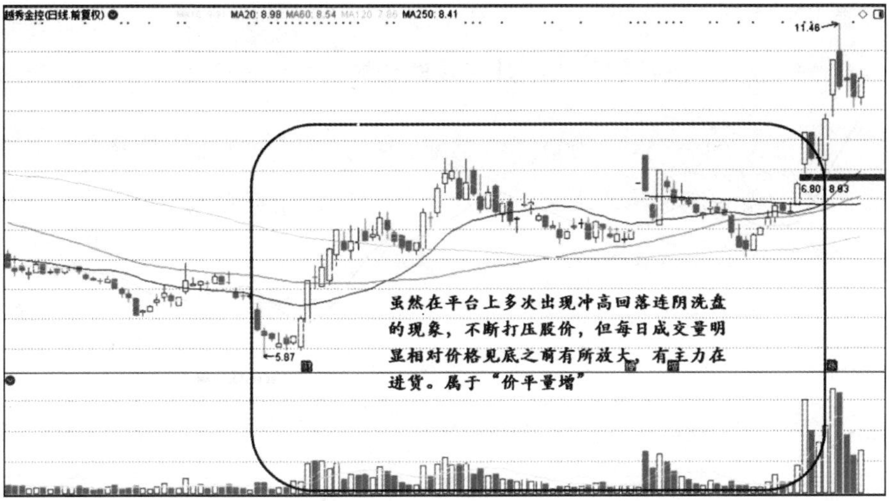
越秀金控(日线 前复权)
MA20: 8.98 MA60: 8.54 MA250: 8.41
11.46
6.80
8.93
5.87
虽然在平台上多次出现冲高回落连阴洗盘的现象，不断打压股价，但每日成交量明显相对价格见底之前有所放大，有主力在进货。属于“价平量增”

图 8-5 越秀金控价平量增

2. 价涨量增，买入信号

价涨量增属于典型的多头进攻模式。

价涨量增指个股（或大盘）在成交量增加的同时，股价也同步上涨的一种量价配合现象。价涨量增只出现在上升行情中，而且大部分出现在上升行情初期，也有小部分出现在上升行情的中途。

成交量持续增加，股价趋势也转为上升，这是中短线最佳的买入信号，也是最常见的多头主动进攻模式，应积极进场买入，与庄共舞。特别是要突破底部区域、重要颈线位或其他重要技术压力位时，更需要价涨量增。

经过一轮较长时间的下跌和底部盘整后，市场中逐渐出现诸多利好因素。这些利好因素增强了市场预期向好的心理，换手逐渐活跃。随着成交量的放大和股价的同步上升，短期交易就可获得收益。

实例 3：江铃汽车（000550）的股价从 2018 年 12 月开始逐步见底。在低位区域股价企稳，成交量增加。随后股价稍微整理后，连续小阳线放量突破了前期技术压力位。

2019 年 1 月 4 日，该股开始连续放量拉出大阳线，股价迅速触及 2018 年 3 月下跌趋势中的整理平台高位。这一时期，该股股价上升和成交量放大是典型的价涨量增走势，如图 8–6 所示。

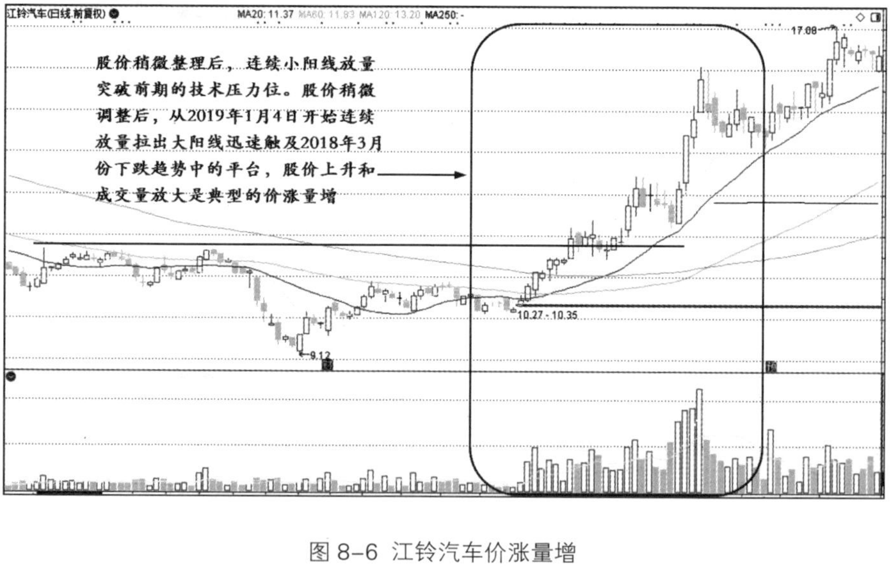
江铃汽车(日线,前复权)
MA20: 11.37 MA60: 11.83 MA120: 13.20 MA250: -
17.08
股价稍微整理后，连续小阳线放量突破前期的技术压力位。股价稍微调整后，从2019年1月4日开始连续放量拉出大阳线迅速触及2018年3月份下跌趋势中的平台，股价上升和成交量放大是典型的价涨量增
10.27 - 10.35
9.12

图 8–6 江铃汽车价涨量增

实例 4：陕国投 A（000563）的股价在 2018 年 10 月 19 日见底。随后一直到 2019 年 2 月 15 日，股价在低位区域企稳，成交量增加。

2019 年 2 月 18 日，股价放量涨停并突破年线。后续股价持续爆量，并快速拉升，价涨量增的买入信号非常明显，如图 8-7 所示。

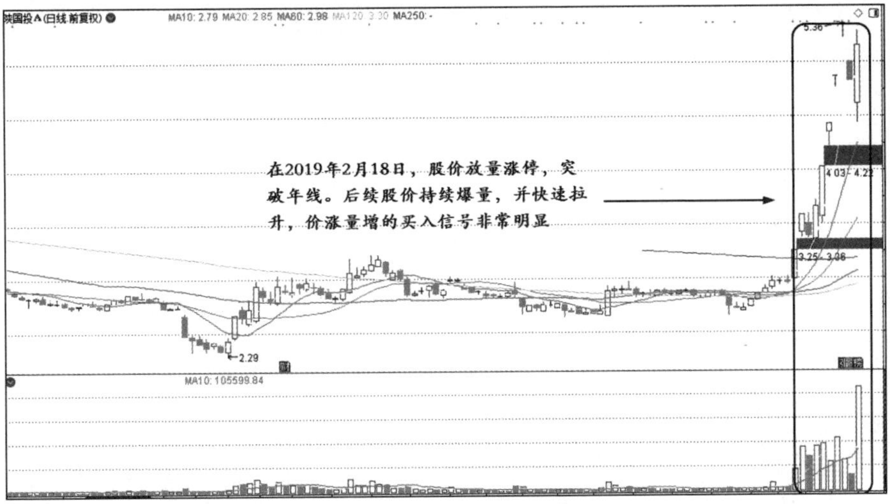
陕国投A(日线 前复权)
MA10: 2.79 MA20: 2.85 MA60: 2.98 MA120: 3.30 MA250: -
在2019年2月18日，股价放量涨停，突破年线。后续股价持续爆量，并快速拉升，价涨量增的买入信号非常明显
2.29
MA10: 105599.84

图 8-7　陕国投 A 价涨量增

3.　价涨量平，可持续买入

价涨量平指个股（或大盘）成交量保持相对等量水平，股价持续上升。对于价涨量平走势，投资者可以适时适量参与。

一般而言，股价上涨都需要有成交量的增加作为基石。这种股价一路涨升，成交量却保持相对平稳的现象，可以说是市场走势中的一个特殊案例。

从成交量保持平稳态势来看，可以判断场外的流通筹码一定是相当稀少的，相对而言，控盘主力的持仓量巨大，而且都是成本十分低廉的筹码。

实例 5：爱尔眼科（300015）的股价回踩完 60 日均线后，从 2018 年 2 月 9 日开始，以 20 日均线为持股线一路缓慢上涨，成交量保持相对平稳的状态，量能充沛。价涨量平，投资者应趁早买入，如图 8–8 所示。

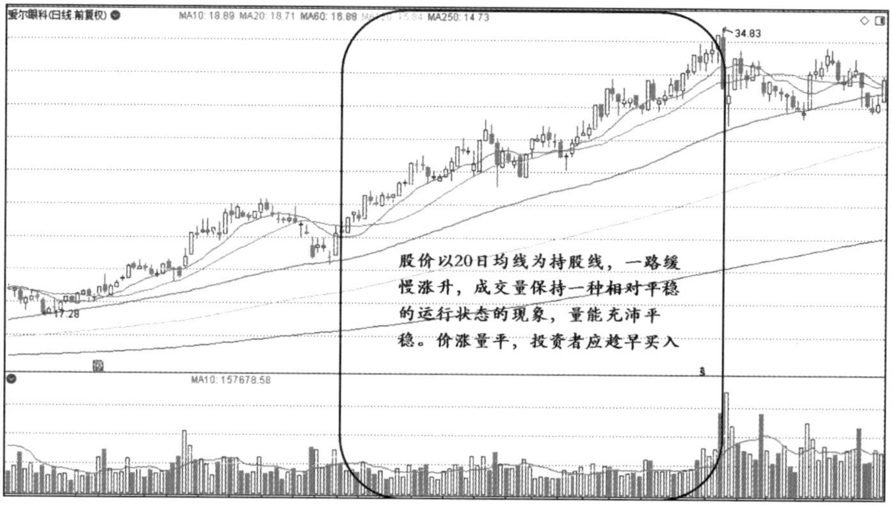
爱尔眼科(日线 前复权)
MA10: 18.89 MA20: 18.71 MA60: 16.88 MA250: 14.73
34.83
17.28
股价以20日均线为持股线，一路缓慢涨升，成交量保持一种相对平稳的运行状态的现象，量能充沛平稳。价涨量平，投资者应趁早买入
MA10: 157678.58

图 8–8 爱尔眼科价涨量平

实例 6：贵州茅台（600519）的股价回踩完 60 日均线后，从 2016 年 12 月 26 日开始，同样以 20 日均线为持股线一路缓慢上涨，成交量保持相对平稳的状态，量能充沛。价涨量平，投资者应趁早买入，后续股价在熊市实现了翻倍上涨，如图 8–9 所示。

4. 价涨量减，继续持有

价涨量减指个股（或大盘）在成交量减少的情况下，股价（或指数）反而上涨的一种量价背离现象。在前期涨幅较大的情况下，出现价涨量减，有可能是上升行情的末期。毕竟价涨量减显示的是一种量价背离趋势，这种现象一般都会引起市场上投资者的关注。成交量减少，股价仍在继续上升，适宜继续持股。

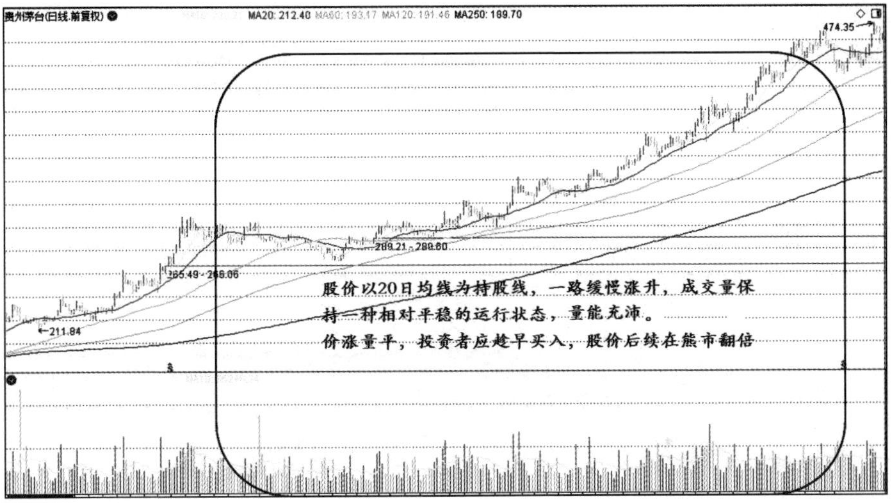
贵州茅台(日线,前复权)
MA20: 212.40 MA60: 193.17 MA120: 191.46 MA250: 189.70
474.35
289.21 - 289.60
265.49 - 266.06
211.84
股价以20日均线为持股线，一路缓慢涨升，成交量保持一种相对平稳的运行状态，量能充沛。
价涨量平，投资者应趁早买入，股价后续在熊市翻倍

图 8–9 贵州茅台价涨量平

量减少应当视为浮动筹码很少，筹码的锁定性很强。还有另外一种情形，就是控制盘面的主力已经完全操纵了股价，此时该股还是处在稳步推升阶段，远未到大幅拉升阶段，因此才会有这种量价背离现象出现。在随后的上升过程中，如果成交量再次放大，可能意味着主力在高位出货。

实例 7：中天能源（600856）在 2015 年 3 月 2 日，股价连续跳空高开并持续放量，快速脱离前一个箱体平台。前期主力收集到的筹码比

较充裕，后市股价继续上升时，每天的成交量则越来越少，出现了量价背离的情况。

这时投资者可以继续持股，只需警惕股价上涨过程中突然放量的情况即可，如图 8-10 所示。

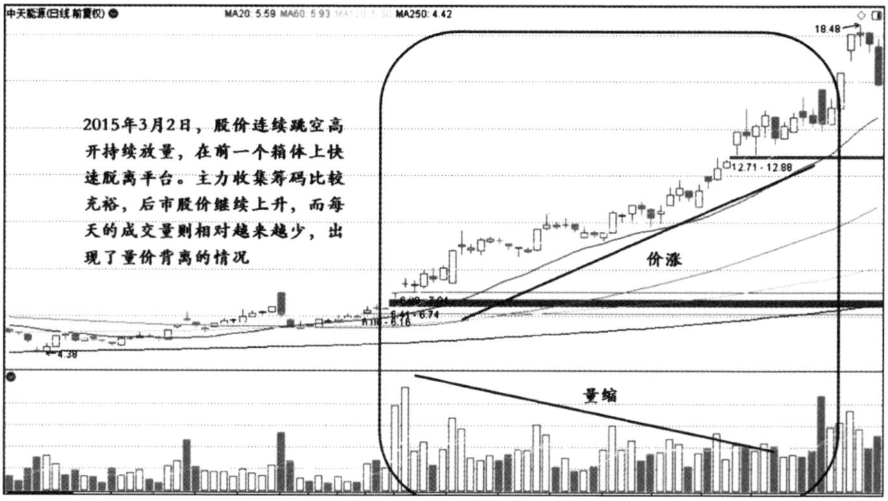
中天能源(日线 前复权)
MA20: 5.59 MA60: 5.93 MA250: 4.42
18.48
2015年3月2日，股价连续跳空高开持续放量，在前一个箱体上快速脱离平台。主力收集筹码比较充裕，后市股价继续上升，而每天的成交量则相对越来越少，出现了量价背离的情况
12.71 - 12.88
价涨
6.41 - 6.74
4.38
量缩

图 8-10 中天能源价涨量减

实例 8：宏发股份（600885）在 2015 年 3 月 16 日，股价缩量突破，产生跳空缺口。2015 年 4 月 9 日，主力用带长下影线的中阴线放量洗盘，盘中股价跌破 20 日均线，随后缓慢上涨。

这样的放量中阴洗盘，使得筹码的锁定性很强，主力已经完全操纵了股价。随着股价的上涨，量能略有减少，此时投资者可以继续持股，如图 8-11 所示。

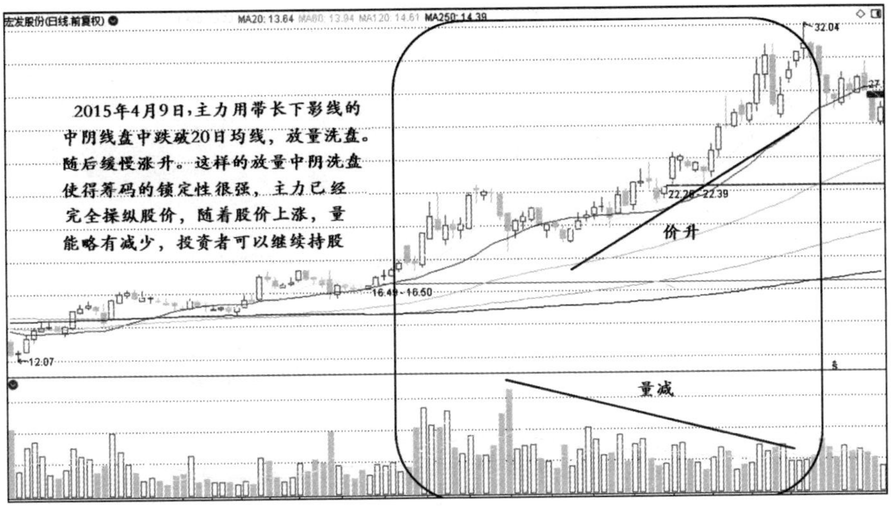
宏发股份(日线,前复权)
MA20: 13.64
MA250: 14.39
32.04
2015年4月9日，主力用带长下影线的中阴线盘中跌破20日均线，放量洗盘。随后缓慢涨升。这样的放量中阴洗盘使得筹码的锁定性很强，主力已经完全操纵股价，随着股价上涨，量能略有减少，投资者可以继续持股
22.28~22.39
价升
16.49~16.50
12.07
量减

图 8–11　宏发股份价涨量减

5. 价平量减，警戒信号

价平量减指个股（或大盘）股价经过长期大幅上涨之后，横向整理不再上升时，成交量显著减少。价平量减为警戒出货信号。如果突发巨量或天量并拉出大阳大阴线，无论有无利好或利空消息，均应果断派发。

实例 9：中集集团（000039）的股价企稳后，2012 年 12 月 5 日放量大涨，短短一个多月，股价从 8 元左右上涨至 12 元左右。

2013 年 1 月 4 日，股价跳空高开放量形成了一根假阴线，第二个交易日阳包阴继续上涨。随后，从 2013 年 1 月 15 日开始，成交量明显减少，三个交易日回踩 10 日均线，然后在 2013 年 1 月 23 日突然放出巨量，股价最高到 13.67 元，收出一根带有长上影线的小阳线，此后股价在 5 个月的时间里跌回到 7.63 元，如图 8–12 所示。

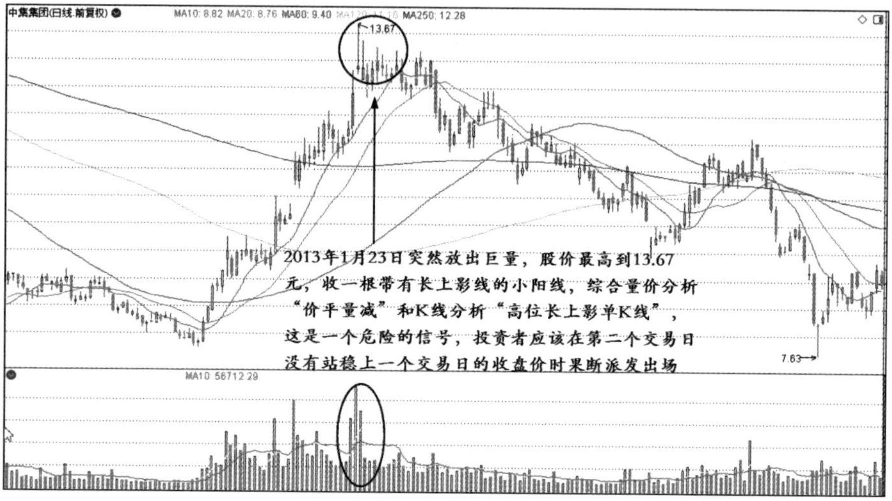
中集集团(日线,前复权)
MA10: 8.82 MA20: 8.76 MA60: 9.40
MA250: 12.28
13.67
2013年1月23日突然放出巨量，股价最高到13.67元，收一根带有长上影线的小阳线，综合量价分析“价平量减”和K线分析“高位长上影单K线”，这是一个危险的信号，投资者应该在第二个交易日没有站稳上一个交易日的收盘价时果断派发出场
7.63
MA10: 56712.29

图 8-12 中集集团价平量减

综合量价分析“价平量减”和 K 线分析“高位长上影单 K 线”，这是一个危险的信号，投资者应该在第二个交易日股价没有站稳上一个交易日的收盘价时果断派发出场。

实例 10： 国投中鲁（600962）在 2015 年 9 月底，股价从 10 元出头开始持续上涨。到 2015 年 11 月中旬，股价上涨到 18 元区域。

随后股价开始横向整理，做了一个双顶，股价一度达到 19 元。观察该股同期的成交量，发现成交量显著减少，这是一个警戒出货信号，如图 8-13 所示。

当股价进一步跌破 20 日均线时，投资者应先派发，出场观望，然后再看股价能否有效收复 20 日均线这条持股线。

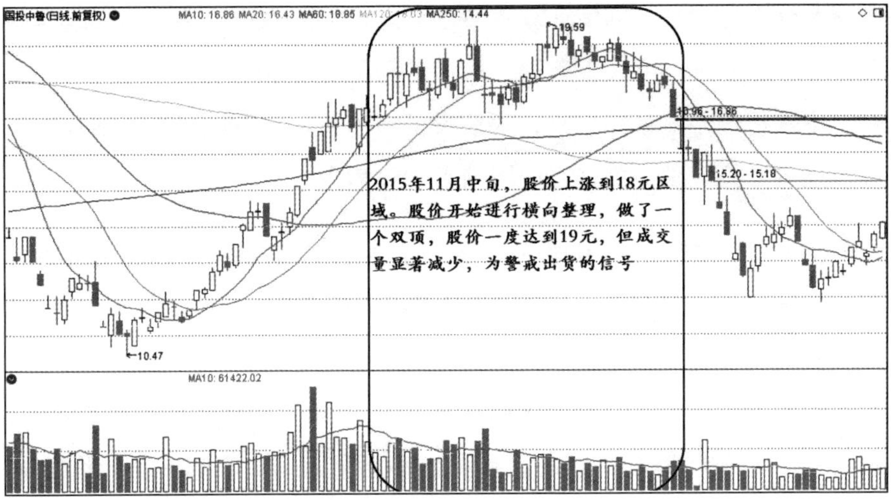
国投中鲁(日线 前复权)
MA10: 16.86 MA20: 16.43 MA60: 16.85 MA250: 14.44
19.59
16.96 - 16.86
15.20 - 15.18
10.47
2015年11月中旬，股价上涨到18元区域。股价开始进行横向整理，做了一个双顶，股价一度达到19元，但成交量显著减少，为警戒出货的信号
MA10: 61422.02

图 8-13　国投中鲁价平量减

6. 价跌量减，卖出信号

价跌量减指个股（或大盘）在成交量减少的同时，个股股价（或指数）也同步下跌的一种量价配合现象。量缩价跌现象既可能出现在下跌行情的中期，也可能出现在上升行情的中期。

出现价跌量减现象，一般多为多头行情发展到了一定的高度之后，需要调整的迹象日益明显，股价在控盘主力的有效调控之下，开始逐步有计划地回挡调整。但由于市场上流通筹码锁定性良好，成交量随着浮动筹码的进一步减少而渐渐萎缩。

后市趋势的发展，大多由控盘主力根据当时的市场气氛而定。如果价跌量减出现在跌势初期，后市仍会继续下跌一段空间，直至有新的资金愿意介入时为止。即便有新的资金介入，短期内股价也将会继续保持盘跌状态，从某种意义上来说，后市走势不容乐观。

下跌行情中的量缩价跌，表明投资者出货后不再做“空头回补”，股价还将维持下跌，投资者应以持币观望为主。

实例 11：万科 A（000002）经历了 2007 年年底开始的漫漫熊市，在 2008 年 2 月底跌破了俗称“牛熊分界线”的年线。多头多次反扑年线，最终失败，于是开启了第二段下跌行情。

2008 年 5 月 6 日，股价开始下跌，从 12 元位置出现价跌量减现象，如图 8-14 所示。这波下跌一直跌至 2008 年 6 月初，价格跌到 8 元左右。

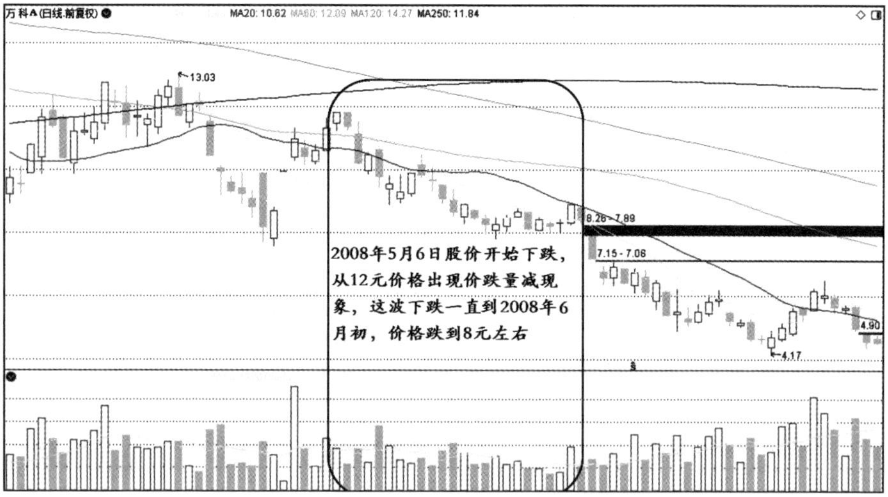
万科A(日线,前复权)
MA20: 10.62 MA60: 12.09 MA120: 14.27 MA250: 11.84
13.03
8.26 - 7.89
7.15 - 7.06
4.90
4.17
2008年5月6日股价开始下跌，从12元价格出现价跌量减现象，这波下跌一直到2008年6月初，价格跌到8元左右

图 8-14 万科 A 价跌量减

实例 12：世纪星源（000005）的股价在 2010 年 3 月 4 日和 2010 年 3 月 8 日连续高开低走，相对放出巨量，盘中主力第二次冲击短期高

点 7.38 元未果。股价盘整后，开始持续走低，形成了双顶。

2010 年 4 月 19 日以大阴线一举跌破 60 日和 120 日均线后，股价加速下跌，但成交量持续萎缩，如图 8-15 所示。价格越低量能越少，形成了价跌量减的走势，未离场的投资者在这一波下跌趋势中损失惨重。

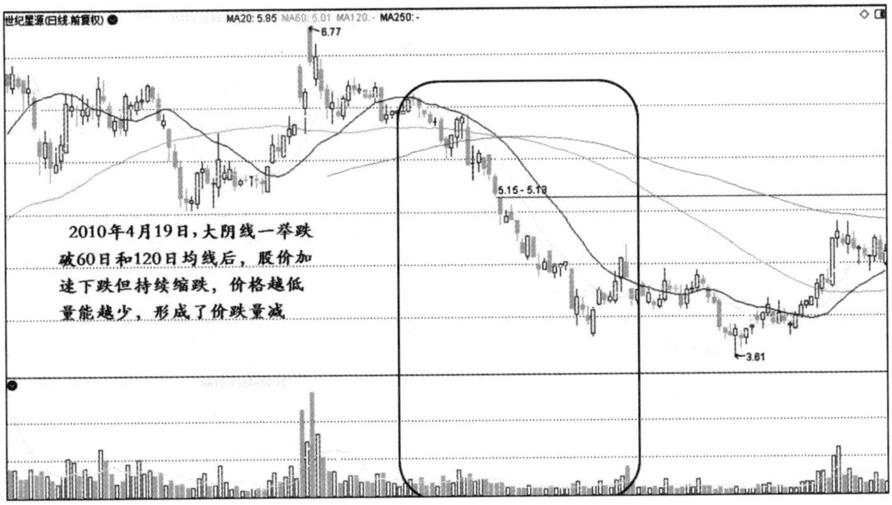
世纪星源(日线,前复权)
MA20: 5.85 MA60: 5.01 MA120: - MA250: -
6.77
5.15 - 5.18
3.61
2010年4月19日，大阴线一举跌破60日和120日均线后，股价加速下跌但持续缩跌，价格越低量能越少，形成了价跌量减

图 8-15　世纪星源价跌量减

7. 价跌量平，继续卖出

股价持续下挫，而成交量没能同步有效放大，说明市场并没有形成一致看空的空头效应。多头不死，跌势不止。这种情形多是控盘主力开始逐渐退出市场的前兆。由于成交量处于平稳运行状态，容易使投资者产生一种侥幸心理，以为只是控盘主力在洗盘，因此往往不会轻易抛出手中持有的筹码。

实例 13：分众传媒（002027）在 2016 年 11 月 14 日，股价见高点后开始下跌。股价下跌的过程中，成交量并没有同步有效放大。在这样的情况下，股价一直被 5 日均线压制持续下跌，如图 8-16 所示。

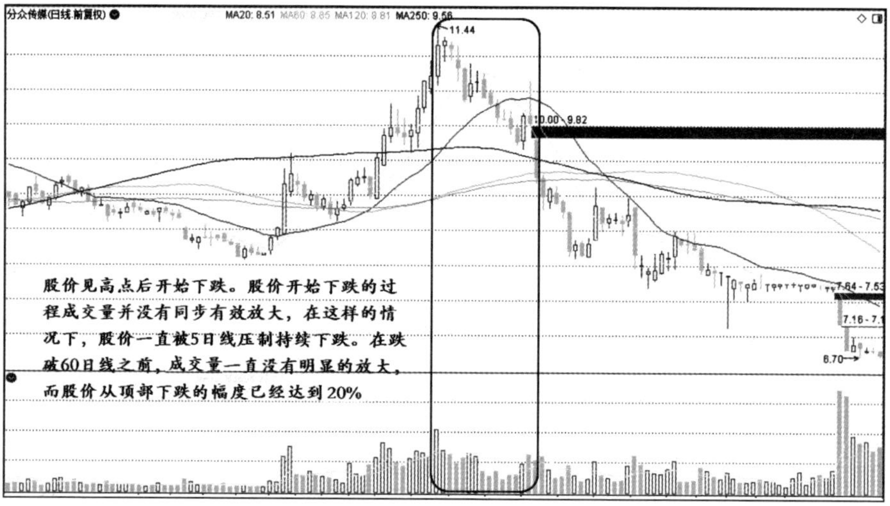
分众传媒(日线 前复权)
MA20: 8.51 MA60: 8.85 MA120: 8.81 MA250: 9.56
11.44
10.00 - 9.82
7.64 - 7.53
6.70
股价见高点后开始下跌。股价开始下跌的过程成交量并没有同步有效放大，在这样的情况下，股价一直被5日线压制持续下跌。在跌破60日线之前，成交量一直没有明显的放大，而股价从顶部下跌的幅度已经达到20%

图 8-16 分众传媒价跌量平

股价跌破 60 日均线之前，成交量一直没有明显放大，而股价从顶部下跌的幅度已经达到 20%，这使得投资者很容易被套在顶部。随后股价进一步下挫，4 个月不到股价接近腰斩。

实例 14：七匹狼（002029）从 2016 年 1 月到 2018 年 5 月，股价一直在一个大箱体里反复震荡。多空来回交替，形成了复杂的 N 字形。

2018 年 6 月初，股价冲击半年线失败，提前大盘开始下跌。在这段下跌过程中，成交量并没有明显放大，每日换手率依然和前期大箱体震荡时期一样，如图 8-17 所示。这样平稳的换手率，容易使投资者产生一种侥幸心理，以为只是控盘主力在洗盘。但是从 2018 年 6 月初到 8 月初，股价已经从高点跌去 30% 之多。

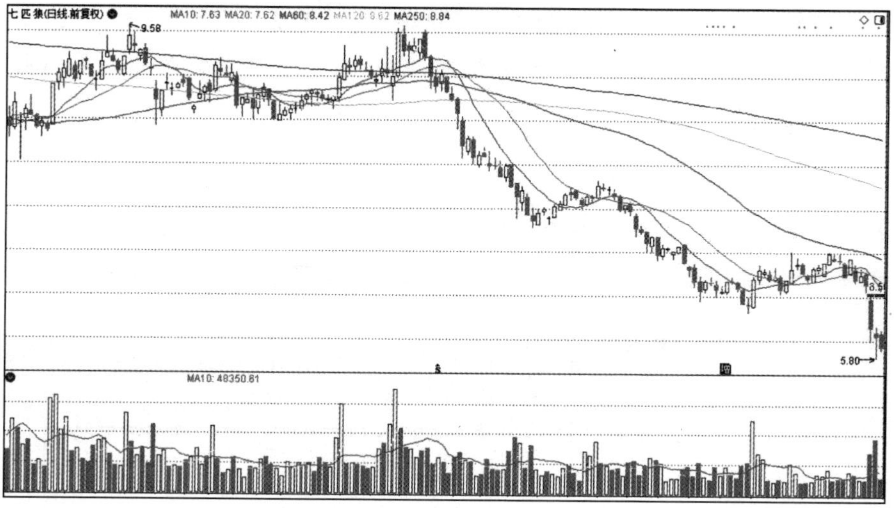

图 8-17　七匹狼价跌量平

8.　价跌量增，弃卖观望

出现价跌量增现象，表明在某种特殊因素的引导下，投资者已经基本看空后市行情的发展，纷纷加入抛售的行列之中，以回避日后将要出现的更大风险。

股价下跌是由多种因素造成的，其中不乏控盘主力故意制造的骗局，因此在具体研判时，必须先研究其所处的具体位置，然后才能做出相对合理的判断。

（1）当价跌量增发生在某一整理阶段时，一般多是多头行情突然出现某种较大的利空消息或不利因素的影响，投资者与控盘主力演出了一出多杀多的悲剧，大家纷纷夺路而逃。

实例 15： 大东方（600327）在 2015 年 5 月 29 日停牌，当日上证指数收盘收在 4611.74 点。该股于 2015 年 6 月 15 日复牌交易，当时股指正处于 6 月 15 日开始的暴跌中。

此股受到大盘暴跌的影响，股价虽然复牌补涨以涨停开盘，但 4 分钟后股价开始跳水，全天高开低走，收跌 7%。全天振幅高达 17%，换手率高达 12.12%，属于绝对高位的价跌量增走势，如图 8-18 所示。

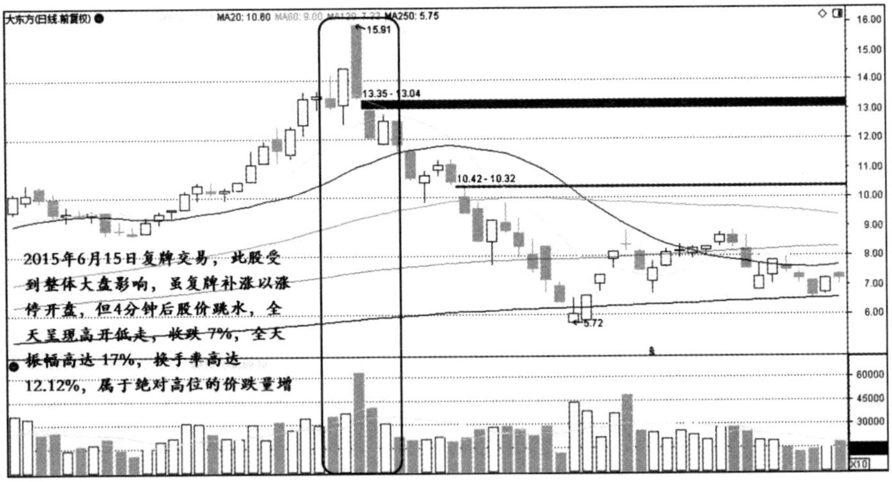
大东方(日线,前复权)
MA20: 10.60
MA250: 5.75
15.91
13.35 - 13.04
10.42 - 10.32
5.72
16.00
15.00
14.00
13.00
12.00
11.00
10.00
9.00
8.00
7.00
6.00
60000
45000
30000
X10
2015年6月15日复牌交易，此股受到整体大盘影响，虽复牌补涨以涨停开盘，但4分钟后股价跳水，全天呈现高开低走，收跌7%，全天振幅高达17%，换手率高达12.12%，属于绝对高位的价跌量增

图 8-18 大东方价跌量增

当日持有此股的大多数投资者都看空后市行情的发展，纷纷加入到抛售行列，以回避日后可能出现的更大风险。

实例 16： 华贸物流（603128）本身属于上海自贸港概念板块，此股在 2017 年 7 月中旬到 10 月 24 日有一波上海自贸港概念的短暂反抽行情，反抽行情中上涨近 65%。

2017 年 10 月 20 日和 23 日，两个连续交易日股价一字封涨停。2017 年 10 月 23 日晚间新闻证实：自贸港方案已初步形成。

在股市中的熊市反弹行情中，主力趁着朦胧利好来推高股价。一旦利好兑现，股价已经高高在上，利多也就变成了利空。2017 年 10 月 24 日，该股股价高开收假阴线，全天换手率高达 23.9%。投资者与控盘主力在利好兑现的前提下纷纷夺路而逃，当日价跌量增，并且股价后续应声暴跌，如图 8–19 所示。

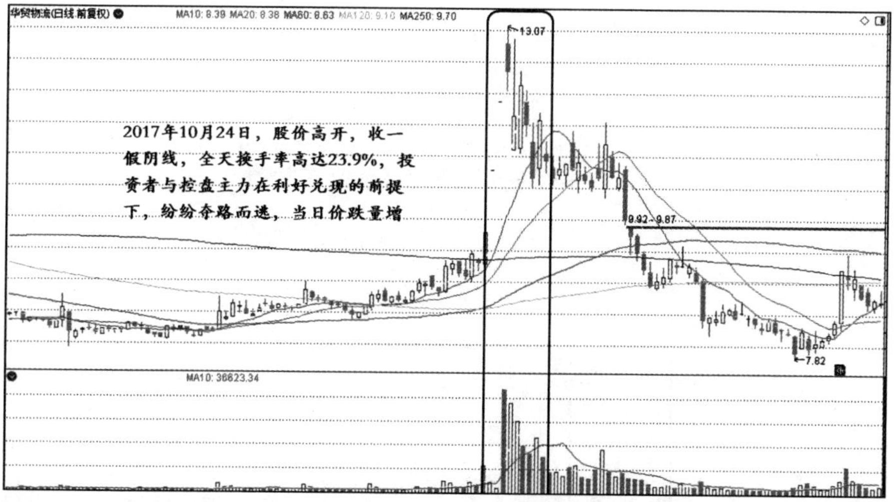

华贸物流(日线 前复权)
MA10: 8.39 MA20: 8.38 MA60: 8.63 MA120: 9.10 MA250: 9.70
13.07
2017年10月24日，股价高开，收一假阴线，全天换手率高达23.9%，投资者与控盘主力在利好兑现的前提下，纷纷夺路而逃，当日价跌量增
9.92~9.87
7.82
MA10: 36623.34

图 8–19　华贸物流价跌量增

（2）当价跌量增处于某一相对较低的位置，或者股价已经大幅下

跌了一段时间后，有可能是控盘主力进行最后的震仓吸筹所致，促使不明真相的投资者纷纷在较低的价格区域抛出筹码，诱骗散户出场观望。通过这个空头陷阱，主力达到自己抢筹建仓的目的。

实例 17：金融街（000402）从 2018 年年初开始下跌，当时市场内空头肆虐，上证指数也已经持续下跌三年半之久。2018 年 10 月 11 日，此股低开以大阴线收盘，当天交易量是上周交易日单日的 2 倍之多。股价随后又下跌了几个交易日。

2018 年 10 月 16 日，股价再次以中阴收盘，几乎收出一根光头阴线。很多被套投资者纷纷割肉出局，当日交易量能再度相对放大，短期走势明显属于价跌量增现象，如图 8–20 所示。

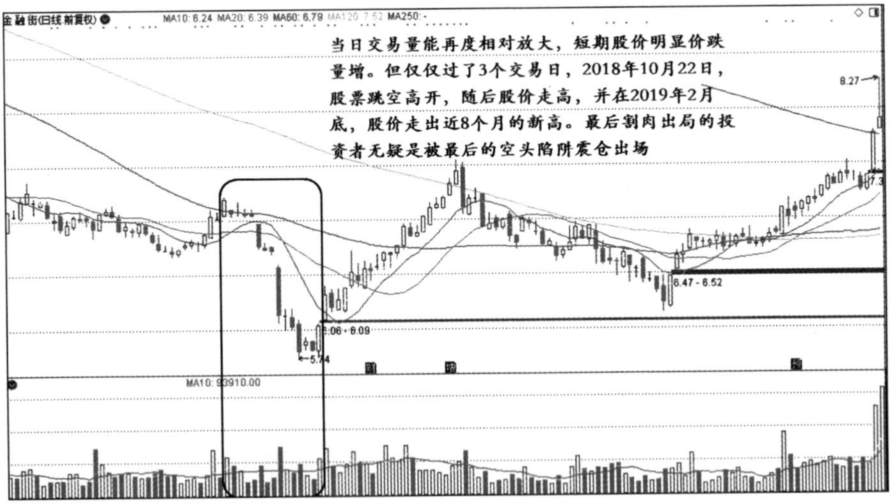
金融街(日线 前复权)
MA10: 6.24 MA20: 6.39 MA60: 6.79 MA120: 7.52 MA250: -
当日交易量能再度相对放大，短期股价明显价跌量增。但仅仅过了3个交易日，2018年10月22日，股票跳空高开，随后股价走高，并在2019年2月底，股价走出近8个月的新高。最后割肉出局的投资者无疑是被最后的空头陷阱震仓出场
8.27
6.47 - 6.52
6.06 - 6.09
5.74
MA10: 93910.00

图 8–20 金融街价跌量增

但仅仅过了 3 个交易日，2018 年 10 月 22 日，股价跳空高开。随后股价持续走高，并在 2019 年 2 月底走出近 8 个月的新高。最后割肉出局的投资者，无疑是被最后的空头陷阱震仓出局了。

实例 18：振兴生化（000403）从 2018 年年中开始下跌，到 2018 年 7 月中旬，股价从最高价已经下跌 15%。之后股价再次破位，K 线处于短期、中期和长期均线之下，第二波下跌行情开启。

到 2018 年 9 月中旬，股价从最高价已下跌 25%。此时多头试图在前期支撑位企稳股价，但再度失败，第三波下跌行情开启。由于股价距离最高点已经跌去 25% 以上，所以这次下跌让很多中线投资者开始止损，股价加速下跌，角度非常陡峭。股价在一个月中从 26 元跌至 2018 年 10 月 19 日最低的 18.59 元，再度跌去近 30%。从最高价 34.26 元跌到 18.59 元，累计下跌了 54%。

从 2018 年 10 月 8 日以来，股价以六连阴、四中阴砸盘，使得无数恐慌盘杀跌出场，量能数日急剧放大。相对于第二波的日内放量，这一波量能放大了 4 倍以上，是典型的价跌量增，如图 8-21 所示。

2018 年 10 月 19 日，股价见底回升，放量收红，主力持续进场。随后在短短的一个月内，股价上涨至最高 29.68 元，涨幅高达 60%，收复了第二波下跌行情启动时的最高点。

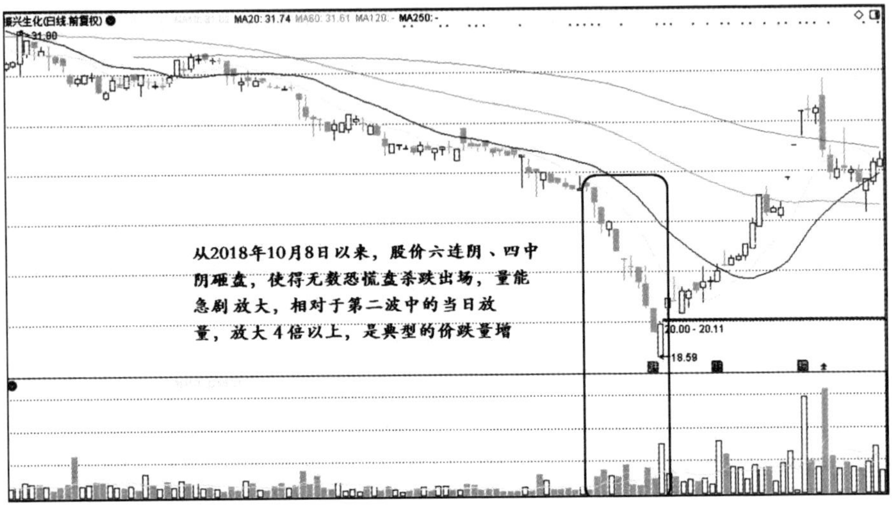
振兴生化(日线 前复权)
MA20: 31.74 MA60: 31.61 MA120: - MA250: -
31.80
从2018年10月8日以来，股价六连阴、四中阴砸盘，使得无数恐慌盘杀跌出场，量能急剧放大，相对于第二波中的当日放量，放大4倍以上，是典型的价跌量增
20.00 - 20.11
18.59

图 8-21 振兴生化价跌量增

第三节 K 线形态和量能关键位置实战分析

通过对前面两节内容的学习，投资者知道了量能的重要性，知道了量能是股价的内在驱动器。K 线是多空力量最直接的反映，两者紧密结合，可以使投资者发现高位及时逃顶的宝贵离场机会，或者抓住来之不易的股价底部进场机会。

1. 中阴中阳带长上下影线 K 线 + 巨量

股价高位阳线或阴线放巨量后，股价停滞不前，尤其放巨量的单 K 线带有长上影线或长下影线，并且在这个区间的 K 线出现多次长上影线或长下影线，表明区间振幅剧烈。由于涨幅过大，导致获利盘较多，多空分歧加大，股价形成顶部的概率非常大，投资者应谨慎对待，必要时离场。

实例 19：中衡设计（603017）在 2014 年 12 月 31 日上市时，市场仍处在熊市中。但是该股上市的 5 个月时间，从 10.13 元上涨至最高价 37.98 元。在上涨过程中，该股多次放量。

2015 年 3 月初到 5 月底的上涨过程中，有两段可观的涨幅，都是按照强庄股沿 5 日均线向上的操盘原则在运行。主力中间有一次高位放量震仓，洗盘至 20 日均线后重新站稳 20 日均线。

2015 年 5 月 18 日，股价放量涨停，换手率高达 18.87%。此后股价继续沿着 5 日均线强势上攻，这时股价已经高达 30 元。2015 年 5 月 28 日，股价盘中再度拉升 5% 以上。但早盘 10 点 12 分后，股价开始下跌，下午收盘前跳水，收跌 6.93%，全天换手率高达 17.58%，如图 8–22 所示。

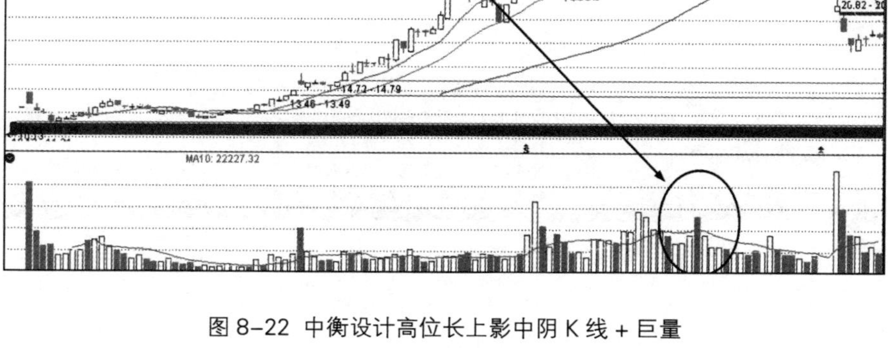
中衡设计(日线,前复权)
MA10: 11.67 MA20: - MA60: - MA120: - MA250: -
37.98
当天形成的K线具有长上影线加股价高位的巨量换手，同时单日的振幅非常大，只有主力资金不断对倒才会形成。如果后面三天不能有效收复当天的开盘价格（即阴柱实体的最上沿），投资者应清仓观望
27.96 - 25.82
14.72 - 14.79
13.46 - 13.49
MA10: 22227.32

图 8–22　中衡设计高位长上影中阴 K 线 + 巨量

投资者要注意的是，当天形成的 K 线具有长上影线加股价高位巨量换手，同时单日振幅非常大，这样的走势只有主力资金不断在盘中对倒才会形成。如果后面三天股价不能有效收复当天的开盘价格（即阴柱实体的最上沿），投资者应清仓观望。

实例 20： 爱普股份（603020）自 2015 年 3 月 25 日上市后，股价连续一字涨停。打开涨停板后，股价高位整理。2015 年 5 月 11 日，股价以涨停板突破了一个月的整理平台，随后沿着 20 日均线价涨量增，持续上涨。

2015 年 5 月 27 日，股价再度涨停。按照涨停板原理，这是多头做多力量的极度宣泄，投资者很难想象到顶部马上会到来。第二个交易日，股价高开后持续上攻，并继续大涨 5% 以上。收盘的最后 13 分钟，股价瀑布式跳水，主力在人心最松懈的时候批量出货，盘中最后 13 分钟跳水幅度高达 20%，换手率高达 29.12%，如图 8–23 所示。

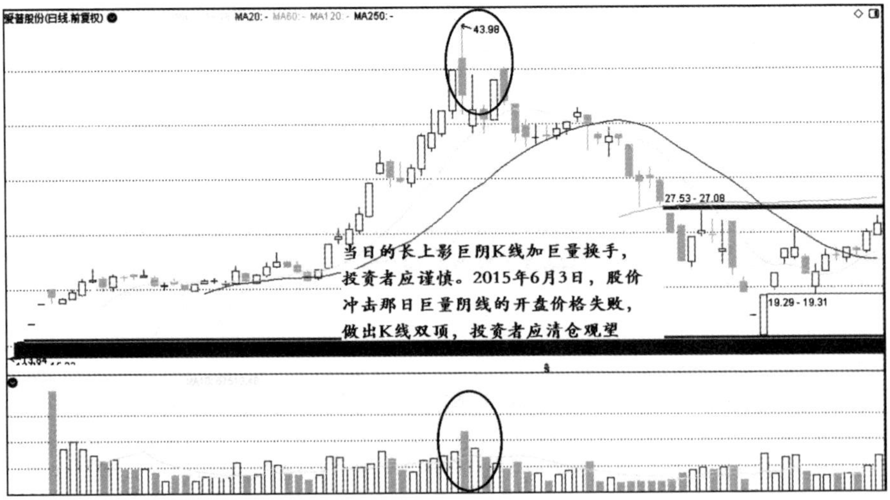

43.98
27.53 - 27.08
19.29 - 19.31
当日的长上影巨阴K线加巨量换手，投资者应谨慎。2015年6月3日，股价冲击那日巨量阴线的开盘价格失败，做出K线双顶，投资者应清仓观望

图 8–23 爱普股份高位长上影中阴 K 线 + 巨量

随后的交易日，虽然多头反扑，但是无济于事。面对当日长上影巨阴K线加巨量换手，投资者应谨慎。

2015年6月3日，股价同样冲击巨量阴线的开盘价格，但仍然失败，此时形成K线双顶，投资者应清仓观望。

2. 底部连续涨停＋巨量

股价在低位经过长期下跌后，不断出现地量。突然某日股价从底部相对放量并以涨停收盘，量能是前一个交易日的一倍以上，并且后续两个交易日持续放量，同时快速突破近期整理平台，最后依然是涨停。这样的K线组合加上放量，股价很可能会在一两个月的时间里沿5日均线快速上涨并走出翻倍行情。

实例21：银星能源（000862）在2019年1月30日股价高开后放量涨停，当日换手率为6.32%，前一日换手率为2.77%。在此之前，股价一直持续下跌。2018年10月到12月，日均换手率仅为1%左右，很多单日交易量不足1%，股价在2.75元到3.60元做低位箱体整理。

2019年1月31日，股价再度放量涨停，换手率为7.91%，最高价是3.60元。第二个交易日股价以一字板第三次涨停，换手率为11.48%。此股后续出现多个涨停板，股价在2019年2月21日最高价达到8.09元，如图8-24所示。

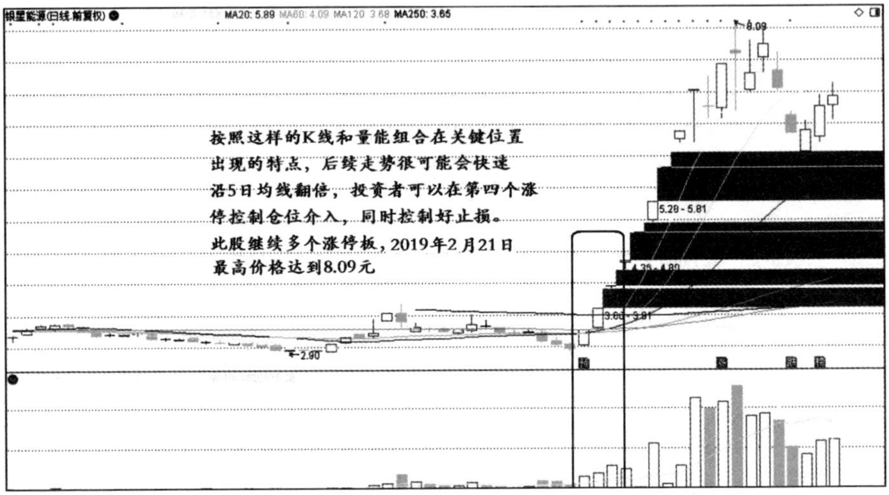
银星能源(日线 前复权)
MA20: 5.89 MA60: 4.09 MA120: 3.68 MA250: 3.65
8.09
按照这样的K线和量能组合在关键位置出现的特点，后续走势很可能会快速沿5日均线翻倍，投资者可以在第四个涨停控制仓位介入，同时控制好止损。
此股继续多个涨停板，2019年2月21日最高价格达到8.09元
5.29 - 5.81
3.66 - 3.81
2.90

图 8-24 银星能源底部连续涨停 + 巨量

很明显此时股价突破了前期最底部的箱体，再加上连续涨停突破加放量，按照在关键位置出现这样的 K 线和量能组合来看，后续走势很可能会沿 5 日均线快速上涨并走出翻倍行情，即使股价从最底部启动后已经走出三个涨停。投资者可以在第四个涨停之前控制仓位介入，同时设置好止损。

实例 22： 恒立实业（000622）从 2015 年 6 月开始下跌，从近 20 元的价格跌至 2018 年 10 月 19 日的 2.42 元，跌幅接近九成。

2018 年 5 月到 2018 年 10 月，日均换手率仅为 0.5%。2018 年 10 月 22 日，股价直接一字涨停，换手率为 1.73%，为前期日均换手率两倍之多。2018 年 10 月 23 日，股价继续涨停，换手率进一步放大。2018 年 10 月

24 日，股价开盘后于 9 点 36 分继续拉至涨停，给了投资者介入的良机，如图 8–25 所示。

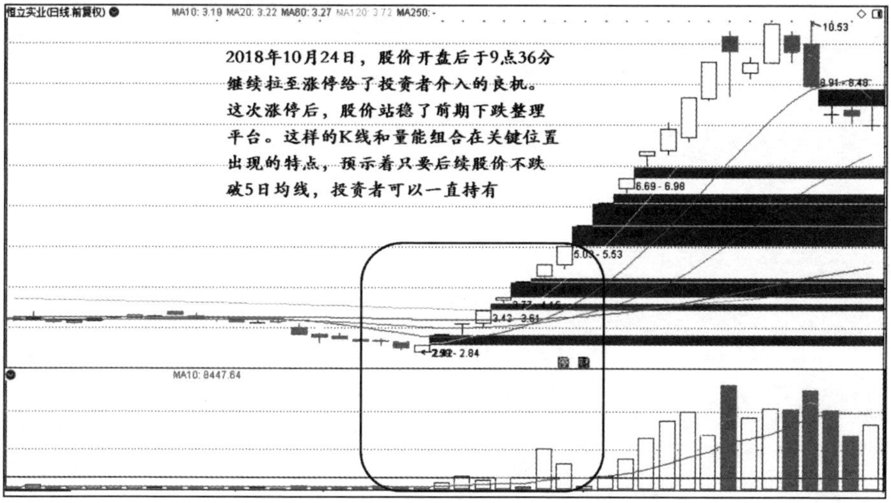
恒立实业(日线 前复权)
MA10: 3.19 MA20: 3.22 MA60: 3.27 MA120: 3.72 MA250: -
2018年10月24日，股价开盘后于9点36分继续拉至涨停给了投资者介入的良机。这次涨停后，股价站稳了前期下跌整理平台。这样的K线和量能组合在关键位置出现的特点，预示着只要后续股价不跌破5日均线，投资者可以一直持有
10.53
6.69 - 6.98
5.53
3.42 - 3.61
2.84
MA10: 8447.64

图 8–25　恒立实业底部连续涨停 + 巨量

这次涨停后，股价站稳了前期下跌整理平台。在关键位置出现这样的 K 线和量能组合，预示着只要后续股价不跌破 5 日均线，投资者可以一直持有。

此后该股开启了连续涨停模式，从最低的 2.42 元一直连续涨停，一个月内拉至最高价 10.53 元，股价翻了三倍之多。

第九章

K 线形态和均线实战分析

第一节　均线

1. 均线的概念

移动平均线（简称均线）就是交易软件主图上默认的和 K 线走势密切联系的辅助图线。它的理论基础来自道氏理论的“平均成本”概念，每天产生的新价格被纳入后一日的平均计算法里，形成更新的价格平均值。均线构成了绝大部分自动顺应趋势系统的运作基础，是股价的生命线，也是交易成本最直观的反映。

移动平均线一般有简单移动平均线、加权移动平均线和指数加权移动平均线三种，投资者通常需要掌握的是简单移动平均线。

2. 均线的分类

道氏理论将股价波动情况依照时间的长短分为基本趋势、次级趋势和短暂趋势三种，所以均线也分为长期均线、中期均线和短期均线，用以判断股价长期、中期和短期的变动趋势。不同周期的均线，其本质都是反映股票在不同周期里的平均交易价格，投资者可以根据这个价格来观察现在是否值得买入。

（1）长期均线。长期均线包括 100 日、120 日、155 日、200 日、250 日等均线。

120日均线又称半年线，是股价中期均线和长期均线的主要分界线。在上涨趋势中，股价突破半年线往往意味着股价正式进入上升趋势；在下跌趋势中，股价跌破半年线往往意味着股价正式进入下跌趋势。

200日均线通常是西方技术分析中股价长期趋势的看门线，国内投资者主要用250日均线作为判断股市是否形成牛市或者熊市是否来临的主要依据。当股价有效跌破250日均线时，说明熊市来临；当股价始终运行在250日均线以上时，说明市场中长线主力依然在做多。

实例1：三聚环保（300072）从2016年9月到2018年1月底，在高位做了一个非常复杂的头肩顶。股价在2018年2月7日和2月8日两个连续交易日放巨量收大阴线，并且股价跌破了年线和半年线。2018年3月12日，股价反抽年线失败，宣告此长期牛股由牛转熊，随后股价在10个月的时间里跌去七成以上，如图9-1所示。

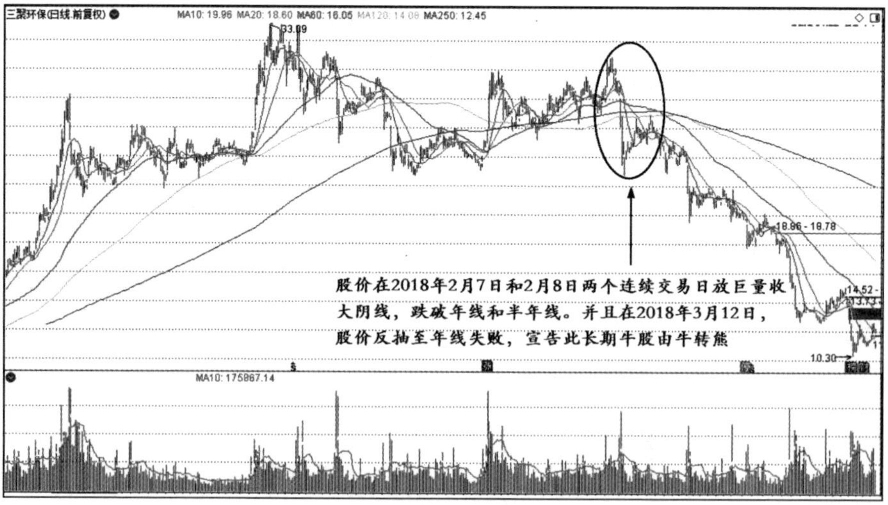
三聚环保(日线,前复权)
MA10: 19.96 MA20: 18.60 MA60: 16.05 MA120: 14.08 MA250: 12.45
33.09
18.96 - 18.78
14.52
10.30
股价在2018年2月7日和2月8日两个连续交易日放巨量收大阴线，跌破年线和半年线。并且在2018年3月12日，股价反抽至年线失败，宣告此长期牛股由牛转熊
MA10: 175867.14

图9-1 三聚环保跌破年线

（2）中期均线。中期均线包括 30 日、45 日、60 日、75 日、90 日等均线。

60 日均线是三个月的市场平均交易价格线，也称为季度线。这条均线是各类中期均线的分水岭，对于判断股价中期走势起着重要作用。

实例 2：爱尔眼科（300015）从 2017 年年初到 2018 年 5 月中旬，受自身基本面业绩良好的内在因素影响，股价持续上涨。在 K 线图中，股价多次大幅度上涨后回撤至 60 日均线，进行阶段性获利回吐，同时震荡浮筹，然后再加速上涨。整个回调过程中，主力的护盘线为 60 日均线，它对股价中期走势起到了重要作用，如图 9–2 所示。

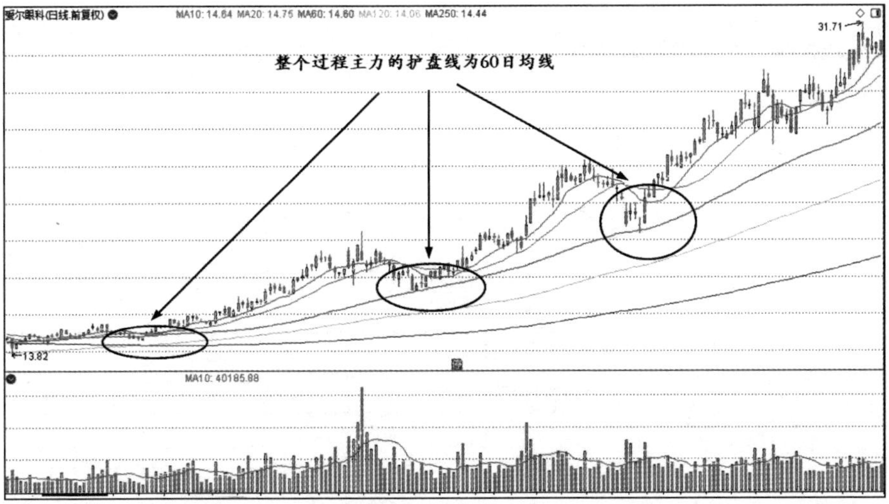

图 9–2　爱尔眼科严守 60 日均线

（3）短期均线。短期均线包括 5 日、7 日、10 日、20 日、25 日等均线。

20日线又称月线，是股价在过去一个月平均交易价格达到的水平。20日均线经常被主力用作操盘线。在上涨趋势中，主力不会轻易让股价跌破20日均线，一般都会在20日均线上下结束洗盘，然后继续拉升。

5日均线对应一周交易的平均价格，常被交易者用作判研短期走势的周期线。只要股价不跌破5日均线，说明此股短期处于强势状态。

实例3：天润曲轴（002283）在2015年的牛市中，股价于1月19日缩量回踩半年线之后，便一直沿着20日均线强势上升。在这段上涨过程中，即使短期涨幅过高，股价也仅仅回调到20日均线就立刻返身向上，这说明主力属于强庄。此后仅用4个半月时间，股价上涨幅度就高达250%，如图9-3所示。

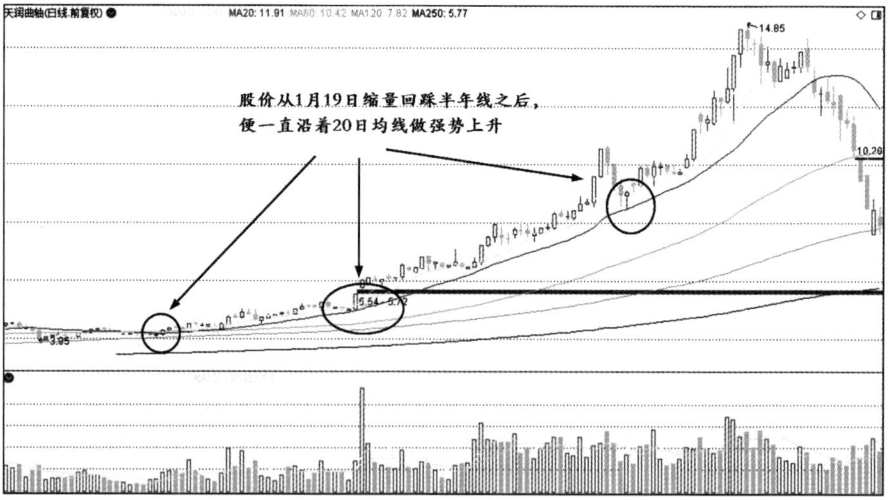
天润曲轴(日线,前复权)
MA20: 11.91 MA60: 10.42 MA120: 7.82 MA250: 5.77
14.85
股价从1月19日缩量回踩半年线之后，
便一直沿着20日均线做强势上升
10.26
5.54–5.72
3.95

图9-3 天润曲轴沿着20日均线上行

实例 4： 东方通信（600776）从 2018 年 10 月 19 日到 2019 年 2 月 26 日，4 个多月的时间，此股上涨了 10 倍之多。最后一波大回撤后股价一直沿着 5 日均线运行，并且多日出现涨停。从回撤的最底部到最高位置，股价又翻了两倍。从此股的整个上涨表现来看，属于难得一见的超级强势股，如图 9–4 所示。

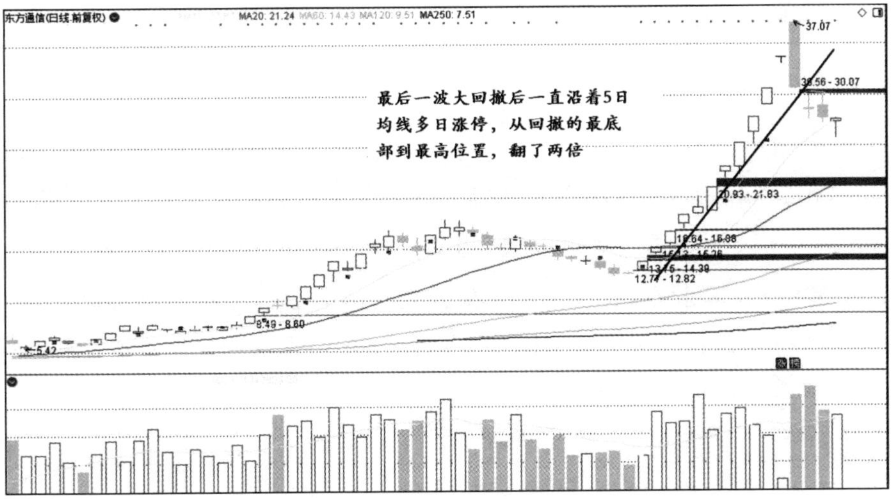
东方通信(日线 前复权)
MA20: 21.24
MA250: 7.51
37.07
最后一波大回撤后一直沿着5日
均线多日涨停，从回撤的最底
部到最高位置，翻了两倍
20.93 - 21.83
12.74 - 12.82
8.49 - 8.60
5.42

图 9–4　东方通信沿着 5 日均线上行

第二节　均线实战分析

1. 均线向上产生的交叉是金叉，反之是死叉

实例 5: 光大嘉宝（600622）在 2019 年 1 月 20 日，股价回拉收红后，所有均线金叉并全部依次向上，形成多头排列，如图 9–5 所示。

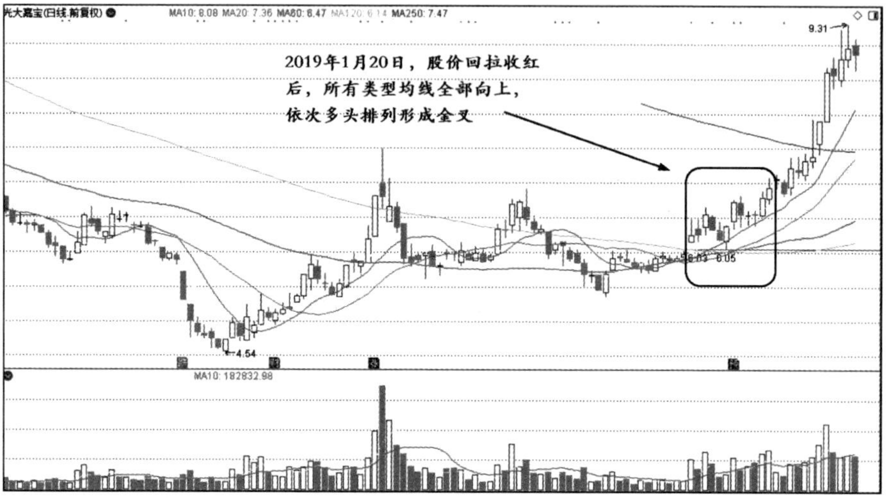
光大嘉宝(日线,前复权)
MA10: 8.08 MA20: 7.36 MA60: 6.47 MA120: 6.14 MA250: 7.47
9.31
2019年1月20日，股价回拉收红后，所有类型均线全部向上，依次多头排列形成金叉
4.54
MA10: 182832.98

图 9-5 光大嘉宝均线形成金叉

实例 6：远东传动（002406）在 2018 年 5 月 25 日，股价继续收跌后，所有均线均位于K 线之上，均线形成死叉，同时依次向下形成空头排列，如图 9-6 所示。

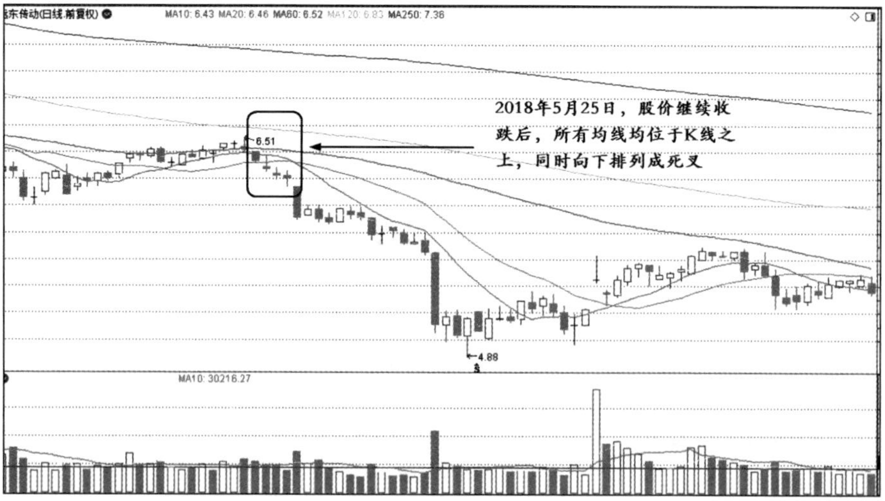
MA10: 6.43 MA20: 6.46 MA60: 6.52 MA120: 6.83 MA250: 7.36
2018年5月25日，股价继续收跌后，所有均线均位于K线之上，同时向下排列成死叉
6.51
4.88
MA10: 30216.27

图 9-6 远东传动均线形成死叉

2. 多头排列和空头排列

（1）多头排列。多头排列指市场处于强势上升趋势时，K 线在 5 日、10 日、20 日、30 日、60 日等均线的支撑下逐步上升，各均线从上到下依次排列且向上发散。

均线多头排列显示趋势为强势上升势，操作思维为多头思维。

实例 7： 上证指数从 2019 年 2 月 1 日放量站稳 5 日和 10 日均线后，20 日和 60 日均线也走平。第二个交易日，股指再度收阳线，20 日均线从下而上穿过 60 日均线，使得 5 日、10 日、20 日和 60 日均线呈多头排列，支撑股指继续上行，如图 9–7 所示。

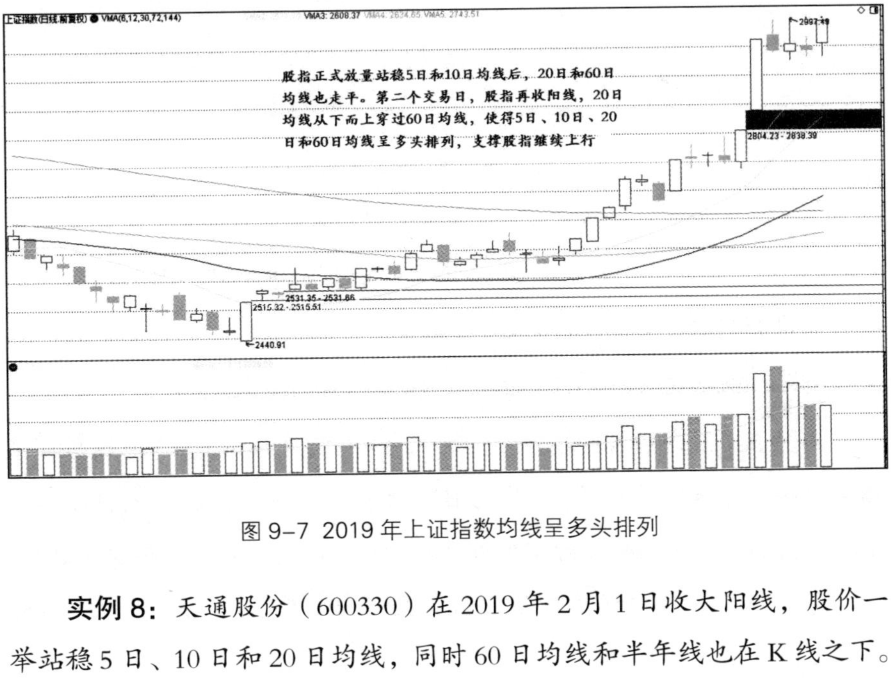
上证指数(日线,前复权) ● VMA(6,12,30,72,144)
VMA3: 2608.37
股指正式放量站稳5日和10日均线后，20日和60日
均线也走平。第二个交易日，股指再收阳线，20日
均线从下而上穿过60日均线，使得5日、10日、20
日和60日均线呈多头排列，支撑股指继续上行
2804.23 - 2838.39
2531.35 - 2531.86
2515.32 - 2515.51
2440.91

图 9–7 2019 年上证指数均线呈多头排列

实例 8： 天通股份（600330）在 2019 年 2 月 1 日收大阳线，股价一举站稳 5 日、10 日和 20 日均线，同时 60 日均线和半年线也在 K 线之下。

2019 年 2 月 12 日，股价进一步上涨，60 日均线从下而上穿过半年线，使得 5 日、10 日、20 日、60 日均线及半年线呈多头排列，支撑股价继续上行，如图 9–8 所示。

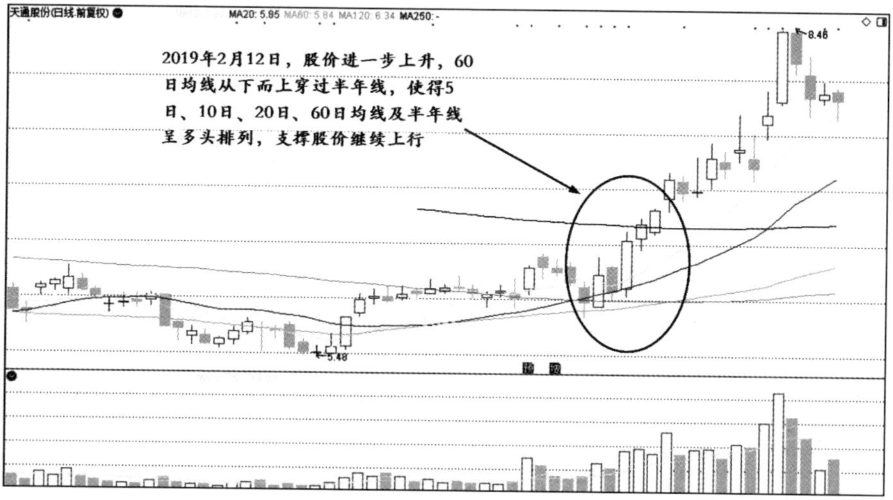
天通股份(日线 前复权)
MA20: 5.85 MA60: 5.84 MA120: 6.34 MA250: -
8.46
2019年2月12日，股价进一步上升，60日均线从下而上穿过半年线，使得5日、10日、20日、60日均线及半年线呈多头排列，支撑股价继续上行
5.48

图 9–8 天通股份均线呈多头排列

（2）空头排列。空头排列市场属于弱势下跌趋势，K 线在 5 日、10 日、20 日、30 日、60 日等均线的压制下逐步向下，各均线从下到上依次排列且向下发散。

均线空头排列为弱势下跌趋势，操作思维为空头思维。

实例 9：上证指数 2018 年 2 月 7 日以中阴线跌破 60 日均线后，股指快速跳空下跌。2018 年 3 月 22 日，股指反抽失败，没能站稳年线。第二个交易日，股指再度跳空低开并收阴线，此时年线、半年线、60 日、20 日、10 日、5 日均线均向下发散，呈标准的空头排列，股指后市继续看空，如图 9–9 所示。

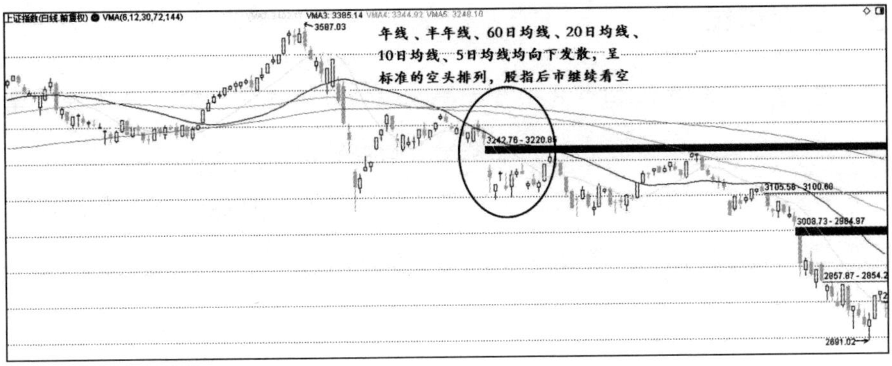
上证指数(日线 前复权)
VMA(6,12,30,72,144)
VMA3: 3385.14 VMA4: 3344.92 VMA5: 3240.10
3587.03
年线、半年线、60日均线、20日均线、10日均线、5日均线均向下发散，呈标准的空头排列，股指后市继续看空
3242.76 - 3220.85
3105.58 - 3100.60
3008.73 - 2984.97
2857.87 - 2854.2
2691.02

图 9-9 2018 年上证指数均线呈空头排列

实例 10：国光电器（002045）从 2018 年年初开始下跌，2018 年 1 月 19 日，股价继续下跌并收出十连阴，资金不断外逃，使得 K 线陆续跌破 5 日、10 日、20 日、60 日均线，以及半年线和年线，均线向下发散，呈空头排列，如图 9-10 所示。

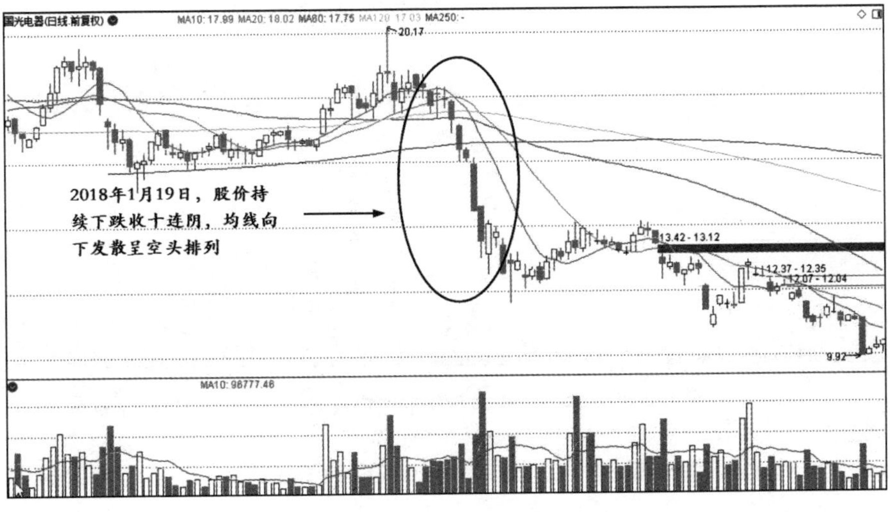
国光电器(日线 前复权)
MA10: 17.99 MA20: 18.02 MA60: 17.75 MA120: 17.03 MA250: -
20.17
2018年1月19日，股价持续下跌收十连阴，均线向下发散呈空头排列
13.42 - 13.12
12.37 - 12.35
12.07 - 12.04
9.92
MA10: 98777.46

图 9-10 国光电器均线呈空头排列

3. 5日均线

以每天的前4天和当天共5天的收盘价取算术平均值，再将若干算术平均值连接起来，形成的曲线就是5日均线。

5日均线实战奥秘：当股价处于下跌趋势时，收盘价站上5日均线为短线买点，因为后续股价有很大概率继续上涨。

实例11：宁波华翔（002048）的股价在2018年9月底持续下跌，收盘均在5日均线之下，不是好的短线买点。2018年10月30日，股价在底部区域形成短期的二次探底，收中阳线并成功站上5日均线。第二个交易日投资者可及时跟进，随后股价迎来一波反弹，如图9-11所示。

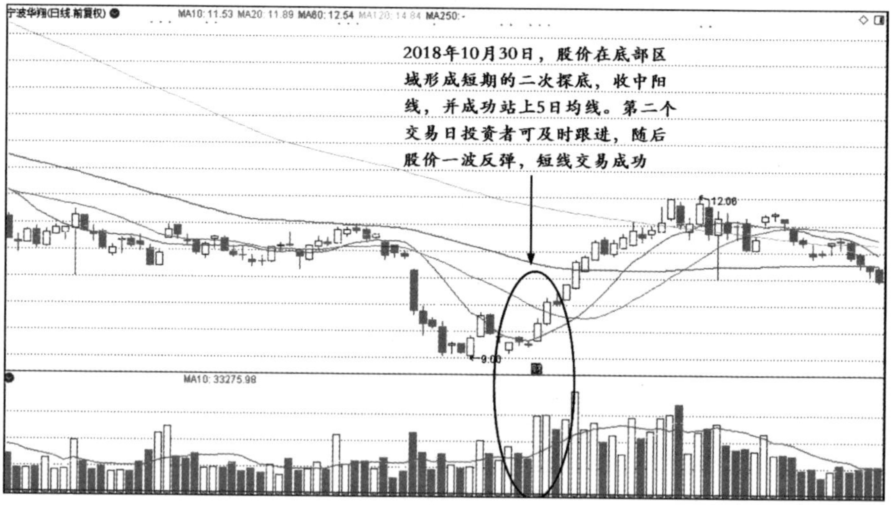
宁波华翔(日线,前复权)
MA10: 11.53 MA20: 11.89 MA60: 12.54 MA120: 14.84 MA250: -
2018年10月30日，股价在底部区域形成短期的二次探底，收中阳线，并成功站上5日均线。第二个交易日投资者可及时跟进，随后股价一波反弹，短线交易成功
12.06
9.00
MA10: 33275.98

图9-11 宁波华翔形成短线买点

实例12：中工国际（002051）的股价在2018年4月2日破位后，受到5日均线的压制持续下跌。2018年10月31日，股价收小阳线并

站稳 5 日均线，投资者第二个交易日可跟进，随后该股在弱市有一波小幅度的反弹，如图 9–12 所示。

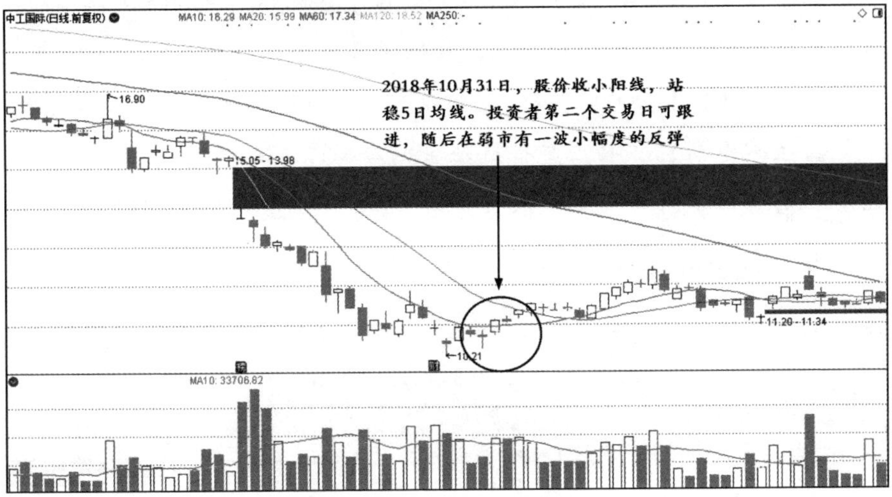
中工国际(日线,前复权)
MA10: 18.29 MA20: 15.99 MA60: 17.34 MA120: 18.52 MA250: -
2018年10月31日，股价收小阳线，站稳5日均线。投资者第二个交易日可跟进，随后在弱市有一波小幅度的反弹
16.90
15.05 - 13.98
10.21
11.20 - 11.34
MA10: 33706.82

图 9–12　中工国际形成短线买点

4.　10 日均线

以每天的前 9 天和当天共 10 天的收盘价取算术平均值，再连接若干这种算术平均值，形成的曲线就是 10 日均线。

10 日均线实战奥秘：有庄家操盘的话，10 日均线为持股线，实战中强调以技术分析为主，基本分析为辅。强庄股的主力洗盘时，一般在收盘之前会把股价拉回到 10 日均线之上。

实例 13：金证股份（600446）的股价从 2018 年 11 月 13 日开始连续上涨后，主力在这个启动价格区域吸筹。2019 年 1 月 16 日，股价跳空高开低走。下跌趋势平缓后，股价处于年线的巨大压力位置，此时股价收跌，K线收出六连阴，表明主力在借机洗盘。

2019年1月31日，股价收中阴线，盘中跌破60日均线后尾盘上拉，最终股价收在了60日均线之上，但跌破了5日、10日和20日均线。第二个交易日的走势非常关键，因为收盘的K线形态决定了主力的思路。

第二个交易日开盘后股价持续走高，形成一个完美的阳包阴K线组合。第三个交易日，股价奋力站稳年线，从此股价稳稳地在10日均线以上持续上涨，短期涨势喜人，如图9–13所示。

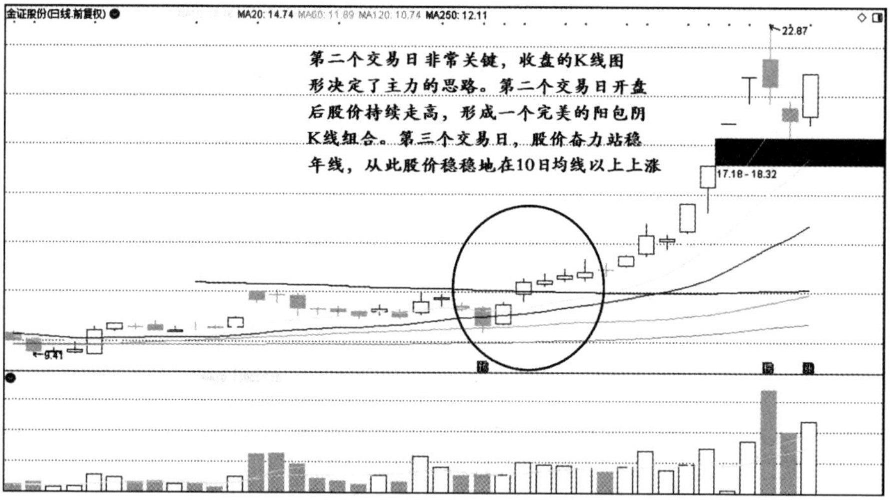
金证股份(日线,前复权)
MA20: 14.74 MA60: 11.89 MA120: 10.74 MA250: 12.11
22.87
第二个交易日非常关键，收盘的K线图形决定了主力的思路。第二个交易日开盘后股价持续走高，形成一个完美的阳包阴K线组合。第三个交易日，股价奋力站稳年线，从此股价稳稳地在10日均线以上上涨
17.18 - 18.32

图9–13 金证股份在10日均线以上上涨

实例14：顶点软件（603383）在2019年2月11日跳空高开放量，此后股价一直沿着5日均线上行。途中有些交易日股价跌破5日均线，但依然在10日均线之上。主力借势快速上拉，股价表现非常强势，如图9–14所示。

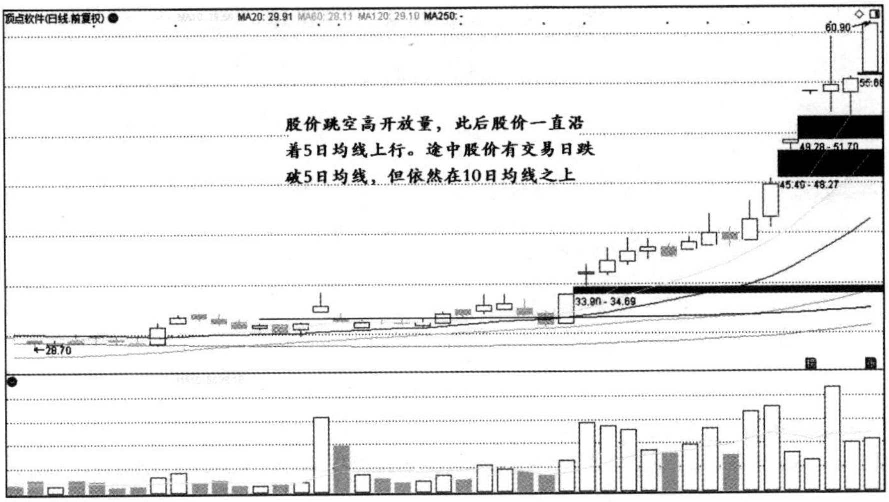
顶点软件(日线,前复权)
MA20: 29.91 MA60: 28.11 MA120: 29.10 MA250: -
60.90
55.66
股价跳空高开放量，此后股价一直沿着5日均线上行。途中股价有交易日跌破5日均线，但依然在10日均线之上
49.28 - 51.70
45.40 - 48.27
33.90 - 34.69
28.70

图 9-14　顶点软件在 10 日均线以上上涨

第三节　K 线形态和均线关键位置实战分析

1. 股价开始启动

股价经过长期整理后，高开并放量突破年线，收盘最好为大阳线或者涨停板，并且短期整理后不回补年线缺口，则是股价启动上涨的信号。

实例 15：广宇发展（000537）在 2017 年 8 月 25 日，股价跳空高开并放量涨停，直接脱离 4 月中旬到 8 月中旬的整理平台。经过 13 个交易日的整理，股价一直没有回补 8.61 ~ 8.68 元的跳空缺口，并且股价一直牢牢站在年线之上。主力洗盘结束后，连续以大阳线拉升股价。以缺口位置为上涨行情的启动价格，股价快速上涨，实现翻倍，如图 9–15 所示。

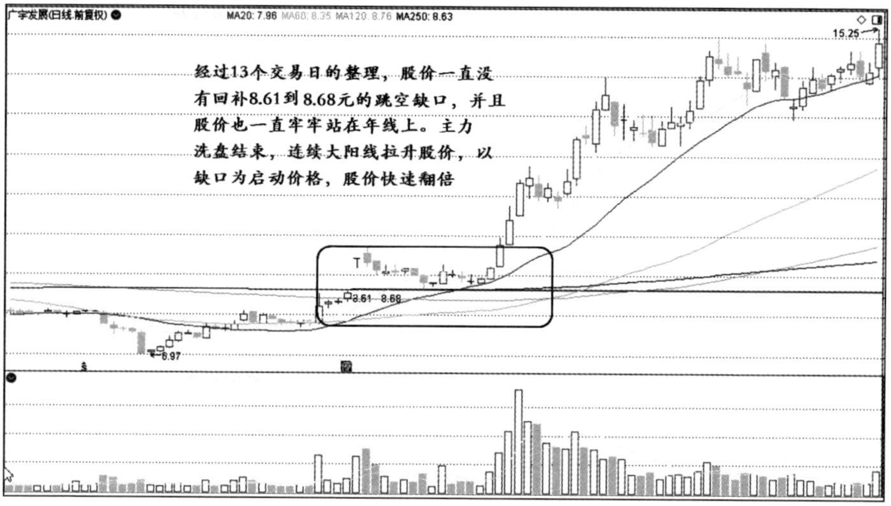
广宇发展(日线,前复权)
MA20: 7.96 MA60: 8.35 MA120: 8.76 MA250: 8.63
15.25
经过13个交易日的整理，股价一直没有回补8.61到8.68元的跳空缺口，并且股价也一直牢牢站在年线上。主力洗盘结束，连续大阳线拉升股价，以缺口为启动价格，股价快速翻倍
8.61
8.68
6.97

图 9–15 广宇发展向上跳空年线

实例 16：比亚迪（002594）2017 年 9 月 11 日，股价跳空高开突破年线，收盘为假阴线，实为上涨并相对放量。第二个交易日股价走出大阳线，并且放巨量拉高，彻底脱离 2016 年 12 月到 2017 年 9 月的整理平台，如图 9–16 所示。

该股股价启动特点非常明显，后市走势非常强劲，一直沿着 5 日均线上攻。

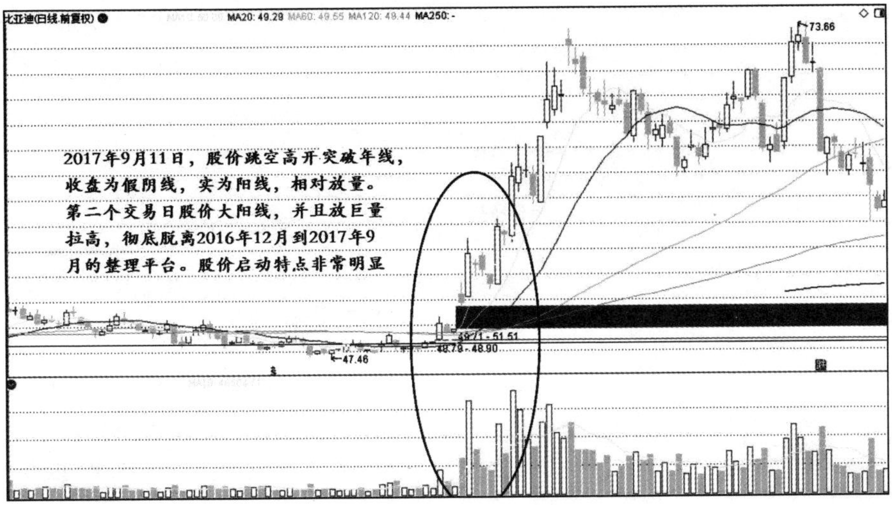
比亚迪(日线,前复权)
MA20: 49.29
73.66
2017年9月11日，股价跳空高开突破年线，
收盘为假阴线，实为阳线，相对放量。
第二个交易日股价大阳线，并且放巨量
拉高，彻底脱离2016年12月到2017年9
月的整理平台。股价启动特点非常明显
47.46

图 9-16 比亚迪向上跳空年线

实例 17：士兰微（600460）在 2017 年 8 月 15 日，股价跳空高开并放量涨停，股价收盘站上年线。随后经过 13 个交易日的整理，又一根大阳线站稳年线，并且一直没有回补 6.06 ~ 6.29 元的跳空缺口，如图 9-17 所示。

之后主力再度洗盘，9 个交易日后，再次用连续大阳线拉升股价，使股价快速脱离 2016 年 9 月到 2017 年 9 月的整理平台，随后股价快速翻倍。

2.　股价开始暴跌

股价经过长期上涨后，在高位进行整理，此时股价突然低开并放巨量跌破重要中期均线如 60 日均线或半年线，投资者无论如何应该尽快斩仓出局，因为这很可能是股价暴跌的开始。

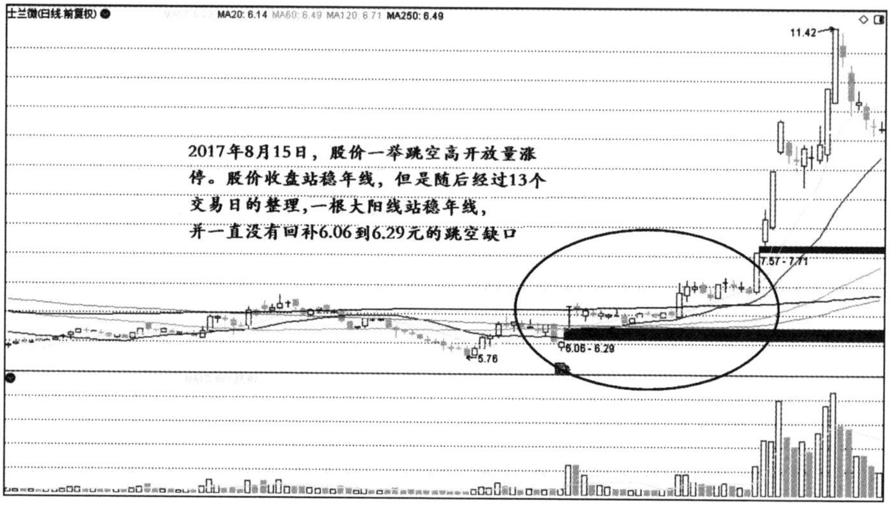
士兰微(日线 前复权)
MA20: 6.14 MA60: 6.49 MA120: 6.71 MA250: 6.49
11.42
2017年8月15日，股价一举跳空高开放量涨停。股价收盘站稳年线，但是随后经过13个交易日的整理,一根大阳线站稳年线，并一直没有回补6.06到6.29元的跳空缺口
7.57 - 7.71
6.06 - 6.29
5.76

图 9–17 士兰微向上跳空年线

实例 18：国新健康（000503）在 2016 年 12 月 5 日，股价受利空消息影响跳空低开，当天放巨量跌停，收盘为带有长上影线的放量阴线，股价跌破 60 日均线。虽然后续有弱势反弹，但由于股价已经放量跌破 60 日均线，后市的弱势反弹可以说是最后的逃命机会。仅仅 4 个交易日后，股价再度跌停，跌至半年线。不到半年，股价腰斩，如图 9–18 所示。

实例 19：浙江医药（600216）在 2018 年 5 月 28 日，股价低开低走，盘中放出巨量，一举跌破 60 日均线和半年线，收盘时接近跌停。结合之前的走势，这是一个右侧头肩顶的形态结构。尤其这根高位跳空向下的放量大阴线出现后，即使后续有弱势反弹，也因为股价已经放量跌破 60 日均线及半年线，后市的弱反弹只能是最后的逃命机会。随后不到 5 个月，股价即腰斩，如图 9–19 所示。

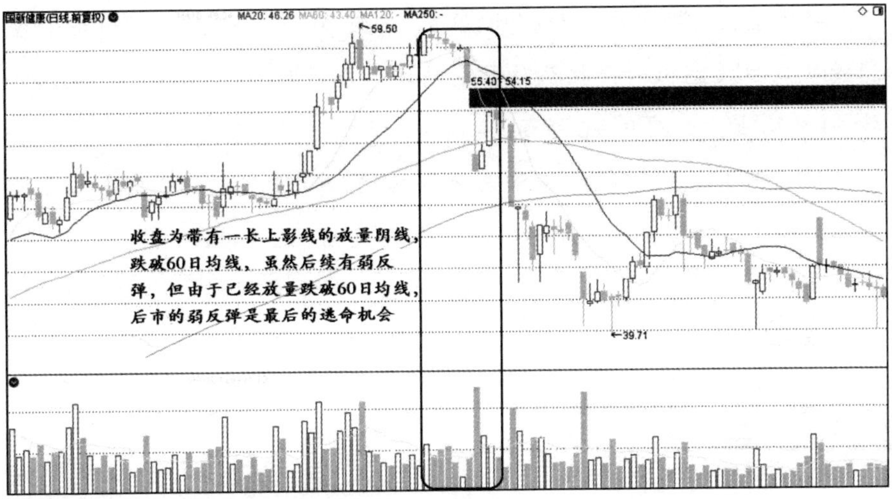
国新健康(日线,前复权)
MA20: 46.26
MA250: -
59.50
55.40 54.15
39.71
收盘为带有一长上影线的放量阴线，跌破60日均线，虽然后续有弱反弹，但由于已经放量跌破60日均线，后市的弱反弹是最后的逃命机会

图 9-18　国新健康向下放量跳空 60 日均线

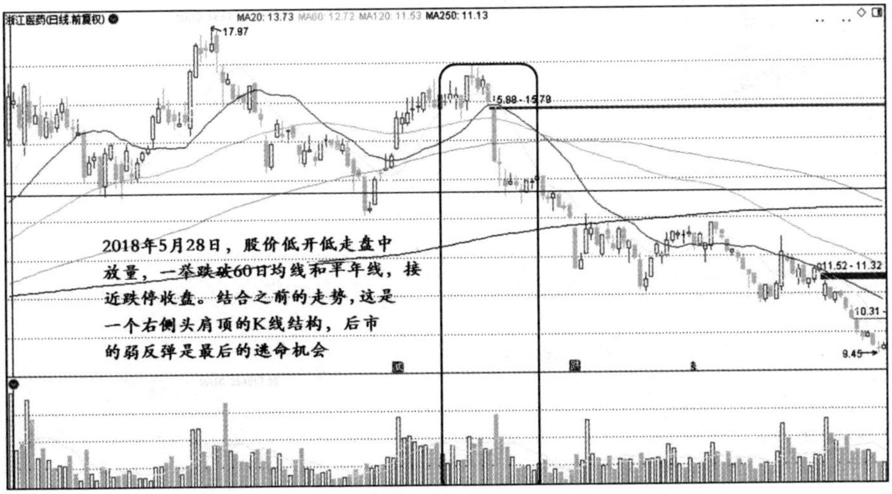
浙江医药(日线,前复权)
MA20: 13.73
MA250: 11.13
17.97
11.52 - 11.32
10.31
9.45
2018年5月28日，股价低开低走盘中放量，一举跌破60日均线和半年线，接近跌停收盘。结合之前的走势，这是一个右侧头肩顶的K线结构，后市的弱反弹是最后的逃命机会

图 9-19　浙江医药向下放量跳空 60 日均线

实例 20：群兴玩具（002575）在 2017 年 4 月 27 日，股价受利空影响从高位跳空低开，收盘放巨量跌停。当日 K 线为倒 T 形，股价跌破 60 日均线，如图 9–20 所示。

跳空低开放巨量的倒 T 形是极端的空头行情。第二个交易日股价继续跌停，盘中虽然多头略有挣扎，但只是为还在场内的投资者提供一个斩仓出局的时机。当日股价继续放巨量并跌破半年线，后续该股持续一年多的下跌，价格跌去七成。

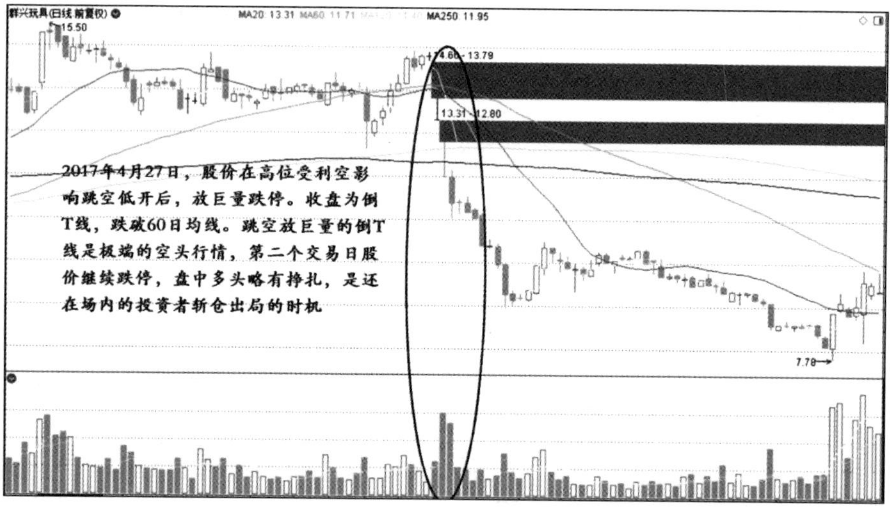
群兴玩具(日线 前复权)
MA20 13.31 MA60 11.71
MA250 11.95
15.50
14.60 - 13.79
13.31 - 12.80
2017年4月27日，股价在高位受利空影响跳空低开后，放巨量跌停。收盘为倒T线，跌破60日均线。跳空放巨量的倒T线是极端的空头行情，第二个交易日股价继续跌停，盘中多头略有挣扎，是还在场内的投资者斩仓出局的时机
7.78

图 9–20 群兴玩具向下放量跳空 60 日均线